山东省社科规划项目资助（16CJJJ21）
山东省社科规划项目资助（19CJJJ21）

循环经济集成
理论与方法

Xunhuan Jingji Jicheng
Lilun yu Fangfa

任一鑫　于晓燕　王志远　著

中国财经出版传媒集团
经济科学出版社
Economic Science Press

图书在版编目（CIP）数据

循环经济集成理论与方法/任一鑫，于晓燕，王志远著 .
—北京：经济科学出版社，2018.9
ISBN 978 - 7 - 5141 - 9808 - 9

Ⅰ.①循…　Ⅱ.①任…②于…③王…　Ⅲ.①中国经济 -
循环经济 - 研究　Ⅳ.①F224.5

中国版本图书馆 CIP 数据核字（2018）第 233677 号

责任编辑：刘　莎
责任校对：刘　昕
责任印制：邱　天

循环经济集成理论与方法
任一鑫　于晓燕　王志远　著
经济科学出版社出版、发行　新华书店经销
社址：北京市海淀区阜成路甲 28 号　邮编：100142
总编部电话：010 - 88191217　发行部电话：010 - 88191522
网址：www. esp. com. cn
电子邮件：esp@ esp. com. cn
天猫网店：经济科学出版社旗舰店
网址：http://jjkxcbs. tmall. com
固安华明印业有限公司印装
710 × 1000　16 开　17.5 印张　300000 字
2019 年 3 月第 1 版　2019 年 3 月第 1 次印刷
ISBN 978 - 7 - 5141 - 9808 - 9　定价：59.00 元
（图书出现印装问题，本社负责调换。电话：010 - 88191510）
（版权所有　侵权必究　打击盗版　举报热线：010 - 88191661
QQ：2242791300　营销中心电话：010 - 88191537
电子邮箱：dbts@ esp. com. cn）

前　言

　　面对全球资源约束趋紧、环境污染加剧、生态严重退化的严峻形势，美国经济学家波尔丁于20世纪60年代提出"循环式经济"替代以往所谓的"单程式经济"。随后，在可持续性发展战略下，政界和学术界对于生态、环境以及社会协调发展之间的问题在不断地反省、探索、研究，使得循环经济在全球范围内普及和发展。作为一个经济高速发展的新兴工业化国家，我国将循环经济这种实现可持续发展的重要形式列入科学发展观，促使经济发展模式发生根本性转变，使人与生态环境得到可持续发展，可持续发展战略得到了落实，获得了良好的经济效益、生态效益以及社会效益等，具有重大的现实意义。

　　循环经济是一种科学、有效利用自然资源的方法，但在实践过程中出现了资源低值利用、技术孤立开发、能源配置不合理、产业协同性差、共享程度低等问题，严重制约着循环经济体系本身乃至人类社会的持续、和谐、健康发展。究其原因是体系内各层面、各单元要素间独立性大，没有形成利益共同体，贯彻"3R"原则（指"减量化、再利用、再循环"三种原则）遇到了困难。为推动经济持续健康发展，实现资源优化配置，创新循环经济理论及方法，针对循环经济实践存在的问题，本书引入集成理论与方法，试图为解决循环经济发展中遇到的问题开辟新途径。

集成理论是一种优化配置理论，起源于电子物理学，广泛应用于信息、管理、资源、系统、产业等领域。循环经济发展需要从系统整体考虑，促使循环经济体系内部各成员之间实现责任清晰、分工明确、功能完善、步调一致、互利共生、资源共享、目标统一、可持续的集成化发展。本书从分析集成含义、研究对象、研究现状以及集成与其他学科之间联系开始，归纳循环经济集成的内涵、理论基础、要素、原理和结构，总结循环经济集成体系内部资源流动规律，创建循环经济集成方法，进而研究其集成排序、集成代谢和时空集成，并从企业层面、园区层面、区域层面和经济社会层面对循环经济集成进行应用分析，探索推动循环经济研究与实践向更高水平发展的路径。

研究团队多年来一直从事循环经济、产业经济、资源经济、生态经济等研究工作，并陆续推出了一些循环经济的研究成果，如《产业辐射理论》《煤炭产业循环经济原理》《循环经济学》《静脉产业》《煤炭矿区循环经济发展模式》《产业蜕变》等著作。以此为基础，团队开始研究循环经济集成理论及应用。

本书共分 14 章，主要内容如下：

第 1 章绪论，主要阐述循环经济集成的可行性、必要性，在介绍集成含义、研究对象、内容、研究领域、研究现状及集成方法的基础上，探讨集成与其他学科之间联系。

第 2、3 章是循环经济集成基础研究，首先从优化配置、产业共生等方面对集成理论基础进行选择与辨析，论证这些理论在研究中的作用与关系，为研究开展提供依据和方法；其次，利用选择的理论对循环经济集成原理进行研究，主要包括共享原理、协同原理、关联原理、互补原理、替代原理等，揭示循环经济集成发展运行的内在规律和联系，为后续研究提供依据。

第 4 章，循环经济集成内容研究，从循环经济构成单元开始，研究循环经济单元集成及整体集成的基本思路，并对两者关系进行研究。

第 5 章，研究循环经济集成的三个层面，重点对集成体系运行过程及集成的功能、目的和目标等进行研究。

第 6 章，在研究了集成基本方法之后，重点探讨循环经济单元关系集成方法及以映射、拓扑和神经网络为中心的循环经济集成技术方法。

第 7 章循环经济集成要素关系研究，利用经济学交叉弹性理论，分别研究资源、产业、系统、资源与产业、技术以及管理等集成要素间关系，详细介绍其关系分析含义、种类和方法。

第 8、9 章分别是循环经济集成排序和代谢研究，主要在排序原理、影响因素和排序方法三个方面对循环经济集成进行分析，并在代谢原理基础上研究循环经济集成代谢方法，并进行应用分析研究。

第 10 章循环经济集成时空配置，考虑时间布局与空间布局，研究循环经济集成体系在时空条件下的静态集成与动态集成。

第 11～13 章主要研究循环经济企业、园区、区域和社会层面的集成体系，包括对其含义、内容与集成方法的具体分析，并结合特定案例分析研究了集成方法的适用性。

第 14 章循环经济集成方法案例介绍，以前 13 章的研究成果为基础，利用相关的原理和方法，以煤炭矿区为研究对象，从不同的方面和角度对矿区循环经济的集成利用体系进行构建。

本书的主要创新点是将集成理论引入到循环经济的研究与实践中，以循环经济集成理论和方法研究为主，结合客观现实进行了应用与实证研究。由于笔者水平有限，本书不足之处，恳请各位读者与专家批评指正。

作　者

2018 年 4 月

目录

第 1 章
绪　　论

　　集成，顾名思义就是一些孤立的事物或元素通过改变其自身原有的分散状态并集中在一起，产生联系，从而构成一个有机整体的过程。然而这种共同认识的达成，经历了漫长岁月。集成思想起源于系统论、控制论与协同论，被首先利用在电子计算机领域，并不断发展延伸与演化，在企业管理中主要应用于资源、产业、技术、系统、管理和生产过程等方面。而循环经济集成的提出，正是将集成思想运用于循环经济中，相对于企业层面的集成，循环经济集成的范围更广，利用集成的方法，解决循环经济发展中所面临的问题。

1.1　集成含义

1.1.1　集成的起源

　　集成思想起源于系统论、控制论与协同论。从系统论的角度来说，系统论是将所研究对象看作一个完整的系统，研究整个系统的结构与功能，分析系统中要素间的变化及其规律，而控制论则是以完善系统的性能或者达到某一特定目标为主，采集和加工由系统输出的信号，并控制信号，将其施加到系统的整个过程，从协同论的角度看，协同论注重多元系统间的相互作用。不难看出这其中蕴含了集成的思想。

　　"集成"一词较早出现在电子计算机领域，哈林顿（Joseph Harrington，

1973）在他的 *Computer Integrated Manufacturing* 著作中，首次出现"计算机集成制造（CIM）"一词，主要是针对企业所面临的激烈市场竞争形势而提出的组织企业生产的一种哲理。其核心内容是制造企业的各个环节（例如市场分析、经营决策、工程设计、制造过程、质量控制、生产指挥和售后服务）组成一个紧密联系的系统；从本质上来说，制造过程可以被抽象成一个数据的搜集、传递、加工和利用过程，最终的产品是数据物化的表现[1]。前者阐述了集成的主要思想，即把企业决策、经营管理、生产制造、销售以及售后服务进行有机结合；后者是信息制造观的思想。计算机集成制造系统（CIMS），则是基于 CIM 理念而组成的系统，是 CIM 的具体实现。如果说CIM 是组织现代化企业的一种哲理，而 CIMS 则应理解为是基于该哲理的一种工程集成系统。CIMS 的核心在于集成，不仅是综合集成企业内各生产环节的有关技术，更重要的是将企业内的人（机构）、经营管理和技术这些被称为 CIMS 三要素的有效集成，以保证企业内的工作流、物质流和信息流畅通无阻。

CIM 理念不断延伸，其中集成的思想与各个领域相互融合、相互促进，使得集成理论不断发展，进而在各领域不断进行演化。

1.1.2　集成发展与演化

集成的发展经过了较为漫长的过程，早期的集成可以追溯至 20 世纪 40 年代。第二次世界大战结束不久时，出现了第一台用电子管组装的电子计算机，与此同时遇到了三个难题：如何缩小体积和减轻重量，如何提高可靠性，如何降低成本。而解决这些问题的关键即为"集成化"。"集成化"可以把组成电路的元件和导线等都集合在一块晶片上，彼此组成一个不可分割的密集整体，省去了很多元件间外部连接工作，可以大大缩小体积。从外观上人们已辨别不出晶体管、二极管、电阻、电容和导线的界限了。

电子集成的发展促进了集成思想的延伸，同时随着系统管理科学理论的不断发展和管理实践的不断复杂化，"集成"一词慢慢地被引入系统管理科学界，众多学者纷纷从系统管理科学的不同视角提出集成的概念，分析其特征和本质，在探寻其演化机理和规律等方面进行了较为深入的研究。在我国，真正意义上明确提出了集成思想和理论体系的是著名科学家钱学森，1990年初，他指出"唯有能处理复杂巨系统的方法，要数定量和定性相结合的综合集成研究方法"。

在集成思想与系统管理科学相结合的过程中，最先提出的是关于系统集成的概念。系统集成是现代集成制造理念的核心思想。系统集成实际上包含两方面含义：一是系统内部各组成要素之间的集成；二是不同系统之间的集成。系统内部的集成主要表现为系统内部各元素之间的凝聚；系统之间的集成主要表现为系统之间在以目标为约束条件下的耦合。系统要素之间的关系不是简单的"和"，而是通过集成构成为系统，其中各个要素的运行势必相互关联，可能相互牵扯约束，也可能相互依存推动。系统各要素间的关联机制，构成了系统的结构，决定着系统的功能。因此，从系统科学的观点来看，系统集成是一项工程，可以描述为：通过对要素优选和对互补要素之间的耦合，在对要素的参数、结构和要素之间协同机制的不断优化过程中，实现系统整体性能的突变，达到系统总体性能倍增的目的。从系统集成的规划和实施来看，可以描述为：为实现一个（或几个）系统的总体目标（性能）最优，使系统内部（系统之间）有机地、协调地工作，而采取技术和（或）管理措施的过程。系统集成是一种多学科或者多技术之间互相渗透、协调的过程，是多种方法或者多种机制互相融合从而发生突变的过程。

系统集成的目标在于使得所集成的系统本身性能倍增，而这一目标的实现很大程度上依赖管理学中集成的含义。根据目前所掌握的集成含义和管理集成现象，我们对管理集成进行定义：以集成的概念作为指导思想，在管理实践中加入集成的基本原理和方法，将其组织和行为方式作为核心内容，依照集成的运行机制合理选择集成要素、确立要素之间的关系，建立集成系统，运用定性与定量的分析方法，同时结合各类技术和手段，保证集成者实行其集成目标。管理集成就是将人类在社会中的认知与实践活动中所包含的各类资源要素归入管理的范畴，拓宽管理学的边界，同时把组织内外的各类资源要素按照某种集成的模式整合，使用不同类型的方法、手段以及工具，将各类资源要素进行功能集成促进资源之间的优势互补，从而达到非线性的功能递增以及实现整体功效。

从宏观层面研究系统集成与管理集成，是对各子系统以及其内部管理集成给出的一个相对宽泛的概念。随着研究者对集成理论的研究不断深化，集成的概念已经在许多具体的领域得到运用。工程项目集成是对系统集成与管理集成进行融合，形成了具有自身特点的集成体系。工程项目集成是指将项目中所涉及的各类专项工作进行有机地调和从而更加有利于开展工作。它是将工程项目和工程项目管理的特点运用到集成思想中，把质量、成本、进度作为项目体系的核心，运用定性与定量的分析方法，使得集成的概念贯彻整个工程项目中的模式[1]。

成本管理在工程项目集成中居于重要位置，进而使得集成思想向项目内部延伸，演化出项目中能源与资源集成的命题。以煤炭矿区中能源与资源集成为例，煤炭矿区所属部门之间的关系以及性质存在差异，矿区中能源之间进行单独地开发与利用，因此会出现能源浪费、利用效率低等问题。主要表现为煤炭矿区的能源供给能力不足、节约能源的措施不到位，新能源、闲置能源没有得到有效的开发与利用。出现以上现象的表面原因为能源的开发与利用没有进行系统的统筹与安排，而实质的原因则是能源的配置与方法不够完善。这种能源的浪费加大了工程项目的成本，为此针对矿区的能源特征进行能源种类集成与能源耗能集成。通过对能源种类进行集成，充分利用各能源间替代与互补的关系，实现能源的合理配置以及消费结构的最优化；耗能领域集成是集成体系的基本，主要依据煤炭矿区内所涉及的各类耗能领域的特点、重要程度，进行分等级配置和安排能源流动路径，保证耗能领域有效利用的组织。从而可以看出，能源集成在降低工程项目成本的过程中发挥了重要的作用[2]。

矿区企业对资源要素进行整合是为了提升企业的竞争实力，从而达到竞争实力的突变，这符合一般意义上的集成目标。然而资源不能单纯与能力画等号，需要对资源进行合理"转换"。格兰特（Grant）对资源和生产能力进行了区分，资源是指在生产过程中所投入的要素，要素本身不具备生产能力，是将生产活动中需要的资源要素进行整合，资源是企业能力的根本，能力是企业优势的缘由。法耶（Fahy）同样认为"资源与能力"之间存在不同。他把"资源"解释为企业所拥有要素的库存量，同时把"能力"解释为企业在组织过程中对资源进行配置从而达到预期目标的能力。能力可能在某个业务职能当中，可能和某个技术或者产品设计过程有联系，也可能在管理价值链上各种要素的关联或者在整合社会活动的能力当中。能力包括三个关键性的特征，即它们在某个、某些产品或者市场中具有特殊的价值。即使组织中某位有影响力的人物离开，其具有的影响能力也还继续保留下来。它们被归结为简单而具体的操作[3]。

无论是宏观的系统集成、管理集成，还是微观的项目集成、能源与资源集成，在循环经济集成中都能够得到很好的体现。循环经济集成目的是将循环经济区内各种产业、资源、技术等要素整合在一起，构成循环经济系统集成利用体系，经过集成配置后，将资源、技术等要素合理分配到循环经济区不同的应用领域，做到物尽其用，有效解决循环经济区内资源孤立利用、技术孤立开发、产业孤立发展的问题，提高资源使用率、减少资源的浪费现象、减少"三废"、治理污染物、整治环境破坏，从而加快循环经济可持续发展的步伐，以实现循环经济社会与自然环境和谐、公平、良性的互动循环。

近几年大数据、"互联网＋"等新兴概念的出现，使得传统企业的信息量呈现出以几何倍数增长的态势，而"互联网＋"使得传统企业在处理海量数据的同时，促使企业由线下到线上，增进了各传统企业间的联系，减少了原本企业间联系的壁垒，降低了联系的难度，而这恰恰使得集成的范围更加扩大：从企业层面上升到社会层面。与此同时，随着集成范围的扩大，对于集成体内各个环节的集成提出了更高的要求，而集成单元的增加，其间信息的快速处理也是未来集成发展的一个重要挑战。

1.1.3 集成定义

集成理论经过不断的发展与演化，在很多领域都有应用。本书提取各领域中集成应用的共性，对集成给出如下定义：集成是将两个或两个以上的集成单元（要素、子系统）集合成为一个有机整体的行为和过程，所形成的集成体（集成系统）不是集成单元之间的简单叠加，而是按照一定的集成方式和模式进行的构造和组合，其目的在于更大程度地提高集成体的整体功能，以实现其整体功能的倍增或涌现的集成目标。因此，从本质上讲，集成强调人的主体行为性和集成体形成的整体功能倍增性，而这无疑是构造系统的一种理念，同时也是处理复杂系统问题的一种方法。

1.2 集成研究对象、内容及领域

1.2.1 集成研究对象与内容

集成既是一种系统组成的形式，也是一种思考和解决问题的方法。集成的研究对象主要有两类：一类是各类孤立的集成单元；另一类是各类孤立的集成单元之间的联系[4]。

集成主要研究内容涉及三个方面：一是集成的类型、方式、形成条件和机理，二是集成的原理、规律和方法，三是各类集成单元之间联系。

1.2.2 集成研究涉及领域

在企业的不同层面，集成理论与方法同样被广泛应用。其中大致可以分为资源、产品、生产过程、技术、系统与管理等领域，企业中这些方面的集成能够推动企业向更高水平发展，实现可持续性发展。

1. 资源领域

人类社会由原始社会到现在的工业社会，每一次的变革都是因为生产工具发生变化，将当前社会中最为先进的科学技术进行集成。同样地，企业也是从古典企业到目前现代企业，从手工作坊到目前机器大生产，从垂直管理模式到矩阵式和团队式管理模式，企业经历了资源规模和组织方式的变革。

目前整个社会存在资源短期的情况，企业只有通过市场交易或者与其他企业进行合作获取资源，并对所获得的资源进行再创造或者发展内部资源。

市场上所拥有的资源比较分散，需要进行有效的整合，再合理地进行资源配置。

从企业自身角度来看，现代企业是复杂的经济系统。首先，随着企业的规模不断地扩张，跨国业务也不断增多，使得技术、工程、管理等方面存在问题，这需要从系统的角度研究企业所面对的问题。企业以系统理论为指导，将企业中各种工种、部门和企业有机结合起来。其次，目前企业仅仅依靠其自身的能力，已经无法在市场竞争中获得相对优势了。企业需要将其拥有的资源进行整合，以此在新的形式下获得市场竞争中的优势地位。

从技术角度来看，随着科技进步速度加快，技术系统的复杂性迅速增加，技术的原始创新难度越来越大，所以没有一个企业可以单独拥有前瞻性的技术。同时原始创新周期长、成本大、商业价值不明显，所以技术进步的加快也使得企业难以集中资源进行原始创新。然而，集成却为企业的技术进步提供了机会，使得企业在技术开发过程中的任务分工进一步明确，从而企业与企业之间形成了跨区域的研发网络。研究表明，高新技术产业是集成程度最大的产业[5]，因为在高新技术研发初期，研发投入费用非常高昂，单独一个企业是无法支付的，只有将各区域的生产资料和科技有机整合形成集成资源，以此分摊高额的研发投入费用[3]。

2. 产业领域

随着经济无边界化和集成理念的产生，产业集成涉及的领域也不断扩大，深化市场经济与产业革命的延展方面。产业集成的组成部分是众多彼此之间相互关联的子系统，这些子系统之间的关系具备非线性、模糊性或者不确定性，可运用数学模型定量表示系统中输入输出，运用定性分析产业集成中系统复杂性的特征。本书给出产业集成的一个定义，即一个由不同的产业部门或者同一产业的不同部门为了满足其自身发展的需求会与其他部门进行交叉联系形成一个复杂的经济系统，它可以帮助处于衰退期的产业或者企业可持续发展，其主要方法是将技术、产品和市场等有限的资源构成集成系统，它具有集聚、扩散等特征[6]。

3. 生产过程领域

为实现集成目标，集成主体对其生产过程进行集成。首先对各生产过程分别集成，释放生产过程中冗余生产力，进而对整个生产过程进行整合，提升各个生产环节的衔接性。本书以资源的生产利用为例，介绍其生产过程的集成情况。

资源生产过程主要由资源开采过程、资源加工过程和资源利用过程组成。资源开发利用主体生产过程集成目标：其一，对单个工艺进行优化，去掉多余工作流程，实现工艺集成，有效减少物资、能量浪费，提供生产效率；其二，对相关生产过程中的多个工艺集成进行科学合理整合，使相关生产过程达到集成优化效果，去除不必要的生产工艺，实现相关生产过程标准化、规范化，为节能减排和提高资源利用效率提供了条件；其三，将资源开采过程、资源加工过程和资源利用过程进行科学有效的集成，实现资源优化配置，简化相应工序，升级产业结构优化，实现整个生产过程效益最大化；其四，结合整个生产过程集成，科学合理确定各工序产能，采用多目标线性规划法，建立相应数学模型，确定最佳产能，构建一套标准化、集成化生产过程，有效解决产能过剩或产能不足的问题，节约资源、能量、人力等相关生产要素，优化生产工艺，提高整个生产过程运行效率，使生产过程集成达到资源经济体集成总体要求，为循环经济集成研究奠定了基础。

4. 技术领域

技术集成是指以某种技术或者功能为依据，将孤立的技术进行重组，以获得某种新技术。技术集成不仅在能源开发利用过程中应用，而且在企业产品设计中，同样广泛地利用。企业根据现有的技术和本企业产品的市场特性，融入目前已经娴熟的技术或者具有记载的书面资料，将单个的技术整合起来运用到产品中，缩短开发时间，以最短的时间领先进入市场，使之能够充分获得产品的市场占有率。

由此可以看出，技术集成强调产品、市场与技术的有机结合，从需求和技术的角度形成产品概念，并将此产品建构作为企业集成创新的台阶。

5. 系统领域

系统一词由来已久，在不同的时间、场合，它的含义也有所不同。系统论观点认为，系统一般是指由相互依赖和相互作用的若干元素结合成的、具有特定功能的有机整体。所以说，系统就是许多元素的集成组合体。

集成不是新概念，虽然名称不尽相同，但其思想渗透在社会生活的方方面面，从简单的组装机械到高度集成的电子器件，都体现着集成的思想。从社会科学到系统科学的各个领域，几个世纪以来集成被赋予了许多不同的含义。归纳起来，其基本目的都是相同的，即通过将系统中各个孤立操作的元素联接成为一个有机整体，将孤立的元素进行整合，达到效益最大化。所以，集成本身就是一个系统的概念[7]。

6. 管理领域

管理集成是运用定性和定量的方法将管理中所涉及的要素进行整合。目前，管理集成包含两个方面：一是以某种目标为依据，将管理中所涉及的要素进行有机结合，并在运行中自我调整的过程；二是运用集成的思想，将知识转化为劳动生产力。

1.3 集成研究现状

集成于 20 世纪 70 年代率先运用到电子计算机领域，但该领域中集成所体现的内涵要少于一般意义上的集成。随着集成一词被引入管理学，国内外很多学者研究了该领域中集成的概念、内涵、特征与本质。本书 1.3.1 节对国外集成的研究现状进行综述，研究方式更多侧重于定性研究。本书 1.3.2 节对国内集成的研究现状进行综述，将已有文献资料划分为集成理论内涵、集成模式、集成方法、集成应用四个维度，相比国外研究，国内研究更加注重集成思想在某一领域的应用，总结不同的集成应用范围，分析其中蕴含的具有共性的集成模式，提取相应的集成方法，从而为集成思想更好地应用做铺垫。

1.3.1 国外集成研究现状

20 世纪 50 年代之前，"集成"就已经出现在企业管理中，主要应用于将企业员工的工作进行分配与整合。自 20 世纪 50 年代以后，由于计算机和互联网的普遍运用，集成的思想得到了飞速发展。日本丰田汽车公司为了能够实现零库存管理，运用"准时制（JIT）"的方法。IBM公司为了能够实现计划的按时完成，将计划进行分层执行，提出"物料需求计划（MAP）"，在不断自我调整过程中又提出"制造资源技术（MRPⅡ）"，它将企业所拥有的制造资源进行有机整合，使得物质流、信息流和资金链有机融合。

由于电子计算机其自身所具有的特点，"集成"最先应用于其领域。哈林顿（1973）在 *Computer Integrated Manufacturing* 中第一次阐述了"集成"在计算机集成制造中的含义以及运用。自从国内外学者开始注重"集成"与管理的结合以后，"集成"的研究范围也得到了拓展[8]。科兹布姆（Deborah Kezsbom，1990）给出了"管理集成"的含义：运用人的行为将相关产品开发所需要的各类要素和资源进行有机整合，从而提高开发效率的一种管理方法[9]。尼蒂拉（Jukka Nihtila，1999）阐述了"集成"在产品开发中R&D和生产过程中的运用[10]。兰斯蒂（Marco Lansiti，1999）首次对"技术集成"进行了定性分析，并给出了其具体的含义[11]。哈伊夫（Haif，2000）归纳了企业集成独具的特性，即功能涌现性、运行并行性和以人为本性[12]。贝斯特（Best，2001）在兰斯蒂的研究基础上，以全新的视角对"系统集成"的含义进行拓展，同时以Intel公司为例，运用实证的方法验证了系统集成的作用。

桑德罗斯基和巴罗索（Sandelowski and Barroso，2002）自2000年以来专注于美国国家护理研究所资助的项目"定性综合集成解析方法"[13]。弗罗里奇和韦斯特布鲁克（Frohlich and Westbrook，2001）运用集成弧模型计算供应商和客户之间上下游的集成能力。梅赫密特等（Mehmet et al.，2002）运用DSCC方法测算供应链企业之间的相关度[14]。佩姬（Peggy）提出一种评价集成度的方法——社会网络分析法，即港口供应链的密集程度替代集成度。苏布拉马尼安（Subramanian K.，2013）提出一种预测控制模型——分布式模型，即将企业所拥有的每种资源的库存量进行合理规划，最终达到供应链的目标。对于集成度的研究相对较少，但是各方面的研究都有涉及，相对来说比较全面，集成度的等级划分、概念模型、耦合程度度量及评价都有所涉及，相对欠缺的是对集成度计算方法的研究[15]。

克里斯蒂安逊（Christiansson B.，2012）以一个成功的企业应用集成项目（EAI）为例，寻找其成功的关键因素，即资源的共享、数据的交换，完善集成项目所具备的基本设施，从而构建一种企业集成的新模式。辛格（Singh R.，2012）提出了一种网上零售实时身份验证的方案，将采购、运输、定价、整合、税收等方面融合零售测试系统中，从而实现集成测试程序。文卡塔查拉姆（Venkatachalam A. R.）对于系统集成的研究方向设定在设备硬件的兼容性以及共同的界面和协议范围，拓展了企业集成的研究范围[16]。尤尔奇哈特（Urquhart C.，2010）提出了一种有关信息资源整合的方法——综合集成法，麻省理工学院运用 Internet 技术研发一种适用于工业产品研发的集成方法[17]。

1.3.2　国内集成研究现状

1. 集成理论内涵

目前，国内外学者对于集成的研究内容主要集中在概念、研究对象、方法、原则、基本模式以及原理等上。戴汝为教授（1995）阐述了集成的定义：将一个复杂系统中的各个子系统有机结合[18]；李宝山等（1998）定义了集成的概念，即将不同种类的要素进行择优选择和合理整合，实现各种类要素之间的优势互补，这种选择、整合的过程叫作集成[19]；海峰（2001）给出了自己关于集成的概念：为了能够提升系统的整体性能，将孤立的元素有机整合到一个系统，从而构成一个新的集成系统，实现系统整体性能的增加和新性能的出现，以此达到集成系统的基本目的[20,21]。吴秋明（2004）认为，集成是指将某些具有公共属性的元素有机整合的过程[22]。

2. 集成模式

目前，集成模式主要有以下几种：互补匹配、竞争激励、协调和谐、单元集成、过程集成、系统集成等。集成模式是指运用某种方式将资源、信息、资金等在集成单元之间传递和整合。国内学者对于集成模式有着不同的看法。海峰等（1999）将集成模式划分为三个模块，即组织模块、技术模块和知识模块[23]。华宏鸣（1997）将集成模式进行重新划分，一类是按照整合方向可以分为横向和纵向，另一类是按照功效可以分为功效倍增型集成模式和功效创新型集成模式[24]。孙淑生（2005）重新定义了集成模式的概念，他认为集成模式就是集成类型，即链接各个集成单元的方法。集成模式归纳为三类：点对点模式、管线型模式和集成器型模式[25]。潘慧明、黄杰（2006）按照集成行为方式、规模大小以及组织方式等角度研究集成模式，重新划分集成模式。[26]刘斌（2006）按照集成主体的行为模式将集成管理模式归纳为三类：互补型集成管理模式、互惠型集成管理模式、协同型集成管理模式[27]。

3. 集成方法研究

当前集成方法的研究主要为横向集成和纵向集成。钱学森等（1990）首次提出一种研究复杂系统的方法——定性和定量相结合法。目前这种研究方法是国内外学者最为关注的，是将定性研究所得到的结论进行整合并且重构的一种过程[28]。成思危（1997）归纳了在集成过程中需要注意的几个关键技术环节[29]。唐锡晋（2001）将目前几种主流集成模型归纳为三类：从上到下（T－D方法）、从下到上（B－U方法）和系统方法（S－A方法）[30]。顾基发（2007）从全局出发，研究熟知的系统并归纳出集成方法[31]。国内学者提出一种新的集成方法，即以数学模型、实验数据为基础，归纳出概率风险评估方法，这是一种由定性研究转变为定量研究的过程。戴彬、曲锡华、李宏伟（2011）构造一种新的解决风险识别方法——联盟风险综合集成法，是在原有的风险识别方法上融入集成思想[32]。徐玖平（2012）提出一种新的地震灾害系统——集成评估框架和评估体系，监控流程实施的整个过程[33]。朱珠（2013）针对非正常突发事件，构建一种为决策者做决策的方法——多事件耦合下决策流程集成法[34]。董千里（2009）研究物流集成的运行机理，认为物流集成是市场需求和供给相互作用导致的[35]。赵辰等（2013）为了弥补农业信息服务模式与工程技术之间在集成过程中存在的不匹配，构建一种以农业信息服务工程特性为基础融入技术集成的方法[36]。任一鑫等（2013）为了实现媒体矿区的能源合理配置，将集成思想融入能源集成开发利用的研究[37]。徐国祯（2012）构建一种针对森林经历学科的新方法——综合集成，即系统与环境之间的性能耦合[38]。夏德（2011）阐述了在企业产品创新的资源集成的过程中，要注重企业形式、资源主体和创新阶段[39]。

4. 集成应用

在国内，有关专家学者已经对集成应用进行有益的探索。①系统集成。邓贵仕等（2003）指出系统集成是将系统结构进行调整，强化各子系统之间的关联，优化功能性，提升系统的整体性[40]。左晋佺（2012）将目前已经成熟的集成概念引入到系统集成方法研究以及框架构建[41]。陈学海、宋豫川等（2013）为提高制造执行系统的柔性，满足当前企业对离散车间制造过程管理和信息系统集成的需求，从业务实体、业务逻辑和系统间集成层研究了集成重新构建的新方式[42]。潘涛（2014）将煤矿生产系统按照层次结构进行划分，设计系统集成框架及平台[43]。②管理集成，汪应洛（2001）构建一种集制造与生产融为一体的集成管理方法——LAF 生产系统管理[44]。吴涛、海峰等（2003）通过划分供应链管理界面集成的方式，促使供应链管理集成出现新的含义和研究方法[45]。刘振华、盛小平（2014）在分析竞争情报与知识管理关系及其集成意义的基础上，设计出知识管理与竞争情报集成系统模型及相应的集成系统[46]。李丽（2014）将综合管理集成应用于循环农业研究，推动农业可持续发展[47]。③资源集成，夏德等（2011）首先将资源集成创新按照行为方式划分为三个关键环节，即创新活动形式、资源主体和创新阶段，再依据这三个环节将企业、消费者两类资源集成创新的过程进行分析[48]。徐璨、苏后勤（2012）为了弥补电子政务系统中由于数据传递、分享等环节的不足，构建一个集信息资源技术为一体的平台[49]。刘树安（2013）提出由于企业自身环境和外部环境的变幻莫测，企业进行信息资源的整合是企业可持续发展的关键手段。[50]任一鑫、曾宪迪等（2013）在原有的煤炭矿区能源之间关系和能源消耗特征的理论上，构建一种针对煤炭矿区能源利用的集成思路——错开时间、优势互补、按序利用等[51]。唐晓城、张伟等（2014）将"集成"的概念引入到矿区能源消耗领域，构成一种适合矿区能源的集成体系[52]。赵友宝（2014）运用边际产出理论，构建一种基于时间和空间的煤炭矿区能源优化配置模型[53]。④产业集成，张立和王学人（2002）提出了一个新的经济名词"产业集成"，即将各类横纵相连的产业部门进行整合[54]。张贵、周立群（2005）拓宽了产业集成的含义，认为产业集成是指将知识、技术、信息、资金等资源融合在一起[55]。李丽（2012）认为产业集成是以模块为依据[56]。武春友、张秋艳、刑蕊（2013）针对区域知识承载力，设计一种融入产业集成创新的研究框架和思路[57]。武光等（2014）提出了一种新的集成——区域旅游集成，即将旅游业的所有资源进行有机整合[58]。

1.3.3 文献评述

综上，国内外学者在集成理论内涵、集成模式、集成方法、集成应用等方面进行了深入研究，为本书奠定了坚实基础。学者们取得丰硕成果的同时，在以下方面还存在一定的研究空间：第一，在集成的应用领域方面，循环经济集成的研究较少，且研究较多停留在集成的原理及方法，并未对其进行系统的研究；第二，现有研究更多基于某一具体范围的领域，如资源集成、系统集成等，而事实上，在循环经济集成中，内在包含了具体领域的集成，在此基础上，将集成层面不断扩大，从企业层面扩展到园区层面进而到社会层面，体现了集成的包容性。

为此，本书在前人研究基础上，针对循环经济集成进行研究，研究层面由小到大，分别从企业层面、园区层面及社会层面对循环经济进行集成。

1.4 集成研究方法

本书坚持以马克思列宁主义、毛泽东思想、邓小平理论、"三个代表"重要思想、科学发展观、习近平新时代中国特色社会主义思想为指导，同时注意借鉴和吸收西方研究的合理内核与方法，探索符合中国国情的具体方法和路径。在中国共产党第十九次全国代表大会上，习近平总书记在报告中说，我国经济从原先的高速发展转变高质量发展，现处于经济发展方式转变、经济结构调整、经济增强驱动力转变的关键时期，需提高全要素生产率，不断增强我国经济创新力和竞争力。而生产率的提高有赖于解放生产力，通过集成的方法，降低生产中不必要的环节与成本，从而为生产率的提高创造空间。

究竟通过何种方式的集成才能最大限度地解放生产力？需要对集成进行深入研究。集成的研究方法可以大致分为基本方法与具体方法两部分。基本方法有实证方法与规范方法两类，实证方法包括逻辑分析方法、多学科集成方法、定性与定量结合方法与系统分析方法；规范方法包括优化分析方法与关联分析方法。具体方法主要为调查研究法、分析矩阵法、神经网络法、物资流跟踪分析法等。

1.4.1　基本方法——实证方法

1. 逻辑分析方法

本书研究的循环经济是建立在科技发展史和世界经济发展史纵向梳理基础上的，是基于对经济、资源、环境三者之间变动的内部规律，通过逻辑分析而得到的建立在系统论、控制量、协同论基础上的模式创新。对循环经济集成的研究过程是按照先理论后实践、先静态后动态的方法进行的，符合一般的逻辑思维模式。所以，本书的研究具有浓郁的逻辑分析色彩。

2. 多学科集成方法

循环经济集成本来就是一个多术语的结合体，其理论基础非常广泛。循环经济集成既包括循环经济理论又包括集成理论、复杂系统论等。本书将静态研究和动态研究相结合，从协同学和耗散结构理论两个方面归纳循环经济集成的含义、本质、特征、形成方式以及采取的具体步骤，探索循环经济集成系统的实现条件，为在现实中构建高效有序的循环经济集成奠定理论基础。

3. 定性与定量相结合的分析方法

对循环经济集成模式的研究是一个定性与定量分析相结合的产物。通过定性分析，把循环经济集成的性质、特征、类型等方面进行归纳、总结和刻画，明确了对循环经济集成的把握；通过定量分析，将循环经济集成各部分、各阶段的运动发展进行量化，从而明确问题的研究路径和解决方法。在对循环经济集成概念、框架、原则等问题研究时，本书使用了定性分析；在分析循环经济集成步骤、演进路径等问题时，应用了定量分析。将定性分析与定量分析相结合，既有利于从宏观上把握循环经济集成的本质，又有利于从微观上解决循环经济集成在发展过程中存在的具体问题。

4. 系统分析方法

集成与其他产业组织模式最大的不同在于它始终坚持系统分析原则，将集成的组织纳入到整体发展当中，将独立系统纳入到整体系统当中。而且，对集成的研究也不是一个静态的理论构建，而是培育一个充满活力的包括理论基础、实现条件、制度保障以及实践对象的完整有机体。本书从系统复杂理论出发，运用多学科研究方法，建立了一个集成的系统框架，揭示了在多因素共同作用下，集成系统的协同旋进、合作创新、自组织与他组织的演进过程。

1.4.2 基本方法——规范方法

1. 优化分析方法

优化分析方法是对经济中最优问题的定量分析方法。它是数学规划和控制理论在经济实践中的应用。优化分析方法能够为经济决策提供理由充分的依据，有助于实现计划和管理的科学化。"二战"后特别是 20 世纪 50 年代电子计算机诞生后，线性规划求解问题得以解决，优化分析方法越来越广泛地应用到各个领域。

优化分析方法在集成中的应用更加明显。依据集成的"3R"原则，在资源消耗与产能提升方面，理论上能够给出相应的目标函数，通过优化分析，确定具体的资源投入量以及相应的成本，从而达成集成的目标。利用优化分析方法计算出企业的最佳生产数量，分析企业资源流入和流出数量来制定评价指标，延伸产业链，并以此为依据发展产业集成和研究产业之间联系。

2. 关联分析方法

关联分析是系统定量分析的方法之一。与传统的统计方法相比，有以下优点：①不需要大量的数据；②不需要典型的概率分布。在集成中，通过对集成系统发展态势的量化关系进行分析，定量地找出诸多因子的影响程度，哪些是主要的，哪些是次要的，为系统决策提供依据，为主要因素的判断找出方法途径。运用"物以类聚"的思想对循环经济体中种类繁多、复杂的物质资源进行划分，以便更好地分析其中物质资源间的关系及相应的利用领域。

1.4.3 具体方法

具体而言，本书采用分析矩阵法、神经网络法等方法分析资源与应用间的关系，研究方法如下：

1. 调查研究法

选定适当的研究对象，采取现场采访或调查问卷的方法，对于那些孤立资源被单独开发、使用等现象进行归纳总结；运用文献研究法，查阅涉及集成的相关资料，归纳总结出有关的研究观点和成果，选取恰当的研究理论和研究方法。

2. 分析矩阵法

为了研究多种资源之间相互关系，利用统计分析法——分析矩阵，将各类资源及其应用范围通过矩阵方式列出，概况总结出资源间的关系，提高资源集成配置方法研究的准确度。

3. 神经网络法

利用神经网络理论，对神经网络拓扑结构进行分析研究，确定网络的最优层数，以及输入层和隐含层的最佳关键点数，设计网络结构图以及模型，达到资源与其应用范围最佳的匹配方式。

4. 物质流分析跟踪法

物质流分析是在一定范围内分析某种物质资源进行工业代谢的有效手

段。通过对循环经济体内物质流分析跟踪，弄清其中各种产业内生产过程所需的物质资源情况及之间的关系，为循环经济中物质资源在不同利用领域的优化配置提供参考。

1.5　集成与其他学科关系

随着集成理论的不断完善，集成技术的广泛应用，集成逐渐与其他学科相容。在经济领域，集成与管理学、经济学、计量学等诸多学科均有交叉。集成之前首先要符合管理学原理，同时尽可能缩短管理层级，进而运用经济学、计量学等学科的知识，计算能够降低的企业成本。在其他领域也是如此，集成能够与其他领域的学科进行融合，从而促进各学科的发展。

通过1.1节对于集成含义的介绍，本书给出了对于集成的定义。集成是把孤立的元素进行整合形成一个系统的方法。为避免混淆，本小节首先对集合、聚集、集群与集成等概念予以区分，进而对集成与系统论、控制论、协同论等的关系进行分析，最后对集成与循环经济、生态经济、管理学、经济学、生产运作、项目管理、成本会计等学科关系分条进行分析。

首先，集合并不等于集成，集成的层次要高于集合。集成不仅仅是要把彼此分离的部分在物理层面上组合在一起，同时还要打通这些分离部分在逻辑上的关系，形成一个彼此协调、有机的整体。在我们谈到集成时，很容易将集成误解为集合，集成并非将各元素进行简单拼接，而是要通过信息集成，打通各元素之间信息交换的路径，将没有关系或者关系不够密切的元素进行整合，形成一个具有新功能的、联系紧密的新系统。集成的效果在于整体功能倍增，如人们常说的"$1+1>2$"，而非元素间功能相互冲突，彼此抵销，变成"$1+1<2$"的不经济系统。

其次，聚集也不等同于集成，这二者之间既有联系同时又有区别。聚集通常发生在某一区域，以经济区域为例，聚集通常指的是经济活动与生产要素集中于某一经济区域，具体体现为各类生产要素汇聚的过程。当然，我们也可以将集成看作一个过程，然而这种过程与聚集的重点不同，集成更加注重所集成要素的协调，从而能够强化集成主体对集成要素与过程的控制。不仅如此，在考虑作用范围时，集成的作用范围要比聚集的范围更加灵活，使得集成的层次也在聚集之上。

最后，集群的含义与集成则相距甚远。集群作为一个实体，在经济领域中多指空间集聚体，这种集聚体通常包含通过网络信息传递、相互有关联关系的企业、组织与机构等。而且，集成中的各个要素可以属于不同范畴，而集群的各个要素都必须属于一个范畴，该范围要远远小于集成。因此，集成通常具有动态性，而集群则更多地体现出静态特征。

在辨析了集合、聚集、集群与集成的概念之后，需要对与集成有关的理论背景做进一步说明。集成按照其内涵范围划分为狭义集成与广义集成，一般来说目前所提的集成主要为狭义集成，即应用于某一具体领域的技术。例如，企业对其所拥有的资源进行集成，通过将资源进行集成整合，提高企业运作效率，促进企业发展。在不同领域中，集成已广泛被应用，而广义的集成则是指一种理论。

集成理论起源于系统论、控制论与协同论。系统论是将所研究对象看作一个完整的系统，研究整个系统的结构与功能。集成与之类似，也是将各集成要素进行整合，减少不必要的环节。而控制论讲求引导系统运作从而实现一定目标，集成同样是为了实现集成者的目标。协同论是指对各系统进行协调，使得各系统间信息流或物质流流转通畅，随着集成范围的扩大，对集成范围内各系统间的协同要求便会提高。系统论、控制论与协同论为循环经济提供了研究基础。

通过循环经济的本质，可以发现它是一种生态经济，按照一定的自然界规律充分规划资源与环境承载力，将资源合理开发利用、清洁性生产等相关行为进行整合，并根据生态环境中自身的生存法则指引我们人类行为。不难发现，循环经济本身在一定程度上可以被视为一个集成体，循环经济这个集成体中，各要素有机结合，能够凸显整体功能倍增的效果。

而从实践的观点看，循环经济则是集成的一个重要利用领域。在这当中，集成便成为应用的方法，经济中资源、产业、技术、系统等方面进行集成。集成是循环经济实现突破发展的必由之路。针对循环经济发展模式的三个层面（企业、区域、社会），对其集成具有很强的必要性。随着发展模式的不断扩大，循环经济中所包络的资源、产业等的数量急剧上涨，对不同资源的高效、循环利用，对庞大的产业结构进行优化，均是集成要解决的问题。

1.5.1 与生态经济学的关系

生态经济学是一门复合学科，由自然科学与社会科学组成。生态经济学主要是指在不断反复进行的社会生产过程中，能源、物料和价值等在生态环境和经济环境之间来回交换与传递的一门学科。生态环境不仅仅是人类生活赖以生存的自然因素，也是经济发展最为重要的因素。从两个方面对其进行解释：①获得符合人类生活需要的良好生态环境是我们梦寐以求的生存方式；②目前人类生存环境濒临承载范围的最大限度，为了能够可持续性生产需要创设一种能够合适的生态环境生产，为实现该种生态环境则必须要投入一定经济成本。因此得出一个结论，人类赖以生存的生态环境可以当作劳动的一种形式。也可以理解成，人类赖以生存的生态环境具备两种属性，一是人类奋斗追求的目标，二是成为经济生活中的一种生产要素。

在生态经济学的范畴中，单纯将生态环境与人类劳动联系起来，在此也可简单地将其视为对生态环境与人类劳动的集成。而集成的范围要更加广泛，若以集成的视角审视生态经济学，则该领域要持续扩大，扩大至整个人类社会，使得人类社会与生态环境形成命运共同体，秉持"既要绿水青山，又要金山银山""绿水青山就是金山银山"的思想。此外由生态环境的含义我们可以看出，集成的目标与生态经济学的目标一致。通过集成，减少不必要的生产环节，使得经济系统与产业环境中产生的有害生态环境的成分大大减少，集成在经济领域中的应用符合生态经济的基本要求。

1.5.2 与管理学的关系

周三多（1993）在《管理学——原理与方法》中归纳了20世纪以来管

理学主要代表人物的观点。在讨论管理学与集成关系的时候，除了要领会上述关于管理学的定义外，需要把系统、管理与集成的思想放在一起进行对比分析，才能够更加精确地体会集成的含义。

现在的管理学引入集成的概念，使得管理学的含义得到拓宽。"集成"主要是提升要素之间相互作用的整体性。利用集成的方式合理重组资源，过程中需要对生产方式等进行变革，从而能够衍生出创新，同时将集成引入管理领域能够分散原有管理模式的风险，从而降低企业或产业的运营成本，能够提高企业效益，加速企业发展。而落实到实践中，整合增效这一集成核心思想具体与实际体现在人与计算机、计算机与计算机、人与人两者的集成关系等方面。而对于特定要素的组合、通过优化结构与关系，从而形成整体功能最优，是系统思想的核心。不难看出，在运筹学中，构建目标函数、设立约束条件直到最终的求解，都充分体现了系统的整体性。现代集成理论突破了系统学中的约束界限，更加强调更大范围内的资源整合，可以看出融合了集成思想的现代管理理论的层次、范围较之前都有了较大提高。

管理能够使得孤立的元素整合成一个整体，同样集成也可以帮助帮助管理的实施。管理能否很好地实现取决于集成力度。

集成对于管理的反作用主要体现在：①强调劳动分工的同时，也强调集成增效；②集成思想的引入使得管理的内容更加饱满，打破以往管理的常识，对资源进行有机整合；③竞争观念的转变使得集成有了更大发展空间，使得竞争各方均获益，实现供应，达成协同前进的目标；④集成是实现跨越式发展的重要战略，而相对较弱的企业若想赶超，只能通过跨越式发展，集成恰恰能够实现这一目标。

1.5.3　与经济学的关系

资源稀缺性是经济学的前提之一，指的是世界上的一切资源都是有限的，而经济学研究的就是在资源稀缺的前提下如何有效的分配和利用这些资源。集成的一个目的是最大限度地节约资源，促进资源的循环利用。集成的发展也是基于资源稀缺性的假设，正是因为资源的稀缺，使得人口增长与经济发展之间、经济发展与资源之间、经济发展与人口增长及生态环境之间出现矛盾，也正是因为资源稀缺，使得资源的集成具有必要性。资源稀缺是研究与发展集成技术要解决的基本问题，如何合理配置资源，充分利用资源，促进和谐发展是也集成要解决的主要问题之一。

随着社会不断进步，资源优化配置始终是经济学领域最为重要的研究内容，而"集成"这种方式可以实现资源优化配置，因此，将集成方法用于经济学各分支的研究也就不足为奇了。

（1）资源经济学领域的集成。资源经济学认为经济的本质是人将自然资源转换为生存资料，目前人类所拥有的资源可以划分为两类：社会资源和自然资源。社会资源包括人力、知识、信息、科学、技术以及累积起来的资本及社会财富等，其最大特征是累积性和可变性。自然资源包括土地、森林、草原、降水、河流湖泊、能源、矿产等，其本质特征是有限性，且其中的一些资源是不可再生的。资源经济学中涉及的集成主要指供给与需求之间的关系、价格和税收影响供给与需求之间的关系等。

（2）环境经济学领域的集成。生态环境是指人类赖以生存所需的公共物品。当人们处在生态环境中，一部分人会有非竞争性的消费行为，这就是所说的"公地悲剧"现象，可以理解为在消费的过程中过多消耗资源；一部分人会有非排他性消费行为，这就是所说的"搭便车"现象，可以理解为在消费过程中存在供给量不能匹配需求量。全球范围内积极实施环境经济学领域的集成，原因在于它具有外部性。外部性是指一些产品的生产与消费会给不直接参与这种活动的企业或个人带来有害或有益的影响，其中有益的影响称为"外部经济"，否则就是"外部不经济"。比如从环境经济学角度，利用静脉产业集成，将资源进行有机整合，以此提升利用率、降低消耗，从而可以保护人类赖以生存的生态环境。

1.5.4 与生产运作的关系

随着业务流程再造的出现，企业管理者发现了一种新的获得效益的方式：将企业的生产目标同企业的组织结构相结合。伴随着科技进步以及高精度计算成本的降低，生产处理系统逐步在企业范围内渗透，帮助企业的高层领导人员得到更为精确的生产资料。将高级计划排程（APS）系统融入进去，使得供应链运行达到最佳状态，从而提升生产的协同性。而这类协同生产，能够形成一系列跨职能部门，这些部门团队协作运行，将生产运作的各企业看作一个整体，使得协同生产计划流程变得一体化，以此增加经济效益，若要使效益得到进一步提高，企业同样也应该将需求预测、生产计划和生产调度作为一个整体业务流程进行集成，以统一的视角来看待。

在生产运作中，有低效生产运作则就有高效生产运作。高效生产运作将集成思想运用于其中，能够协调统一各企业及各部门的生产运作，能够使业务流程变得清晰，同时能够扩大信息在本系统内的传播范围，使得各环节的主管能够更加清晰地明确上游企业或部门的供给情况，以及下游企业及部门的需求情况。与之相反的是低效生产运作，无集成的生产运作如同一团乱麻，严重影响工作进度。

和生产计划一样，生产执行决策也逐渐朝跨企业的一体化方向发展。目前，所有企业的制造类部门开始一起讨论和决定生产的决策，使得产品消耗的成本达到最低。在生产运作环节引入集成理念，减少企业不必要生产流程的同时，既压缩了生产成本，又大大提高了企业运转效率。

1.5.5 与项目管理的关系

集成管理可以理解为把集成的理念融入项目管理中形成一种新的观念，即以集成的观念、行为方式、手段工具为依据，运用在项目管理的活动中。换句话说，从另一个全新的视角处理各类资源元素，拓宽管理的范围，提升各类项目管理元素的整合程度，从而使得被管理对象更加有序。集成管理是将集成的理念和系统的方法相结合，它将多种类型的管理方法进行有机整合，并运用定性与定量相结合的方法进行分析。

1.5.6 与成本会计的关系

目前，现代成本会计是以传统成本会计为基础，引入集成的思想，在物

第一章 ○ 绪 论

价变动的环境下，把成本核算与生产经营进行整合，从而避免由于通货膨胀导致物价变动而引起会计信息不真实。现代成本会计与传统成本会计的不同在于其核算程序和核算方法等，其在核算的过程中根据外部环境的变化快速获得资产价值的变动，方便决策者作出相对应的决策。

成本会计的出现，是将传统会计与物价变动环境、生产经营情况进行集成，使得经济环境的改变能够及时反映在会计核算当中。因此，成本会计内在地包含了集成思想，是集成与传统会计相结合的应用体现。

1.6　循环经济集成提出

1.6.1　问题提出背景

随着工业时代的到来，人类在追求经济效益的同时忽略了资源环境的承载力，为此我们需要进行深刻的反省，寻找出一种既能满足经济效益又能保护环境的方法。循环经济的提出使得利益和环境达到最优状态。循环经济是一种将人类赖以生存的资源进行有效整合的方式。我国虽然资源种类繁多，且含量丰富，但是人口数量众多，使得人均含有的资源量相对较少，环境承载能力相对较弱，只能达到短暂的经济效益。循环经济以 3R 为指导思想，将资源在系统内部进行循环，提高利用效率。循序经济体是指企业、产业等组织结构，运用网络结构将企业和企业、产业和产业的物质流、能量流和信息流进行来回传递，将各类资源进行有机整合并开发利用。运用集成的思想，增加经济效益的同时提升环境承载力，产生循环经济产业集群。

1.6.2　循环经济发展现状

在经济效益和保护环境双重要求的大环境下，我国在科学发展观的内容上加入循环经济，这不仅能够促进人类社会与生态环境共存，还可以促进人们获取经济效益、生态环境效益和社会效益。"十一五"期间，循环经济的思想得到了丰富，加入制度规范、运行机理、评价指标等相关内容。

虽然循环经济发展成效卓著，但是我国关于循环经济的研究大多还处于试验、示范的初级阶段，普遍存在普及范围小、深度不够、质量不高等现象，还未形成学术界和企业界共同认可的理论体系；在资源利用方面，还没有从整体上建立"资源－产品－再生资源"的循环经济体系，经济增长依然以粗放型为主，在创造了更多价值的同时也消耗了更多的资源，产生了更多的废弃物。例如我国冶金、有色金属、电力、化工等 8 个高耗能行业生产耗能比世界先进水平平均高出 40% 以上；中国矿产资源回收率只有 30% 左右，而国外先进水平这一技术已达到 50%；除此之外，我国循环经济在地位确定、政策层面、技术力量、考核制度、激励制度等方面均存在明显不足。

1.6.3 循环经济发展存在的问题

以可持续发展为目标的循环经济的发展，极大地推动了经济、社会和生态的全面健康可持续发展，是缓解资源矛盾、减轻环境污染、提高经济效益、协调人与自然关系的重要途径。然而在循环经济发展实践中却出现了循环经济园区体系不稳定、产业协同性差、资源低值利用，造成生产能力过剩或不足，产生新的环境污染以及循环不经济等问题，其原因在于循环经济园区企业在其生产过程中没有形成利益共同体，往往只考虑自身利益，孤立利用资源、孤立开发技术、孤立发展产业，而究其根源是循环经济体系建设中缺乏系统优化理论和方法。

1. 资源孤立利用

目前，循环经济中各类资源独立开发使用、集成度低，导致各类资源无法更好地进行层级使用、循环使用。在循环经济系统里资源的品种众多、内部结构繁杂、优化配置程度低，同时由于理论知识和理论方法的研究不足，导致没有办法形成规模经济。

2. 技术孤立研发

当前，我国循环经济发展相对于其他国家来说属于初级水平，无论是技术还是工艺都相对比较薄弱、引进新的技术与自主研发的技术相互独立，彼此之间的协作和联系相对不足，循环经济技术主要是以单一资源为研究对象，特别是在资源再生产利用的方面，尚且没有构建一个协作联系的体系，这是导致循环经济迅速发展的主要原因之一。

3. 企业孤立建设

循环经济实施的主体是企业，同时循环经济体系建立也是依靠企业。在企业内实施循环经济体系可以帮助企业内部的物质材料进行周而复始的使用，这样不仅降低物质材料在生产过程中的消耗，而且还降低废弃物的数量，实现清洁化生产。现在大部分循环经济园区内各个企业之间没有联系，导致循环经济体系的目标得不到统一，各部分的功能性不够全面，彼此之间没有协作性，没有办法实现资源的分享和企业之间的联合发展。

4. 产业孤立发展

目前，有关循环经济机理的研究内容、方法等不够完整，同时产业在划分的过程中没有涉及循环经济的特征和没有考虑资源代谢路线等情况，使得划分标准不够明确，因此产业循环经济体系有待改进，产业与产业彼此之间协作能力、资源共享能力以及规模匹配性都不强。

5. 园区孤立创建

循环经济园区是区域之间相互竞争的主要方式。园区正在发生着变化，由原先热点的区域可能转变为盲点的区域。循环经济园区会受到外部环境和内部结构影响丧失竞争优势。随着经济逐渐全球化，循环经济园区孤立创建会让各产业集群丧失其原有的竞争能力，解决园区孤立创建存在的不足，产业集群不断调整，改变循环经济集成战略的目标是弥补循环经济发展过程中存在的不足。

6. 系统孤立运行

循环经济系统可以大致分为生产系统、产业系统与社会系统。循环经济中生产系统负责经济体内多种资源调配、利用，生产出的产品用于销售或自销；产业系统则为循环经济体内包含的各类产业，包括生产加工类企业、产品销售类企业等；社会系统则是循环经济体与外界社会联系沟通的系统，该系统较为庞杂，覆盖领域很广。

循环经济系统目前暴露出各系统孤立运行的状况，由于缺乏联系与沟通，循环经济体生产系统或与社会系统形成错配关系，即生产系统说生产的产品无法被社会所消化吸收，其根源在于社会系统未能及时有效地将社会产品需求等信息传达给循环经济生产系统，使得循环经济体整体运行效率低下；而产业系统与社会系统之间，同样存在一定程度的错配关系，社会系统接收的信息未能同产业系统共享，使得产业系统的产业布局无法跟上社会发展进步的脚步，从而对循环经济发展造成滞后的影响。

7. 区域孤立规划

区域循环经济是将循环经济和区域经济进行整合，促进经济在空间上的集成。当前，我国运用最多的模式是梯级开发战略模式。但是，我国所获得的成绩比预想的成绩相差甚多，不足之处也很明显。区域循环经济发展过程中自身会出现许多不可控因素，还会面对外部环境的约束，以及考虑可持续发展的要求。

区域循环经济本身所具备的复杂性导致了其区域的孤立规划问题，而集成思想的引入能够较好协调各区域间的关系，使得在进一步区域规划中，能够以一种统筹的视角处理问题。

8. 经济孤立发展

资源型城市经济的发展严重依赖与国家及外来投资对资源的开发和利用，在规模经济和聚集经济效益的作用下，资源开采和加工型企业的规模不断扩大，但这些企业并未能将相关的配套设施建设地方化，加之国家税制的改革，此类企业的税收留在地方的很少，导致乡村经济发展所需要的经济难以获得，发展水平始终不能得到提高。同时资源型城市发达的工业体系和落后的农业体系在资源开发使用的过程中没有任何关系，在产成品互换的过程中也没有任何关系，因此使得资源型城市和乡村在产业布局等方面缺少配合，彼此之间单独发展。城乡产业发展的这种互不关联导致资源型城市二元经济结构的形成，而城市经济规模的不断扩大则进一步强化和突出了这种结构。

1.6.4　循环经济集成的必要性

集成是遵循某种组合形式将元素重新组织，为了实现元素之间资源互补、共享，进而能够提升集成性能，有利于达到集成的目标。因此，集成既是一种概念，也是一种处理问题的方法。为此，将集成运用到循环经济的目的就是用系统整体研究的思想来解决循环经济发展过程中一系列孤立复杂的问题，用整体和联系的观念为以前单一的难题提供一个新的思路和解决办法。然而，循环经济的发展无论从理论上还是从实践上都处于不系统的状态，结合不同循环经济体特点，循环经济集成形式更加重要。

当前，实行循环经济的过程中出现了许多不足，例如资源独立运用、技术独立研发、企业独立建立、产业独立成长、园区孤立创建、系统孤立运行、区域孤立规划等问题，运用集成理论及方法，对资源进行整合利用，最大限度地节约资源，同时联合研发技术，提高技术的研发效率及运行流畅度；对循环经济中的产业与企业统筹规划，打通产业间沟通的同时多方位建设企业，保障区域协调规划，从而使各系统运行通畅。

1.6.5　循环经济集成的可行性

由前述分析可知，在资源集成、技术集成、生产过程集成等诸多方面，均有较多理论研究与实践活动，从这些方面与循环经济的关系可以看出，循环经济的范围更广。要实现循环经济的集成，内在地包含了对循环经济中资源的集成与利用，同时要对循环经济中各技术的研发与推进进行集成，对生产过程进行集成能够降低循环经济中显性成本，等等。循环经济包括诸多产业，在不同产业下又有大量的企业，因此，基于由点成线、由线到面的逻辑，先进行企业层面上的集成进而过渡到产业园区层面上来，最终形成循环经济的集成。循环经济集成的内容已具备，关键在于对循环经济中各要素进行进一步整合，使其形成真正的循环经济。

目前，本研究团队已对煤炭矿区、循环经济园区等循环经济体的不同方面进行了集成方法的探索，包括煤炭矿区资源、能源集成方法等，为深层次研究循环经济集成奠定了基础。

1.7 本章小结

本章介绍与集成有关的概念、理论等内容。首先通过介绍集成的含义，揭示集成发展与演化的背景，其次介绍集成研究对象、内容及领域，引入循环经济集成的思路；通过对集成研究现状等的介绍，指出集成与不同领域结合的作用。最后对循环经济集成的提出，正式开始本书的主要研究内容。

第2章
循环经济集成理论基础

目前循环经济的发展受制于循环经济体中个别组成部分所面临的复杂问题，在理论与实践层面上循环经济的研究尚且不够成熟，为此在循环经济中引入集成的概念，确定整体与局部的联系，处置循环经济中的不足之处，显得尤为必要。本章在评析循环经济理论、集成理论、优化配置理论与系统论的基础上，结合产业共生理论、生态经济理论与协同论，提出本书关于循环经济集成的理论见解。

2.1 基本概念

在分门别类介绍循环经济集成理论基础之前，本节首先介绍与循环经济集成相关的基本概念，概念的清晰有助于读者快速把握相关理论基础，从而对循环经济集成有一个大致的了解。

2.1.1 循环经济概念

循环经济的实质属于生态经济，是指依据生态法则运用自然资源和环境承载力，将清洁性生产、资源综合使用等进行整合，引导人们在经济中进行活动。运用循环经济的宗旨是保护生态环境，使社会、经济和生态环境三者达到和谐状态。

循环经济（circular economy）指将物质闭环流动性（closing materials

cycle）经济与资源循环（resources circulate）经济进行有机合成，促使资源循环运用，使得经济、社会、人类、生态、环境等各方面达到和谐，并满足"减量化、再利用、再循环"原则，运用物质闭路循环和能量梯次利用手段，按照自然生态系统中物质流和能量流的流向进行更好的发展。

2.1.2　集成概念

集成是指将系统中的各种元素改进并依据某种组合方式形成一个完整的体系，提高集成性能。集成的基本特征有：主体行为性、功能涌现性、关系动态性、单元泛化性、选择竞争性。

2.1.3　优化配置概念

优化配置一词来源于资源优化管理，以利用率最大为目的，将资源进行合理规划和搭配。资源优化配置是以市场为基础，以价值规律为指导，运用自我调节将资源的供给量和需求量进行合理配置，实现优胜劣汰，以此对社会资源进行合理配置。这一概念的出现，被运用在各种类型的资源处置当中，其中涉及人力、财力、物力以及知识技术等。

2.2　循环经济理论

2.2.1　循环经济的基本原则及其特征

循环经济的基本原则指在经济活动时，运营者所要遵循的一般性标准，体现其运转条件和形式。循环经济所满足的基本原则为减量化原则、再使用原则、再循环原则，并被简称为"3R原则"。

循环经济是科学发展法的一种表现形式，其包含以下特征：新系统观、新经济观、新价值观、新生产观、新消费观。

循环经济发展模式作为一种全新的经济发展模式具有以下特点：循环经济本质上是一种生态经济，循环经济强调资源的持久性和集约化使用，循环经济需要以现代技术发展为支撑。

2.2.2 循环经济的研究内容

循环经济运用的领域比较广，其中包括生产、消费、基础设施。每个领域中都是由小、中、大三个循环体系构成，从而建立物质闭路循环体系（见图2-1）。

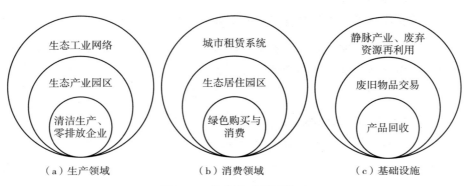

（a）生产领域　　　　　　（b）消费领域　　　　　　（c）基础设施

图2-1　物质闭路循环体系

2.2.3 循环经济在循环经济集成研究中的作用

在循环经济集成研究过程中，应坚持循环经济"3R"原则，以资源利用率最大化为导向，构建满足园区、区域等客观实际的循环经济集成模式，有效提高资源利用效率，对生产过程中产生的废物进行综合利用，对园区、区域产业结构和布局进行调整，通过资源的自身特点和产业规划，拓展产业链条，推动产业之间和谐生存，促使各产业之间分享资源，为园区、区域循环经济集成研究奠定理论基础。

2.3 集成理论

2.3.1 集成原理及要素

1. 集成原理

集成原理是指集成在运行、实施的过程中遵从的法则。集成原理遵循系统理论中所涉及的原理以外，还遵循自身独有的特殊原理，例如功能涌现原理、质参量兼容原理等。

集成产生具备的条件有三个：即联系条件，是指将集成单元中质参量之间的关系；界面条件，是指将集成系统中的信息、物质和能量运用界面进行传递来达到性能最优化；选择条件，是指按照某种原则选择集成单元。

目前，集成形式一般有系统集成、产业集成、信息集成、过程集成、企业集成、知识集、价值集成和企业资源集成。

2. 集成要素

集成是以某种环境为基础依据一定的模式将各单元进行整合。集成的构成要素如下：

（1）集成单元。集成单元是指构成集成系统的基本要素，集成单元是相对于某个集成系统来说。在不同的集成系统中集成单元的特性会发生变化。

（2）集成模式。集成模式是指将各个集成单元进行合理组合的形式。它是通过物质流、信息流和能量流在各集成单位之间进行传递。集成模式一般分为 3 种类型：相互作用型，记为 $AA + BB = AABB$；整合型，记为 $AA + BB = ABAB$；交叉复制型，记为 $AA + BB = AB$。

（3）集成环境。集成具有单元泛化的特点，因此位于某个节点的时候，集成系统会有较为鲜明的界限。界限以外的部分为集成环境。集成环境的改变，会导致集成单元的特性、模式等随之改变，或者集成系统中的集成单元与集成环境的要素进行互换，从而影响集成系统的性能。集成模式依据影响方式将其划分成为直接环境和间接环境；依据影响程度将其划分主要环境和次要环境。集成环境的改变是由其环境要素改变来完成。集成环境也就是集成模式的外生形式，但其绝不是不可抗拒。

集成单元、集成模式和集成环境是构成集成关系的基本要素。集成单元的内在性质影响集成关系的组织行为方式，集成环境是集成模式的外在要素。

2.3.2　集成的层次及分类

集成可分为三个层次，即数据层集成、应用层集成和业务过程层集成（见图2-2）。

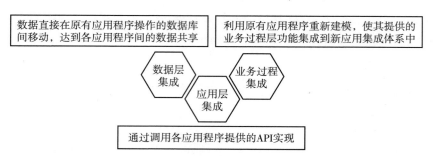

图2-2　集成层次分类

2.3.3　集成模式

集成模式是指将各个集成单元进行合理组合的形式，它是通过物质流、信息流和能量流在各集成单位之间进行传递。目前，运用比较多的集成模式有封装调用集成模式、间接集成模式和直接集成模式（见图2-3）。

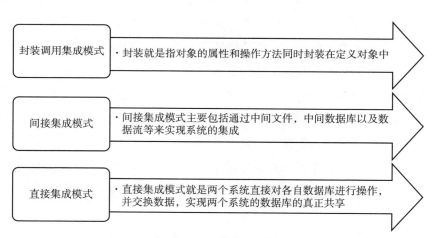

图2-3　集成模式分类

2.3.4 集成在循环经济集成研究中的作用

集成的研究是为资源优化配置做铺垫，运用集成的方法了解每个环节所需资源投入量，产业构成及规模；运用集成的方法了解资源传递时流入资源的种类和数量以及流出资源的种类和数量；运用集成的方法了解资源流经哪些具体的产业。以此为依据更深层次地研究资源、产业中哪些是合理和必要的，通过这些研究使资源或产业组合达到最优。因此，把集成的方法应用到循环经济的发展中，具体意义与作用如下所述。

1. 统筹规划资源，提高资源的利用率

对资源进行统筹规划，各个集成单元之间要尽可能使用资源，防止浪费现象的出现，以此达到高利用效率，从而实现发展循环经济的目的。

2. 调整优化产业结构

加快调整产业结构、产品结构和能源消费结构是发展循环经济的重要途径要按照走新型工业化道路的要求，通过产业集成，能够优化产业结构，更好地发展循环经济。

3. 调整资源流动途径，提高资源利用效率

通过对资源用途研究、相关环节的资源投入产出关系研究、资源之间替代关系研究，合理安排资源开发利用顺序，科学设计相关环节资源投入种类和数量，科学设计资源流动渠道，做到资源合理利用，提高资源利用效率。

4. 规划科技发展方向

通过对资源集成研究，寻找为提高资源利用效率和优化资源利用结构需要攻克的技术难关，规划今后技术发展方向。

5. 调节人与自然的关系

通过对资源供求情况分析，研究资源供求矛盾，利用集成技术研究资源利用趋势，分析哪些资源应该限制使用，哪些资源能够广泛使用，哪些资源能够替代使用，以此为依据，通过绿色规划、生态建设与恢复、清洁生产、低碳经济、绿色能源等方法和手段调节人与自然之间的关系。

为了充分发挥集成在发展循环经济中的作用，实现以最少的投入获得最大的经济和社会效益的目标，我们必须正确深刻地理解集成，具体到行业、园区或区域我们应把集成理论应用到循环经济的各个领域，以达到实现最少的投入获得最大的综合效益的目的。

2.4 优化配置理论

2.4.1 优化配置理论概述

优化配置是将资源进行最大程度的匹配。人类发展历程中，人们期望资源能够得到最大程度匹配，同时利用效率获得最大化，从而满足人类自身生存和发展需求。在市场环境下，社会中各部门所需的物力和人力根据市场的需求进行合理匹配，从而促使社会中有限资源的合理利用。

从资源、产业和系统三个方面对优化配置理论进行研究。①资源方面：资源稀缺性是研究资源优化配置的逻辑起点，资源的有效配置是经济学研究的核心问题。从亚当·斯密的"看不见的手"，到马歇尔的局部均衡分析，再到里昂·瓦尔拉斯的一般均衡理论，再到帕累托最优理论，资源优化配置研究贯穿着经济学的始终。资源优化配置能够带来资源的高效使用，着眼于"优化"，小到企业内的各种资源，大到社会层面上的各种资源，判断资源有没有达到最优化主要取决于资源的利用能否促进生产率和经济效益的提高。②产业方面：产业优化是指通过对产业结构进行调整实现产业的协调持续发展，并能够满足社会不断增长的物质需求的过程。产业优化应从整体的最优效益出发，结合区域自然地理条件、资源条件、经济发展水平、技术发展水平、人口规模等相关因素，通过对产业结构进行合理的调整，使产业结构与上述各因素相互适应达到产业结构持续健康发展的一种状态。产业结构优化随着制定的目标和现有的条件变化而变化，所以产业结构优化是一个动态过程。③系统方面：结合系统理论的整体性原理、层次性原理和最优化原理，把研究对象看成是系统，了解系统的构造和性能，分析系统、要素和环境之间的联系和变化法则，并优化系统观点看问题，使系统达到优化目的。

2.4.2 优化配置理论应用的方法

针对不同的问题，优化配置的方法也是不一样的。一般优化配置的方法分为三个层面，即宏观层面、中观层面和微观层面。

1. 宏观层面的优化配置方法

宏观层面的优化配置主要处理结构失衡、优化配置机制不健全等，所以，一般的处理方法是给出政策、法律、制度等方面的战略。具体的方法有调查法、演绎推理法、移植法等。

2. 中观层面的优化配置方法

中观层面的优化配置主要处理区域、产业以及空间资源配置不合理等问题。针对区域发展不平衡、区域资源配置不协调等问题，需要综合考虑区域内的生态环境效益与经济效益，针对区域发展多目标的约束，为区域管理者提供更好的决策方式，可以采用的决策方法主要有模糊切比雪夫多目标群决策方法、多目标模糊优化配置法等；针对产业结构混乱等问题，为实现产业结构配置优化，提升整个产业链的整体绩效，采用的方法通常有系统动力学多目标规划集成，能够进行时间动态分析以及各产业部门间的协调；针对空间资源配置整体效益低下等问题，通常采用基于非线性与地理信息系统为基础的耦合配置方法。

3. 微观层面的优化配置研究方法

微观层面的优化配置主要处理具体的问题，并给出具有针对性的方法。根据问题的特性，选择合适恰当的优化配置方法。比如，运用运筹学，进行资源优化配置，首先将具体的问题转换为数学模型，其中主要运用运筹学的模型求解问题，一般情况下，运筹学的模型主要有线性规划、非线性规划、图与网络分析等。还可以运用综合评价法，通过系统的、规范的方法对众多方案进行评价，选择最佳的方案，目前使用最多的综合评价法有模糊综合评价、灰色综合评价法、数据包络分析等。

2.4.3 优化配置在循环经济集成研究中作用

优化配置是以经济和社会的可持续发展为前提，以循环经济为指导，促进资源匹配达到最佳状态。在循环经济系统中存在有限资源，将有限资源投入到一些产业后会导致其投入到其他产业的数量降低。因此，为了满足循环经济产业各种利益的最大化，循环经济体在发展的过程中就需不断追求实现资源的优化配置，发挥资源优化配置优胜劣汰的机制，引导循环经济产业按照市场的需要，在政府政策的指导下，以技术和管理为手段，促进有限资源发挥其最大作用。

2.5 系统论理论

2.5.1 系统论概述

系统的思想源远流长，在 20 世纪 20 年代初，奥地利生物学家 L. V. 贝塔朗菲最早给出"系统论"的概念和原理，成为系统论的理论基础，但其撰写《关于一般系统论》直到 1948 年才得到学术界广泛的认可。1968 年，L. V. 贝塔朗菲发表的专著《一般系统理论——基础、发展和应用》确立了系统论在学术界的地位。

关于系统的定义有很多种，比如说"系统是经过组织的体系""系统是指将存在关系的物质和过程进行整合""系统是指内部要素按照某种规律进行活动"等，贝塔朗菲觉得系统是由相互关联的要素组合而成，且与外部环境存在联系。我国著名科学家钱学森觉得系统是由相互关联的要素组合而成，且具备某种特殊属性，该系统又是其他系统的一部分。一般系统论试图给一个能够描述各种系统共同特征的一般的系统概念，系统可以认为是按照某种结构规律将元素整合成具备某种属性的体系。系统的概念涉及系统、元素、环境三个方面的相互联系。

2.5.2 系统论在循环经济集成研究中的作用

将系统论原理引入循环经济集成研究，以系统论为指导，把研究对象视为系统，剖析系统的结构性、功能性以及系统、元素和环境的相互联系和规律性，为本书的研究打下理论基础。

2.6 产业共生理论

德贝里于 1879 年首次给出"生物界共生"的定义，即不同类型的物种生存在一起。斯哥特、范明特继续对"共生"进行研究，总结出系统的共生理论[59]。20 世纪 60 年代之后伊恩菲尔德和格特勒（John Ehrenfeld and Nicholas Gertler）以丹麦卡伦堡工业园区为研究对象，构建一个集循环和共生为一体的系统，使得某一家企业的废弃物可以得到其他企业的合理使用，从而增加环境的承载力。张萌（2008）对于"产业共生"给出了概念，即企业与企业之间互换副产品、能源和水，同时分享基础设施、服务设施等，进而达到经济效益、环境效益和社会效益的最大化。

2.7 生态经济理论

2.7.1 生态经济的提出

18 世纪工业革命爆发，人类社会开始走向工业化，工业化在给人类带来进步的同时，人与自然的关系却恶化起来，冲突日益加剧，人类也逐步认识到工业革命是一把双刃剑，也给人类社会带来了前所未见的危机。19 世纪 60 年后期，人口数量迅速增长，人均资源含有量降低，迫使人们过量开垦，生态环境得到破坏，导致了资源匮乏与能源危机，影响经济的未来发展布局、生态环境的承载能力等。在此环境下，人们对于不断退化的生态环境与环境污染问题进行了深入思考，寻求一种实现良性生态下的稳定增长模式，生态经济的概念与可持续发展思想应运而生。

2.7.2 生态经济的定义

生态经济的目的是实现经济发展与生态保护的协调发展，是人类社会所追求的一种理想化的经济形态或经济模式，将原本粗放型的经济增长模式转变为集约型增长，将原本的生态环境的恶性循环转变为良性循环，能够建立起多功能且高效率的生态经济系统，能够在保持资源充分利用与生态平衡的前提下，获得最佳经济效益。

2.8　协同理论

2.8.1　协同理论的产生与发展

"协同"最初产生于人类劳动行为中的合作，而随着知识复杂程度的增长，协同逐渐形成一门独立的学科，称为"协同学"，即不同学科中包含的多元化结构属性发生质的变化。德国著名物理学家赫尔曼·哈肯（Hermenn Haken）于 20 世纪 70 年代初第一次给出"协同学"的定义。在此基础上发现了非平衡机构理论，奠定了协同学的理论基石，同时运用概率论与随机理论构建序参量的主方程，从而对协同的概念进行了正式的定义。

2.8.2　协同理论的基本概念

协同学主要是分析处于失衡状态的系统与外部环境之间相互联系的变动规律。协同学提出所有系统都处于远离平衡的状态，系统内部依据某种特定的法则进行合理有序的活动。随着协同学的进一步发展，其内涵与概念已远超原本单指同一系统中各子系统的协同，目前已拓展至更宽泛的领域。协同理论主要的观点如下：

一是协同与竞争。协同与竞争能够促进系统性能得到提升，同时使处在失衡状态的系统保持动态平衡。协同与竞争是相互作用的，使得系统的性能和领域不断延展。协同与竞争如何作用表现为：系统内部各子系统之间竞争导致系统处于失衡状态，通过内部协同作用，促使系统的时间、空间和性能处于有序状态，从而形成协同效应。

二是序参量。序参量指系统运作的有序程度。序参量有两层含义：其一，序参量是针对整个系统的状态变量；其二，序参量能够促进系统中各要素相互关联、相互促进，从而推动整个系统的功能演变。

三是快变量与慢变量。快变量与慢变量是指系统工作状态下一组相反意思的变量。以子系统为连接促进整体系统的运行轨迹有序，但不同子系统其运行轨迹是不同的。系统在活动时，那些收到阻力较大而变化较快的因素为快变量，反之则为慢变量。

2.8.3　协同理论的核心理论阐释

1. 不稳定性原理

系统中存在一些不受内外环境影响的稳定因素，且这些元素接近于平衡状态，故其所代表的往往是一种不稳定的因素，而不稳定性中却蕴藏着更多复杂因素，这些因素里也存在一些未知性，这种因素可以视为积极性因素。这两类因素之间彼此约束对方也推动对方，使得整体达到一个稳定的状态。在推进系统的更新升级过程中，这种不稳定的因素起到了至关重要的作用。当外界环境突然改变，系统便会处于不稳定的位置，系统的机构也由原本陈旧的机构向新结构形式转变，使得新旧系统在结构形式上发生质的变化。

2. 支配原理

支配原理的实质是序参量依据某种规律，对其他变量施加影响，从而系统达到稳定的状态。序参量和其他变量对于整个系统的影响程度存在差别。序参量的主导行为有规律可以遵循，寻找其关键因素，可以不计较其他非关键因素，把握序参量的状态进而对其锁定。而后便可以找到影响系统发展的核心，并从源头上把握系统发展的脉络。系统内部处于杂乱无章的情况，支配原理就无从下手，导致其无效。

3. 自组织原理

自组织原理在平稳的环境下，系统通过自身运转法则产生一些有关结构的性能。组织以此为基础可以划分两种类型：自组织和有组织。自组织假定不受到外部环境影响而继续存活，有组织是受到外部环境而做出反应。系统中子系统的协调合作促使系统自行运动，此类现象叫"自组织现象"。

2.9　本章小结

本章首先对与循环经济集成相关概念进行简单介绍，为后文对循环经济集成理论基础展开叙述作铺垫；循环经济理论与集成理论作为循环经济集成的核心理论基础，对其进行系统介绍，同时优化配置理论与系统论的引入，构成了循环经济集成理论基础的基本框架，并分别介绍其在循环经济集成中的作用；产业共生理论、生态经济理论与协同理论同样作为理论基础的重要组成部分，在循环经济集成理论的构建中也发挥了重要作用。

第 3 章
循环经济集成原理

当前，国内外学者从多方视角来研究集成的相关理论，但没有给出确定的概念、原理。本章以循环经济为指导，将集成原理划分成以下几个原理。

3.1 共享原理

3.1.1 共享原理含义

起初，国外学者在研究"共享"过程中，是从资源共享入手，指出资源共享的本质是互惠，即整个区域内的全部个体均拥有可以提供的有价值的事物，而在这种互惠关系的作用下，在一定区域内成员需要该种资源时，区域中具有该种资源的个体能够提供。而随着研究的逐步推进，学者发现在这种共享关系形成前，存在一个必要前提：区域内需拥有可共享的资源、共享的意愿与计划，不然共享则会成为一座空中楼阁。

随着互联网兴起，共享原理的作用范围逐步拓展，较为值得关注的是信息领域资源共享。与此前的实物资源共享本质上是相同的，具备多种信息资源的信息体通过互联网建立其信息传输的渠道，各信息体在平等、互惠、资源的前提下，建立各种合作关系或签订协议，利用各种信息、技术、途径等，提供最大限度内的信息整合。

从我国最近兴起的共享经济中也不难看出，共享就是共同使用和共同享用，以国家颁布的行动准则为保障，在某个特定的范围内合作者之间的协同合作，一起使用公共的和对方的资源。

3.1.2 共享原理简介

资源共享是指将某个特定范围内的资源组合，达到最优匹配，减少浪费，提升利用率和经济效益。以集成为手段，使得资源可以在企业、产业等之间传递，促进资源尽可能利用。

3.1.3 共享原理作用

共享原理是以循环经济集成为手段，将显性和隐形资源进行整合，使得更多被忽视的资源被使用，同时进行最优匹配，提升生产效率，获得更多的经济效益。随着资源共享机制的构建与完善，技术水平得到提升，这不仅可以帮助资源合理使用，同时更能提升资源与需求之间匹配度。

3.2 协同原理

3.2.1 协同原理含义

协同原理起源于1969年德国著名物理学家赫尔曼·哈肯对于激光理论的研究，分析在处于失衡状态下的结构规律，以此为依据获得协同原理。协同原理经过逐步发展，从起初以宏观角度研究整个系统与各个系统的协同关系，到目前以微观视角研究某个具体产业中各企业间的合作，经过了漫长的过程。

而当下，循环经济所涉及的协同原理多指企业间与产业间的协同，此类协同是指通过资源传递促进企业与企业之间或产业与产业之间的联系。以协同为手段，使得企业与企业之间相互协作，提升产业与产业之间的和谐程度，进而保障企业与产业之间规模配置达到最优化。

3.2.2 协同原理简介

协同原理主要由三部分内容构成，分别为协同效应、役使效应与自组织效应。此三种效应从不同角度解释了协同形成的机理。就协同效应而言，它是指在开放系统中，例如自然系统与社会系统中，事物运行通常遵循一种有目的、有规律的途径，当受到外界扰动或是当系统中实事物聚集状态达到某种临界值时，该系统中各子系统通过协同作用达到平衡状态。系统受到外部环境的作用后，会从无序、波动的状态趋向有序、稳定的状态，并最终保持动态平衡，这便是协同效应。役使效应是指，在大系统中存在的一个或多个子系统，对其他系统能够产生主导作用，能够支配与影响其他系统的运行方式，这种主导系统对于附属系统的支配作用被称为役使作用。自组织效应是不考虑外界环境的情况下，系统中各子系统以特定的法则运行，从而产生适合系统的结构和性能。

3.2.3　协同原理作用

（1）维系循环经济系统内部各个组成要素形成一个有机整体的力量。循环经济系统若要发挥自身具备的功能，必须使循环经济系统内部的各个组成元素以集成目标为中心连接成一个有机的整体。而这种联络各元素的力量，源自循环经济系统内在的协同作用所产生的促协力。循环经济系统只有依靠系统本身的系统作用，才能使该系统中各元素之间的关系变得和谐融洽，协调一致，能够使每一组成成分相对稳定地在循环经济系统中各自的位置上发挥积极的作用。

（2）加强循环经济系统对外界环境的良好适应。循环经济系统内在的协同作用决定着循环经济同外部环境交换信息、能量与物质的功能与方式。协同作用能够使循环经济系统在与外部环境进行信息、能量与物质进行交换的过程中，不断修正循环经济系统内部各组成要素间的机构与组织关系，使其与外部环境形成动态平衡的关系。

（3）提高循环经济系统的有序程度。循环经济系统具有熵自发增大的趋势，但是信息是负熵流，它不单单是系统组织性与复杂性的度量标准，同时也是循环经济系统有序化的标志。循环经济系统是通过不断从外界环境中获取信息从而来抑制自身熵的增加，同时形成内部的减熵运动，能够增强循环经济系统的有序化程度以及自组织能力。循环经济系统内在的协同作用体现了该系统获取与加工变换信息的能力。循环经济系统内在的协同作用越强，就能够获取与加工更多的信息，从而更大限度地降低该系统内部的熵，从而使系统保持更长时间的有序状态或者提高系统的有序程度，增强循环经济系统的功能。

3.3 关联原理

3.3.1 关联原理含义

关联原理源自唯物辩证法的联系观。联系观最重要的内容是联系是普遍的，世界是一个普遍联系的整体。进入 20 世纪 80 年代后，对于"关联"的研究愈加受到学者的重视，学者们研究的重点便放在企业间关联及其作用与影响上。认识企业间的关联，需要从整个企业体系入手，在该时代背景下，关联原理的最大特征是建立在企业内部联系与外部联系的基础上，也意味着，企业间各个基元所涉及的领域内部关联与各个基元之间的关联共同形成了企业间的关联原理。企业主体基元、环境基元、资源基元、目标基元、价值基元、运行基元是企业关联原理分析的主要对象，构成了企业关联原理的关联要素论、关联系统论与关联协调论。

由此我们可以对关联原理的含义进行描述：由主体基元、环境基元、资源基元、目标基元、价值基元、运行基元组成相互关联的整体，这六个不同基元间彼此相互联系，这种相互关联的关系构成了关联原理。

3.3.2 关联原理简介

关联原理认为，主体基元是首要基元，具有第一性。它对其他基元所具有的功能产生重大影响。环境基元、资源基元、目标基元、价值基元与运行基元在主体基元的推动下相互制约、彼此影响，能在一定条件转化称为各自具备的优势，能够使得主体基元出现崭新的变化。首先，关联原理把整体工程看作是有六个基元组成的彼此关联的整体，并强调要重视各个基元之间的关联度，即六个基元之间的关系程度；其次，关联原理最大的贡献就是导入了主体基元上的关联思维；最后，在时间与空间动态过程中六个基元的关联存在更佳组合。

3.3.3 关联原理作用

关联原理在循环经济中的作用是其迷人之处。它从整体出发，以发现关联关系与触发关联关系的全新视角，使得循环经济集成中的每一种基元均被成功地把握与组合，都有可能转化为促进循环经济体变革的巨大动力。如此，善于发现六大基元关联性最优组合的相对劣势或落后企业，可能能够适应当前的变化，从而进行转变并处于领先地位。

3.4 替代原理

3.4.1 替代原理含义

替代原理是指某两种及其以上的商品功能相同或相近，可以满足消费者的需求时，消费者希望以较低的价格支付，并获取更多的价值。

3.4.2 替代原理简介

资源的多元化属性成为资源替代关键因素。我们通过调整资源替代的范畴和规则，合理利用副产品、废弃物等其他资源，尽量使用低价高效的资源替代高价低效的资源，促使资源能够发挥其最大效用，实现资源最佳配置。替代机理是为了分析资源利用方式和集成方式，它能够为产业内部资源、产业与产业之间资源相互匹配提供依据。同时，替代原理可以帮助资源依据特定的规制进行调整、利用。

3.4.3 替代原理作用

在循环经济集成的过程中，假设成本一样，替代效用的存在使得集成后的循环经济体效用更高；若假设集成后效用不变，则整个循环经济体消耗的成本会降低。替代原理在集成中所发挥的作用主要是提高效用与节约成本，从而能够更好地实现循环经济集成目的。

3.5　互补原理

3.5.1　互补原理含义

资源的互补性是指各类资源由于其自身的差异性导致彼此之间产生互补的联系。以资源互补为连接，促使资源之间更加匹配，产生规模经济。资源集成是以互补原理为依据，组织和计划企业、产业的未来发展，同时成为企业和产业集成的理论依据。

3.5.2　互补原理简介

互补原理为选择集成对象提供理论依据。系统中各子系统之间的联系是多样化的，以不同的方式链接在一体形成系统。系统中各子系统系统存在竞争关系，并利用这种关系充分了解其特点，以此为基础各子系统彼此优势互补，将各自的功能发挥到最大，使整体性能达到最优状态。目前，社会中存在一种企业形式即虚拟企业，它是将各自拥有不同优势的成员企业集聚在一起，形成一个优势互补的企业形式。这种形式会使得虚拟企业获得更大的经济效益，同时各成员企业也会获得丰厚的利润。

3.5.3　互补原理作用

在循环经济集成过程中，互补原理的应用能够促使循环经济集成体中各个集成要素功能相互协调。本质上讲，集成的作用就是促进循环经济集成体内的要素整合互补，减少资源浪费，提高循环经济系统运作效率。

3.6　延伸原理

3.6.1　延伸原理含义

产业链延伸在结构上是稳定的，有规律可循，其原理划分成外生机理与内生机理。外生机理从需求量、环境承载力、政府指引和技术四个层次研究延伸的影响作用；内生机理从成本减少和效益最大化两个层面研究延伸的影响作用。外生机理和内生机理使得产业链以横向、纵向和符合为链接方式继续延伸，同时产生新的产业链形式。

物流链延伸在于扩大物流覆盖范围，其延伸原理较为容易理解。随着物流链的延伸，使得原本物流无法到达的地区与领域变得可以触及，若放在循环经济集成体中考虑，物流链延伸使得循环经济体的范围得到放大，能够促进循环经济体对于更大范围内的资源、能源等进行利用与集成。在物流链延伸的过程中可使循环经济体内冗余的资源或环节得到更为充分的利用，从而提升循环经济体整体效益。

生产过程延伸是基于产业链与物流链延伸所产生的延伸现象。产业链的延伸形成新的产业，而物流链的延伸则促进了新兴产业与传统产业的交流与融合，这对生产过程提出了更高的要求。随着循环经济集成范围的不断扩大，生产过程也不再局限于原有循环经济体规模下，需要延伸以满足产业链与物流链延伸的需求；价值链延伸在于提高产业链所能带来的价值。随着产业链、物流链的延伸，各类资源产业得到进一步整合，循环经济集成的范围得到进一步扩大，循环经济集成所产生的价值便因此得到扩大。

3.6.2　延伸原理简介

在循环经济集成过程中，不同循环经济体拥有各自的产业及产业链、物流链，循环经济中产业的集成同时要求延伸产业链。延伸产业链是指对于已有的产业链进行上下延伸拓展。产业链主要以产业生产和技术开发为目标往上拓展延伸，以市场为目标往上拓展延伸。产业链的本质是各个产业企业间在时空布局上的联系，这种联系的本质是企业间以供需之间关系为链接。而在该延伸的过程之中，集成主体的不断扩大使得物流链势必得到延伸，与此相符的生产链与价值链也会得到进一步延伸。

3.6.3　延伸原理作用

对于循环经济集成，从资源综合利用角度看，通过多条工艺线路的资源深加工，能够大幅增加资源的附加价值。因此，具有长期开发条件与一定规模的循环经济体都积极实施资源产业链延伸，以应对资源价格波动对经济体造成的价格风险，提高资源产成品的附加值，能够延长循环经济体的生命周期。通过延伸原理的实施，能够进一步提高资源的利用效率，促进循环经济集成体可持续发展。

3.7 约束原理

3.7.1 约束原理含义

约束原理是指在系统中各个子系统在运行过程中会有一些限制因素的管理思想和法则。约束原理的目的就是发掘系统的内在规律，寻找帮助系统获取最大效益的逻辑思维和有效方法。

3.7.2 约束原理简介

约束原理的本质是系统中存在不止一个约束因素，控制系统的生产的数量、速度等。所以要提升系统生产的数量、速度，需要消除具有约束性的因素。系统的整体性是由最弱的一个环节决定。简单地说，这与木桶理论是类似的，我们必须发现最短的板，并想办法加高，接着再去寻找另一块短板。

3.7.3 约束原理作用

在循环经济集成过程中，约束原理的存在使得循环经济体中的企业为了达到自身目标，能够对自身拥有的优势与劣势进行归纳解析，寻找企业优劣势。运用企业独有的优势，能够使企业在激烈的市场竞争中占据一定主动权；对于企业关键劣势的改善，能够使企业补齐自身短板，从而为企业扩大发展增加可能性。落实到集成中，企业通过集成，突出关键优势的作用，弥补劣势，发挥在既定约束下的最大效用。

3.8 互动原理

3.8.1 互动原理含义

互动是指在集成体中，各集成要素间交换、合作、竞争等活动。互动原则指的是各要素在互动的过程中，通过要素间的联系，将其间产生的信息迅速扩散，使得集成体的各个部分能够依据这类信息快速反应，增强整体协调性。

3.8.2 互动原理简介

集成系统各子系统之间的互动关系是多样化的，依据本质可以分为六种，即交换、合作、竞争、冲突、强制和互助。（见图 3-1）

> **交换**
> ·交换是互动双方自愿相互换取资源的互动方式。资源集成中，对资源的交换利用恰恰是这种互动方式，在该种互动模式下，能够实现资源更充分地利用

> **合作**
> ·合作是互动双方相互配合以达到共同目标的社会形式。合作的成功应该具备四个条件：目标一致、行动配合、相互信任和共享成果。尤其在循环经济集成中，各集成要素为实现统一的目标，形成一个有机的整体，达到了合作互动的一个新高度

> **竞争**
> ·竞争是双方为共同希望获得的利益而努力的单方行为。集成中，竞争互动表现不是太多，在不同集成体间或许存在竞争，在竞争互动的过程中，各集成体也能接收到对方传递的信息，从而完善自身的集成模式

> **冲突**
> ·冲突是指双方为了某种利益或者价值观念而产生的相互排斥、伤害、剥夺甚至毁灭的互动方式。冲突与竞争有很大的区别，它表现为一种直接的对立关系。集成的过程也是减少冲突互动的过程，集成的同时寻找集成体中所暴露出的冲突部分，利用集成思想尽可能减少冲突

> **强制**
> ·强制是互动的一方强迫另一方按照自己的意愿行动的互动方式。集成中强制互动主要表现在集成体中层级较高的集成要素对层级较低要素的活动中，为实现集成目标，需要由高层级要素对低层级要素统一指挥，统一领导，强制互动不可或缺

> **互助**
> ·互助是指一方无偿地出让自己的资源以帮助他人的互动方式。互助的实现要具备两个条件：互助的一方弱于另一方并愿意接受帮助；互助的一方愿意出让自己的资源，集成中多表现为资源或技术的转移，从而使得集成体达到总体最优

图 3-1 互动关系分类

3.8.3 互动原理作用

目前，社会中资源供给量非常有限，导致人口、经济、资源、生态环境之间存在不可调和的矛盾，促使互动原理成为关键性。互动原理的实质是实现资源配置和利用率最大化。资源互动是按照资源的属性对资源进行开发利用和再回收利用，促使资源的性能发挥到最大，转变为商品的活动。互动研究的主要切入点是替代研究。互动的实质就是资源与资源之间相互协调合作或者循环利用，进行优势互补。这里的资源主要是说副产品、产成品、废弃物、闲置物品。资源互动的目标是促进经济效益、社会效益和环境效益三者最大化。

3.9 本章小结

本章主要对集成的原理进行分析，通过对共享原理、协同原理等九个原理进行阐述，较为详细地介绍了每个原理的内容与作用。在集成的过程中，各原理发挥不同的作用，成为循环经济集成研究的理论基础。

第4章
循环经济集成内容

前面讲述有关循环经济的排序和代谢，循环经济集成下排序分析有助于科学合理的安排资源利用领域的资源种类，循环经济集成下的代谢解析可以更好地获得资源在活动轨迹和步骤，以及每个步骤的资源投入和产出情况以及各环节的资源投入和产出情况，为资源的优化配置提供参考。那么什么是循环经济学集成？循环经济集成的内容又包括哪些？

国内外有关专家学者已经对集成进行有益探索，在资源、产业、管理和能源等领域已取得很多成果。笔者在前人研究的基础上，把循环经济集成分为八个方面，即技术集成、产业集成、资源集成、管理集成、过程集成、信息集成、系统集成和工艺集成。同时，以单元集成为根本，笔者又提出了整体集成的概念，并对整体集成和单元集成的关系进行详细分析，进一步丰富了循环经济集成理论与方法。

4.1 循环经济集成的单元

本节将详细介绍技术集成、产业集成、资源集成等 8 个集成单元的概念、分类和特征。

4.1.1 技术集成单元

技术集成是指按照一定的技术原理或功能目的，将两个或两个以上的单项技术通过重组而获得具有统一整体功能的新技术的创造方法，随着技术集成的提出和不断发展，技术集成在技术创新过程中发挥着越来越重要的作用。

1. 技术集成概念

当前，社会发展变幻莫测，技术更新换代也很快，传统的技术研发模式已经被战略需求的集成技术创新所替代。技术研发模式决定技术创新的成败，技术创新是企业发展的一个重要因素。

技术集成以技术原则和性能为目标，将单个技术进行整合使其成为新技术。依据产业的特性，技术集成划分为动脉产业技术集成、静脉产业技术集成和环保产业技术集成。技术集成并非简单的应用各类能源综合利用技术，技术集成按照时间可以划分为三个环节，即研究探索、技术集成和实物开发。研究探索环节的实质就是决定发明哪种技术，技术集成环节的实质就是将每个环节进行有效整合，实物开发环节的实质是在相关产业技术人员和技术集成和开发人员合作以实现共同目标，然后再应用实践并进行精炼、优化。研究探索环境和技术集成环节之后，技术的整体框架和内容就成型了，实物开发环节就是把技术的整体框架和内容更加具体化，并不断地验证、修改、完善，转变为可以运用的技术。技术集成形成过程如图 4-1 所示。

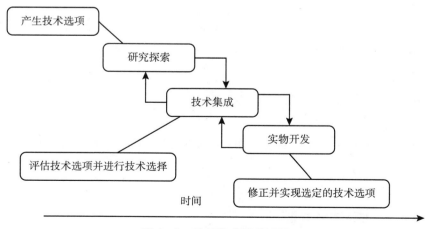

图 4-1 技术集成形成过程

2. 技术集成可行性分析

为了技术集成能够更好地实行，需要满足下面三个方面：

（1）技术集成从项目计划组织开始就贯穿于其中，它能够确定项目的整体方向和领域，同时能够解决项目中存在的问题。

（2）技术集成的运行活动中通过综合评价选出符合项目的新技术。技术集成运行中，首先要构建技术路线图，将初选出来的技术进行综合评价，择优选出适合的技术。

（3）技术集成的实质就是新技术与旧技术整合再次开发。

3. 技术集成创新模式的类型及特点

技术更新换代是一个动态过程。根据现有的研究资料可以划分为三种技术创新模式，即拷版模式、渐进模式和突破模式（见图4-2）。

拷版模式	渐进模式
·拷版模式的主要特点是通过集成核心元件或技术进行组装生产，集成出的产品技术含量较低，技术壁垒和进入壁垒都很低，生产规模对于企业竞争起决定性作用。采用这种模式的企业仅具备基本技术能力，多实施技术拷版战略，企业产品竞争以规模取胜，利润空间狭窄	·渐进模式是指企业已经具备了一定的技术选择和整合能力，能够在已有技术基础上对相关技术（工艺）进行功能或特性的渐进性创新，由于新技术（特性）符合提高资源利用效率、增加经济效益的目的，该模式有一定的技术壁垒，其他在短时间内很难跟进，应用渐进模式多采用仿效战略

突破模式
·突破模式对技术能力水平要求较高。在这种模式下企业能自主研发核心集成技术，通过集成区域内部和外部的技术资源，完成新技术及核心技术的开发。由于采用突破模式的区域要比其他的竞争者更早获得或开发出新技术并将其率先应用于生产实践，因此适合采用技术领先战略。企业在这种模式下成功开展技术集成创新活动的关键在于对尖端技术或者核心技术进行集成创新独立研发和应用。采用突破模式的区域采用经营战略为领先战略

图4-2 技术集成创新模式划分

目前，面对残酷的竞争市场环境，技术更新换代频繁，资源流动性快，

在决定哪种技术集成模式的时候，需要根据技术更新改变与其相匹配的技术战略，尤其在模仿战略与领先战略两者没有明显的边界。所以，面对不同类型的市场，选择不同与之相匹配的技术战略，在选择时会出现多种模式进行组合和转变（见图4-3）。

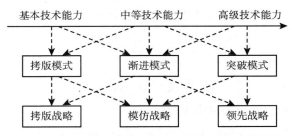

图4-3　企业技术能力与技术集成创新模式的选择

4.1.2　产业集成单元

1. 产业集成概念及演化过程

（1）产业集成概念

产业集成是指将产业内部各部门进行有机整合。产业集成划分两个层面，广义层面上产业集成是将产业与产业之间进行有机整合；狭义层面上产业集成是将产业内各部门与部门之间进行有机整合。随着产业集成概念的产生，其在产业发展过程中的地位越来越重[60]。产业集成的实质是选择、组织和整合的过程。产业集成系统包含核心产业、相关性产业和支撑性产业，其中支持性产业——核心产业产生纵向集成，相关性产业——核心产业产生横向集成。

（2）产业集成演化过程

产业集成的原理是在传统产业或成熟产业甚至衰退产业的核心产品的基础上，利用相关性产业或者支撑性产业进行有效整合产生效益。这种集成打破了传统意义上的产业，利用产业链延伸传统产业或者成熟产业甚至衰退产业，从而获得新生命。产业集成演化如图4-4所示。

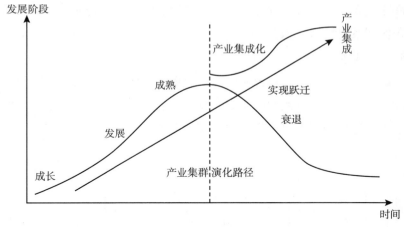

图 4-4　产业集成演化图

2. 基于循环经济的产业集成特点

（1）产业集成以产业模块化为前提条件

产业集成是建立在模块化的基础上。具体表现为：按照产品的生产和销售等环节将企业划分成彼此独立运转的子系统，通过某种规制将子系统进行合理整合产生新的系统。模块化可以帮助企业、产品变被动为主动，促进局部性能并带动整体性能的提升。

（2）产业集成具有双重性

企业自身具有按照模块化进行内部集成和外部集成的性能。内部集成是指产品构思到销售的流程。外部集成是指上下游企业、协助部门、相关性企业等组成的多个产业链。由于产业集成的出现，导致企业与企业之间的管理从单向发展为网络化，使得市场获得更大的利润空间，企业的整体实力和应变能力都有所提高。

（3）产业集成有多个约束条件

产业集成需要满足以下条件才能实现：①产业要素要满足流动性强、整合速度快的优点；②企业与企业之间以产业链、技术链、价值链为纽带，加强它们彼此的关系；③产业在发展过程中会有一个核心企业，促进整体的成长；④与核心企业存在较强关联性的中小企业，利用其创新思维提升整体的运行性能；⑤通过完备的管理信息系统基础设施，使得企业与企业之间相传信息，保证系统畅通。

3. 产业集成方式

产业集成的方法可以划分成纵向产业集成、横向产业集成、网状产业集成、环形产业集成、收敛性产业集成以及发散性产业集成。为了更好地了解产业集成，先加上环节产业集成的流程如图4-5所示。

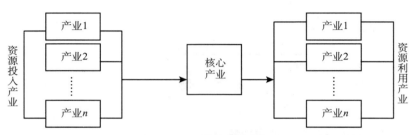

图4-5　环节产业集成图

从图4-5可以看到投入型产业通过集成来确定每个产业需要投入资源的类型和数量，并且对其进行合理配置；以核心产业为纽带，将产业之间投入与利用的关系；利用型产业通过集成来确定需要使用资源的类型和数量，进行有机整合，促使整体的效益达到最大化。

（1）纵向产业集成

纵向产业集成是将依据产品生产的顺序将各个环节进行整合，产业链纵向集成关系如图4-6所示。产业链纵向集成以关键种理论为依据，在循环经济中，关键种产业是指生态产业链上利用资源最多、传递资源量最大，且会具有较大影响力的核心产业。

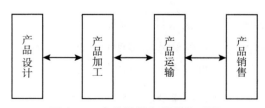

图4-6　产业链纵向集成关系图

（2）横向产业集成

横向产业集成是指依据某种法则将企业与企业进行整合，产业横向集成关系如图4-7所示。集成法则是由在产业中处于核心位置的企业和政府组织决定。横向产业集成能够在系统变动时，更好地调整企业与企业之间的关系。

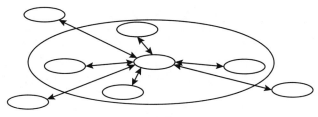

图4-7 产业横向集成关系

（3）网状产业集成

网状产业集成是依据网络理论将纵向和横向集成进行有机整合，网状产业集成关系如图4-8所示。网络理论能够帮助产业集成提供竞争优势，也能够成为内部主体的行为决策依据。依据共生理论对产业网络集成方式进行分类：

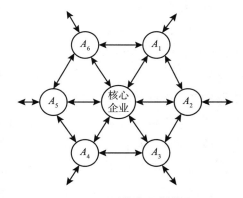

图4-8 网状产业集成图

①主导型网络集成。

主导型网络集成是主要应用于煤炭行业。该模式是指以一家或者多家（煤炭、煤化工等）为主，多个小型共生单元与之相配套进行运转，进而产生共生链网。按照核心共生单元的数量，可以划分成单核心主导型网络集成和多核心网络集成（见表 4-1）。

表 4-1   主导型网络集成分类

项目	单核心主导型网络集成	多核心网络集成
定义	核心共生单元对生产资源的需求量或为吸附企业提供副产品的供应量基本上是丰富而稳定的，具有规模优势	各核心共生单元之间不一定存在非常强的依赖性，与那些依附于它们的吸附企业相比，各核心共生单元之间存在着相对的独立性
模式		

②平等型网络集成。

平等型网络集成是指利用多渠道、多层次的方法实现原材料代替和资源替换，从而促使共生单元之间彼此的协作更加密切，获取更高的效益，且能够单独存在（见图 4-9）。平等型网络集成最大的特征就是在业务活动中共生单元是相互平等的，彼此之间不存在过多的依赖性。平等型网络集成的实质是利用内部资源的优势性，促使同行业企业、上下游配套产业达到互惠共赢，延展共生产业链条，提升经济效益、社会效益、生态效益。

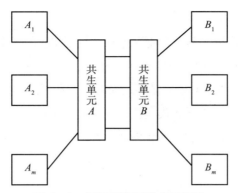

图4-9 平等型发展模式示意图

③依附型网络集成。

依附型网络集成以原材料、产成品、副产品等为交换在共生单元之间构建共生链网，如图4-10所示。在循环经济体中，以物质、能量为基础构建共生系统中的链网模式，提升横向耦合、纵向闭合和区域整合的效果，加强共生单元彼此的关联和全局性和共生链网的稳固性。

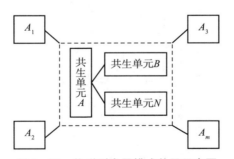

图4-10 依附型发展模式单元示意图

④混合型集成。

混合型集成（多中心卫星型发展集成模式）是指将上述提到的模式混合在一起，形成的一种新模式。随着共生内企业的兴衰发展，共生模式也可能会发生变化。

（4）环形产业集成

环形产业集成是指以某个产业为中枢，与之相应的多个下游产业群 A，接着每个下游产业群 A 又对应着若干个下游产业群 B，每个下游产业群 B 又对应着若干个下游产业群 C，依次循环；而每个产业群之间以及产业群的子产业之间存在相关关系，环形产业集成就是把核心产业、产业群 ABC……上的产业集成在一起形成的集成体。环形产业集成如图 4-11 所示。

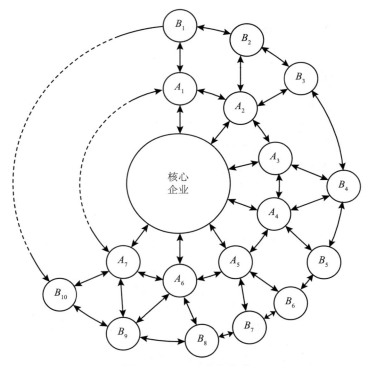

图 4-11　环形产业集成

（5）收敛性产业集成

收敛性产业集成是指从若干个平行的上游产业出发，经过层层产业推进，最终会收敛于某个核心产业，收敛性产业集成就是把核心产业、产业链上的产业集成在一起形成的集成体。收敛产业集成如图 4-12 所示。

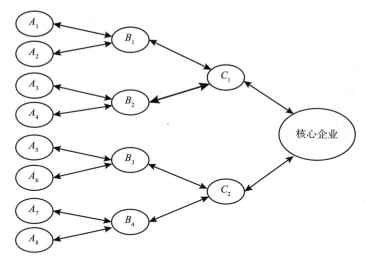

图 4 – 12   收敛性产业集成

（6）发散性产业集成

发散性产业集成与收敛性产业相反，发散性产业集成是指从某个核心产业出发，经过层层产业扩散，最终形成若干个产业，发散性产业集成就是把核心产业、产业链上的产业集成在一起形成的集成体。收敛产业集成如图 4 – 13 所示。

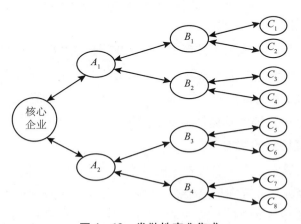

图 4 – 13   发散性产业集成

4. 产业集成模型

循环经济中动脉产业、静脉产业和环保产业之间存在盘根错节的关系，物质的传递频繁，通过神经网络建立产业集成模式。

（1）神经元数学模型

循环经济体系中产业与产业之间有着千丝万缕的联系，为此运用人工神经网络结构进行研究。人工神经网络是模仿生物神经网络研究信息在输入时的处理流程和构建对应的算法数学模型（见图 4-14）。

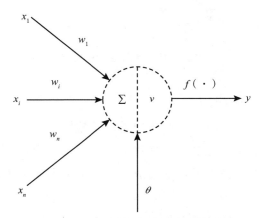

图 4-14 人工神经网络数学模型示意图

神经元的最终输入值 v 按照其对应的映射函数 $f(\cdot)$ 得到其输出值。判断神经元是否输出取决于其输入加权强度和神经元自身阈值，若神经元输入信号强度大于自身阈值时，神经元被激发，获得产出值，反之被抑制。映射函数 $f(\cdot)$ 是会随着具体情况发生变化。

（2）神经网络的结构

神经网络通常是由 3 层或者 3 层以上的多个神经元构成，神经元排列，同一层的神经元之间存在信息传递。神经网络结构如图 4-15（a）和（b）所示。相互结合网络中每个神经元都有可能与其他神经元之间存在关联。

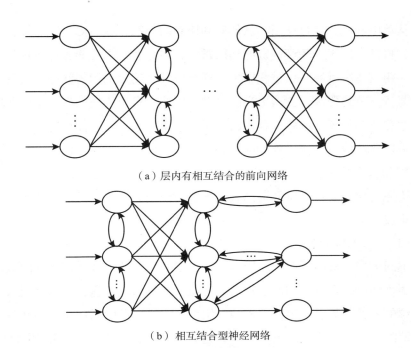

（a）层内有相互结合的前向网络

（b）相互结合型神经网络

图 4 - 15　神经网络的结构

将产业体系看作是网络，产业看作是神经元，输入的物质看作是信息，物质在产业中利用生产活动输出产业可以看作是信息在神经元中通过处理输出神经元。初始信息的输入过程就是产业体系从自然界输入物质的过程，最终的输出结果是产业体系中产成品输出和废弃物排放的过程。

4.1.3　资源集成单元

资源集成的目的是以获取更高效益和节约资源，把可以利用的资源信息集中到一起，促进各类资源彼此密切关联和适应，从而达到共同发展。随着资源集成的提出和不断发展，资源集成在提高资源利用效率和资源共享度中发挥着越来越重要的作用。

1. 资源集成概念

资源利用的深度和广度取决于社会生产力发展的水平。从人类发展进步的历程看，人类对自然资源的利用经历了一个从简单到复杂、从低级到高级、从单项利用到综合利用、从低效利用到高效利用的历史过程。结合集成理论，将其应用于循环经济资源利用领域，将分散、闲置资源进行科学合理集成，用以解决资源利用过程中出现资源浪费、低效利用等问题，实现资源优化配置，节约资源，创造更大的效益。因此，资源集成的目的是以获取更高效益和节约资源，把可以利用的资源信息集中到一起，促进各类资源彼此密切关联和适应，从而达到共同发展。

2. 资源集成方法

资源集成的实质是研究资源有效配置与使用。资源集成的方法包括资源环节集成、资源流动路径集成、资源流动网络集成等。

（1）资源环节集成

不同类型的资源所起的作用不一样，要分析资源在各个环节中的运动轨迹，各个环节投入资源和产出资源的种类、数量以及用途，从而降低每个环节资源的种类和数量，提升资源的利用率，促进资源的循环化使用和每个环节资源的投入产出之间的最优匹配，这就是所谓的循环经济中的环节问题。以某个环节为例，画出资源流动方式如图 4 - 16 所示。

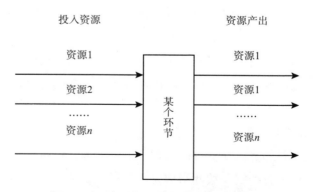

图 4 - 16 资源在一个环节的流动示意图

通过对投入和产出的资源进行集成分析和研究，有利于企业从总体上掌握可利用资源信息，更加科学合理地开发资源，提高资源利用效率，提高资源共享度。

（2）资源流动路径集成方式

每种资源都有多种用途，资源每经过一个环节会产生多种产品、副产品及废弃物，多数资源并不是经过一个环节就结束，通常会形成多条不同的路径，单个环节的资源有效利用率最高并不代表整条路径是最优的，资源流动路径集成，就是指对不同的资源流动路径进行集成分析、研究和优化，找到最优的资源流动路径。

（3）资源流动网络集成方式

资源在相关环节之间集成，每个环节都有多种资源的流入与流出，各环节联系在一起构成了资源集成网络。资源流动网络集成方式包含上述几种集成方式，是它们的综合集成形式。网络集成为资源优化配置、层级利用、循环利用分析提供。

3. 资源集成利用方式

（1）错时利用方式

由于资源生产与资源利用时间和空间上存在不统一性，能够存储的资源（如煤炭）可以利用库存来进行调节降低资源浪费（虽然使用成本高），对于不能够存储的资源（如电力、风能、太阳能等）如果不及时利用，就会造成浪费。因此，需要依据资源供给系统的资源供应情况及利用领域的不同利用规律，合理地、有计划地安排和组织各个利用领域的利用时间，在保障生活和生活正常运转的前提下，尽可能错开资源利用的高峰期，而在低谷期利用不能存储的多余资源，解决资源生产与利用峰谷不协调的问题。

（2）梯级利用方式

资源梯级利用就是对资源转化或使用过程中所产生的资源依据其品质划分等级或层级，研究其特性；对资源需求领域依据其对资源品质的需求划分等级，研究其对资源的需求特性；依据资源品质与等级所对应需求领域的等级及所需求资源的品质配置资源使用领域，实现资源按其品位逐级加以利用的目的。能源梯级利用图如图 4 - 17 所示。

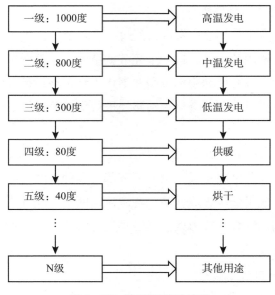

图 4 – 17　资源梯级利用图

（3）顺序利用方式

顺序利用方式是指先分析每种资源用途，再将了解每个环节所需的资源，得出综合排序，获取最优配置。例如矿区能源集成，首先思考利用余热、余压及以副产品或废弃物形式出现的可燃固体、气体和液体；其次思考利用太阳能、风能、地热能及矿井水携带能量等可再生资源；再其次思考利用煤泥、煤矸石、油母页岩等低品位资源；最后思考利用电力、天然气、油等优质资源，再考虑煤炭。

（4）联合利用方式

为了确保资源需求量的持续性和固定性，降低常规资源的耗费，尽可能使用新型资源、闲置资源，提升资源利用效率，以互补原理为基础，构建以再生资源和闲置资源为主、常规资源为辅的方式。按照链接方式可以划分为串联利用、并联利用和混合利用。

4. 矿区物质资源集成

物质资源是通过产业进行传递。以矿区内的物质资源和相适应的生产技术、工艺为基础，进行有效整合，集成网络图如图4-18所示。物质资源在传递过程中不断地被消耗，资源之间的替代、互补等关系（见图4-19）会在集成网络中存在，并促使物质资源的配置达到最优状态。

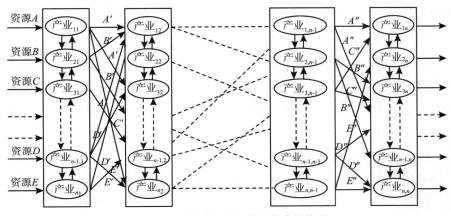

图4-18　物质资源与产业集成网络图

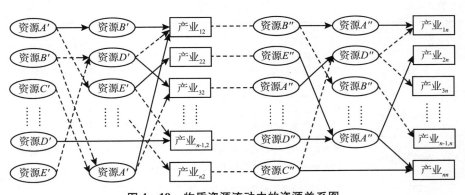

图4-19　物质资源流动中的资源关系图

　　为推动矿区循环经济的不断发展，有效解决矿区循环经济实施过程中存在的问题，依据循环经济集成原理，从矿区整体角度，实现矿区资源集成，对矿区煤炭、能源、固废与伴生矿物、水和土地等资源集成技术探索。

4.1.4　管理集成单元

管理集成是指依据某种集成方式和模式把至少两个的管理单元（要素）进行的再构造和再组合。随着国内外学者对于管理集成不断研究，管理集成在企业管理中发挥着越来越重要的作用。

1. 管理集成概念

管理集成是指以提升生产力为目的，依据某种集成方式和模式把至少两个的管理单元（要素）进行的再构造和再组合。管理集成的实质是一种构造管理系统的理念。以企业组织为例，它的集成单元是企业中各类资源、基本组织形态和技术。

2. 管理集成特征

管理集成的特征分为七个方面，即主体行为性、整体优化性、功能倍增性、协同性、层次结构性、多样性、自适应与共进化性（如表4-2所示）。

表4-2　　　　　　　　　　　　管理集成特征

项目	定义
主体行为性	管理集成是主动地适应环境，有着明确目的性，集成主体在对可集成的单元进行比较选择的基础上进行有机集成，使集成后的集成体的整体功能达到所要实现的功能目标
整体优化性	管理集成是以系统整体优化为目标，将系统各要素集合成一个有机整体，并以系统整体为对象，综合地解决管理系统问题的方式和理念
功能倍增性	管理集成不仅是以系统优化为集成目标，而且是以系统功能倍增或涌现（emergence）为优化表现形式
协同性	管理集成内部依据某种特定的法则进行合理有序的活动
层次结构性	结构在复杂系统中，各要素对系统整体产生的影响和发挥的作用并不等同，有些作用也不是直接的，而是需要经过不同层次间的传递才能产生最终结果
多样性	由于集成单元（要素）的内在性质各不同，管理集成具有多样性
自适应与共进化性	集成单元（要素）会因外界环境的影响发生变化，从而显示出"智能性"或自组织性，而集成单元的变化，又使得集成体的整体功能发生变化以适应环境的变化，从而显示出整体集成功能进化性

3. 管理单元集成

管理集成的实施者是企业或者各种管理组织。以企业为实施者的管理集成可以分为企业内部集成和企业外部集成。内部集成是利用产品概念、设计、采购、制造、销售、维护等来改变产品，促进企业更好地适用市场的变化。外部集成是产业集成的延伸，产业在集中以后进行重组。集成是指以实现综合价值为目标，按照集成模式将一条价值链的多个企业对组织架构、性能和流程重塑再造，依据集成法则将企业内部的数据、信息、流程、业务、价值和企业集团进行重新组合，构造一个新的整体。企业管理单元总体框架如图4-20所示。

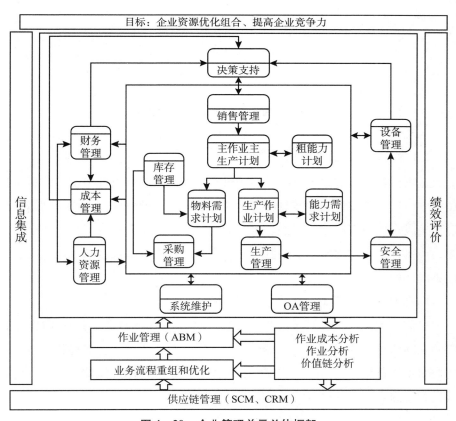

图4-20　企业管理单元总体框架

4. 管理集成实施

按照结构层次将管理集成实施划分为三个部分：管理集成哲理、管理方法集成和管理集成方法论，如图 4-21 所示。

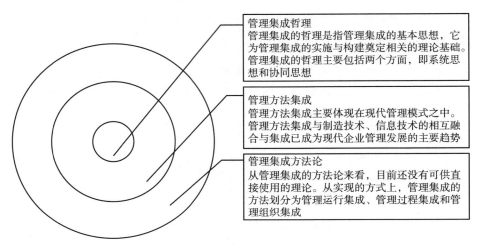

管理集成哲理
管理集成的哲理是指管理集成的基本思想，它为管理集成的实施与构建奠定相关的理论基础。管理集成的哲理主要包括两个方面，即系统思想和协同思想

管理方法集成
管理方法集成主要体现在现代管理模式之中。管理方法集成与制造技术、信息技术的相互融合与集成已成为现代企业管理发展的主要趋势

管理集成方法论
从管理集成的方法论来看，目前还没有可供直接使用的理论。从实现的方式上，管理集成的方法划分为管理运行集成、管理过程集成和管理组织集成

图 4-21　管理集成理论结构层次体系

4.1.5　过程集成单元

过程由各个子过程组成，其中子过程是指一系列有关的活动。在传统的过程中，这些子过程在运转过程中会发生资源冗余和冲突，进而减低效率。过程集成有助于克服这些问题。本章提出过程集成的一种定义，阐述过程集成的演变，分析过程集成的各种层次，提出过程集成的前提条件以及实现过程集成的框架[61]。

1. 过程集成的概念

目前，国内外学者对于过程集成没有给出具体的概念。按照 CIM 应用中的实际需求和体会定义过程集成，即以信息集成为根本，对过程与过程之间的联系进行调整，清除过程中存在的资源冗余和非增加值的子过程，还有其他影响因素，促使过程的整体效果达到最优状态[62]。

2. 过程集成的演变

过程集成的相关概念随着企业概念的拓展而不断拓展，现代管理理念成为过程集成发展的新理论基础。按照各类先进制造模式和管理想法来分析过程集成的演变过程。

（1）过程集成的并行哲理与并行工程

美国防御分析研究所温纳（R. I. Winner）首次提出"并行工程（concurrent engineering，CE）"一词，并给出定义，即并行工程（CE）是指一种集成产品以及与其相关过程（制造过程和支持过程）并行设计的系统化方法。它具有以下几点特征：①它是一种系统化的工作模式；②强调与产品开发有关的一切过程尽早开始；③各过程同时、平行、交叉进行，并尽量减少交互过程中的反复次数，力争一次设计成功；④强调团队（team work）精神和工作方式。并行过程（CE）成为过程集成的主要哲理，它完成产品设计领域上的过程集成。同时，并行过程（CE）也可以应用在企业其他领域上的过程集成。

（2）过程集成的精简方式与精良生产

美国麻省理工学院（MIT）首次提出"精良生产（lean production，LP）"一词，并给出定义，即精良生产（LP）是一项在生产过程中归纳概括获得的新技术。它具有以下点特征，即以"人"为核心构成工作组，调动所有人工的积极性和创新性；以"简化"为方法，通过简化组织结构、产业研发过程、与合作厂的联系、不能带来经济价值的环节和产品检验环境，加强一体化的质量保障体系，在合适的时候，制造出质量合适的产品，供应给合适的协作厂，记为建立 JIT（just in time）供需链；以尽善尽美为终极目标持续创新，即持续创新生产的工艺、技术等，持续缩减产品成本，力求保证零库存、零废品和产品的多样性，寻求最少的投入量、最大的产出量、最多类型、最简单的流程、最高品质、最低产品成本、最具有竞争力、最使客户满意。过程集成在精良生产（LP）中主要的表现形式为精简过程，对于一切业务流程进行简化，清除一切不能带来经济价值的环节，为过程集成奠定基础。

（3）过程集成的企业级方式与虚拟企业

1988 年美国通用汽车公司与里海大学共同提出了面向 21 世纪的制造企业战略——敏捷制造（agile manufacturing，AM）。虚拟企业（virtual enterprise，VE）是敏捷制造（AM）的中心思想，它运用比较灵活、多变的动态组织结构，快速整合企业内外部优势，建立动态联盟迎接市场带来的机遇，一起研发和生产机遇产品。

（4）过程集成的全球化方式与供应链

供应链是指将多个职能部门跨越企业之间进行活动的集合，它包括以下几个环节：获得订单、获取原材料、生产产品和销售产品。将虚拟企业的概念和供应链相融合为供应链带来新的内涵，虚拟企业中的供应链与一般供应链的不同在于：它是依照动态联盟的形成和解体进行重组。

3. 过程集成的条件

实行过程集成需要满足的条件：①目标一致性，是指在过程集成时，各个子过程的权益相关者以整体目标为终极目标；②互通性，是指以共享信息为目的，过程与过程彼此间构建通信联系；③语义一致性，是指在过程间交换的数据格式、术语和含义的一致性；④互操作性，是指随着外部环境的变化和其他过程的需求，调整过程的结构，与此同时，过程也可以向其他有关的过程下达指令，开启运转模式，从而达到整体目标的最大化。

4. 过程集成的层次

过程集成是为了信息传递方便，通过各类接口将各个过程进行连接。过程集成是企业集成的前提，过程集成的表现形式划分为横向和纵向两类。横向表现形式是将平行过程与并行过程进行有机整合，纵向表现形式是进行上下游过程之间或者时间的先后过程进行有机整合。在现实活动中，横向表现和纵向表现同时出现。按照过程划分的各个元素间的联系不同，过程集成可以分为各种不同类型的层次，在子过程、活动间进行多种类型层次的集成，同一个过程内部的层次如图 4 – 22 所示。不同类型的过程间，不仅在各个层次上进行跨过程有机整合，还在过程间进行有机整合。

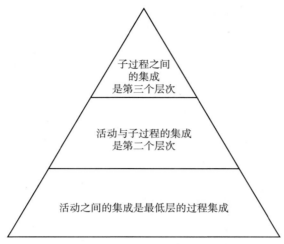

图 4 – 22　同一个过程内部的层次

4.1.6　信息集成单元

信息集成主要是将处于不同类型的异构信息源上的数据进行整合，为此方便为用户提供一个这些数据的统一视图，称为全局模式[63]。

1. 信息集成的概念

本节对于信息集成的概念进行重新定义，即信息集成是指对于不同类型的信息进行整合对外提供，以此迎合某些一定的信息应用要求[64]。

2. 信息集成的分类

将信息集成按照简单到复杂可以划分为三个类型，即数据集成，是指将数据进行标识并编目，按照特定的元数据模型，提炼分布式的异构信息源中的数据，从而完成不同类型信息源中的信息交互和数据库系统中数据的分布与共享。应用系统集成，是指将至少两个以上的应用系统中包含的数据和函数进行有效整合。业务流程集成，是指将业务系统中各种类型的定义、授权和管理各类业务信息进行交换。将信息集成按照业务合并模式可以划分为五个类型，即面向数据库的、面向远程调用的、面向事务的、面向消息的和面向服务的集成形成。

3. 信息集成的现状及问题

目前，随着互联网应用普遍化，信息集成已经不局限于部分企业或者特定应用，而是被广泛应用；同时，与此有关、需要处置的信息也变得复杂、多样。面向非结构化数据信息、Web 信息的信息集成也逐渐被人们关注，也产生了信息集成系统，以信息集成技术为研究内容成为热点，其中涉及结构化、半结构化和非结构化数据。不过，目前的信息集成技术和应用系统还不能满足人们的需求，存在的问题有封闭的信息集成、被动的信息集成和低效的信息集成。

为此，在互联网、云计算等先进技术崛起和进步的促进下，信息集成从规模化、主动化和集约化三个方面得到发展。

4. 信息集成的应用

（1）企业信息集成

信息集成技术源自企业，企业内部的活动需要合作，为此要在彼此孤立的信息系统之间实现信息共享和集成。在实际的企业需要驱使下，企业信息集成技术在方法和技术上得到了巨大的进步。

（2）Web 信息集成

Web 上信息资源在不停地拓展，Web 信息集成的概念也就产生。Web 信息集成拓展了信息集成的研究内容，其主要是为了将 Web 上的各种有效的信息资源进行整合。目前，Web 信息集成系统被运用到的领域，例如企业信息门户、数字图书馆、网络数据库、搜索网站等。

4.1.7 系统集成单元

系统集成是一种新的服务模式，成为最近国际信息服务业中发展最好的一个行业。但是，有关系统集成的定义，目前并没有一个比较准确的定论，不同的学者和专家与不同的见解，笔者在前人的基础上给出了系统集成的定义，系统集成是一种开放式系统且具有标准化，同时也是一种集应用系统行业特征、计算机知识、通信技术和系统工程方法为一体的综合性技术，其中涉及很多思想、哲理和观念，是辅助应用系统构建的整体计划、分步操作和系统工程方法和战略，是一种解决用户要求的解决方案。循环经济学系统集成包括生产系统、物流系统、信息系统、技术系统、管理系统、资金系统、人力系统的集成，此节主要以信息系统集成重点详细介绍系统集成的概念、特点及构成。

1. 系统集成概念

国内外学者对于系统集成没有给出一个具体的定义，基本上都是以产品和研究要求给出定义。系统集成是以网络为核心的应用的集成，也可以理解为计算机网络系统集成。从研究领域来看，系统集成是盘根错节。从系统理论角度看，系统集成是以改善系统结构为目的，强化系统内各个子系统间的关联与互动，改善性能，促进系统的整体得到提高。从管理学研究角度看，系统集成是以思想观念的转化、组织结构的整合、流程的重构和计算机系统的开发为链接，促使企业整体合作，进而达到效益最大化。从管理的思想角度看，系统集成是指以效益最大化为目的，通过管理的思想、手段、方法等改变特定行为。但是美国安全工业协会的系统工业研究小组用"集成系统"一词来解释系统集成，并提出"集成系统"主要是以信息技术为焦点。

2. 系统集成特点

系统集成的特点有应用综合、技术综合和服务综合三个方面，具体如表4－3所示。

表4－3   系统集成特点及含义

特点	含义
应用综合	应用综合是指在业务活动上实现"横向"综合，时间上实现"纵向"综合，技术实现上实现"跨领域"综合
技术综合	技术综合是指以技术为手段进行整合
服务综合	服务综合是指对于系统的分析、构建到使用维护进行有效整合

3. 系统集成构成

（1）系统集成的核心——信息集成

信息集成是系统集成的一部分，是指以计算机、通信、数据库等为手段，按照特定的系统结构和设备将组织内外的业务活动数据进行操纵、传递和整合。信息集成中关键技术是数据分析、处理和操作，具体内容如图4-23所示。

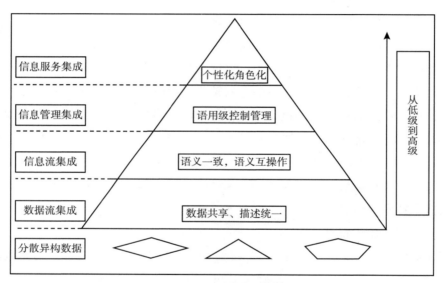

图4-23　信息集成研究内容

（2）系统集成的基础——生产过程集成

生产过程集成是指利用一定的集成技术将基本和辅助生产过程中的工艺进行合理集成，了解工序之间的联系，减少冗余的工序，进而对于这些工序进行组合，形成规范化、标准化的生产过程，并对其进行有效集成，最终形成生产过程集成系统，促进整个生产工艺流程达到最优化，降低物质、能量和人力资源的投入量，提升生产效率，创造更多的价值。

（3）系统集成的关键——管理集成

系统集成过程中最容易被遗漏的是对人、财和物进行集成。集成系统是不全部的自动化系统，其原因在于：①人是系统在创造、操作的主体，人必须闭环在应用系统当中；②财务在系统集成应处于非常重要的位置，集成的效果和效益往往通过财务状况来反映；③物主要包括物资、机械设备等，在生产产品的过程中对物质资源的消耗是必不可少，将物质资源进行有效的集成可以减少物质资源浪费、提高资源利用效率，为实现物质资源优化配置提供了条件。集成系统是由人、财和物组合而成的系统，即人、财、物三者之间构成最优匹配的系统。

（4）系统集成的保证——技术集成

系统集成主体者对于技术的发展非常关注，自行把最新的技术理念和成熟的产品加入系统设计，从而保证设计出来的系统能具有稳定性、使用寿命更长。在实际的实践过程总，集成要恰当处置先进性与实用性、通用性与专用性、未来与眼前、开发性与安全性的技术协调。

（5）系统集成的支撑——服务集成

服务集成对金融、信息、科研技术、商贸、物流和邮电等相关服务进行集成为保障正常生产、生活活动提供必要的支撑。服务集成在系统集成占有越来越重要的作用，通过服务集成可以有效避免相关服务业务的无序发展，着重发展重点服务业务，并将相关服务业务进行优化整合，有效提高服务效率，为系统集成优化创造条件。

（6）系统集成的环境——生态集成

生态集成是指以自然环境为依靠、经济运转为命脉、社会活动为核心的人工生态系统。以煤矿区生态集成为例，煤矿区生态集成是指将水生态处理系统、水资源利用系统、生态湿地建设、生态农业、水储备与调节、生态防护林建设、沙漠治理等进行有效整合。在某个特定的时空尺度上把生态流、经济流和文化流进行链接，构成一个集全局、协调、循环、自生为一体的系统。系统集成构成如图 4-24 所示。

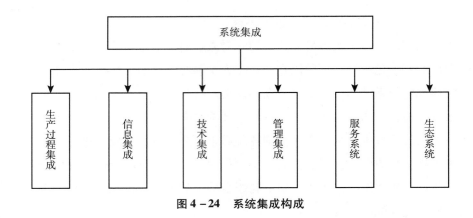

图 4 - 24 系统集成构成

4.1.8 工艺集成单元

1. 工艺集成概念

工艺集成是一种将工艺步骤有序结合从而以可接受的成品率和成本生产制造某种产品的技术。一般而言,工艺集成包括器件加工工艺步骤的选择,同时还包括工艺步骤及其内在关系的理解、表征和优化,使其能够以标准化的方法协同进行,以满足特定的性能、成品率和成本要求。

要澄清这一术语,首先需要建立一些定义。我们已经给出了工艺集成的定义,现在看看其他一些专业术语。

"工艺步骤"指为了完成器件加工而在单一衬底或一系列衬底上实施的单步工艺。例如,利用 LPCVD 技术在一批硅片上淀积多晶硅就可以视为这里提到的工艺步骤。更准确些,这里的工艺步骤仅仅指多晶硅薄膜材料在硅片上实际淀积的过程,而不包括淀积之前的清洗和准备工作以及淀积完成后可能需要的参数测试。清洗和准备工作以及参数测试应当视为相应独立的工艺步骤。尽管如此,需要注意的是,许多工艺加工人员经常随意归类这些步骤,将几个工艺步骤组合在一起标注为一个工艺步骤。结合以上实例,实践中经常会把清洗、淀积以及参数测试这类单步工艺集合到一起并称其为一个工艺步骤。

"工艺模块"是指一组有序组合,已经特征化和标准化,可以在器件加工过程中反复使用,但又不足以完成功能器件加工的工艺步骤。因此,根据上述定义，两步或多步或者任意步的工艺步骤都可以称为工艺模块，只要它们还不足以完成器件的加工。仍然以前文提到的多晶硅淀积为例，只要其中涉及的清洗和准备硅片的工艺步骤、在硅片上淀积多晶硅的工艺步骤以及测量多晶硅薄膜厚度和折射率的工艺步骤可以用于反复性的器件加工，那么它们就可以组合起来并称为工艺模块。实际生产过程中的大部分工艺模块包括几个主要的工艺步骤的集合，因而要比周期性的清洗、淀积、检测复杂得多。

"工艺流程"指一组有序组合，已经特征化和标准化，可以在器件加工过程中反复使用，且足以完成功能器件加工的工艺步骤。很明显，工艺流程和工艺模块的显著区别在于能否完成功能器件的加工。"工艺流程"这一术语经常与"工艺技术"互换使用。工艺技术指已经完善和标准化的工艺流程，用于生产商用器件。工艺流程这一术语特指由研发部门或者工艺研究实验室开发的工艺流程，而工艺技术指商业过程中生产特定产品的制造方法。通常情况下工艺技术都包含一套设计规则和技术文档，用来帮助开发出合适的结构设计和掩膜组。

2. 工艺集成系统

工艺集成系统是指在设计过程中，满足企业有关应用系统对产品制造工艺信息的基础与共享需求，同时在产品功能集成、设计过程集成、制造过程集成、工艺知识数据集成等方面满足企业内部及企业之间的工艺基础需求，进而促进工艺基础系统的效益达到最大化，完成产品高速高效的生产制造[65]。

工艺集成系统是建立在工艺基础系统的基础上，与 CAD、CAM、ERP 等系统有着密切的联系，为了获得工艺设计和管理，工艺集成系统必须具有多功能、多层次性，可以划分为信息集成、功能集成、过程集成和知识集成。按照业务活动范围，工艺集成系统可以划分成全局系统集成和分系统集成两类。工艺集成系统的四种集成，不仅在企业内部应用，同时也适用在企业间各个层次。

3. 工艺集成技术方法

工艺集成技术方法有下列 3 种，即基于文件的集成、基于数据库的集成、基于 CORBA 的集成，它们的定义和特点如表 4-4 所示。

表 4-4   工艺集成技术方法分类

方法	定义	特点
基于问卷的集成	它主要是针对静态数据的集成	实用性较强，此集成方法在一般制造工艺系统中使用较多
基于数据库的集成	它是指按照自己的数据存储方式对系统之间数据库中的工艺信息、方法等进行读取，实现集成	使用比较简单方便，使用成本低
基于 CORBA 的集成	它是由组织制订的一种标准的面向对象应用程序体系规范	目前这种系统集成方法还未成熟，在工艺集成系统应用中正处在研究阶段

4. 应用领域

煤炭在生产过程中是由开采、洗选加工和利用构成。矿区生产过程集成目标：其一，对单个工艺进行优化，去掉多余工作流程，实现工艺集成，有效减少物资、能量浪费，提供生产效率；其二，将生产过程中的多个工艺集成进行科学合理整合，促进有关的生产过程实现集成最优化，减少多余的生产工艺，帮助有关生产过程达到标准化和规范化，能够实现节能减排和提高资源利用效率；其三，将煤炭开采过程、煤炭洗选加工过程和煤炭利用过程进行科学有效的集成，实现资源优化配置，简化相应工序，升级产业结构优化，实现整个生产过程效益最大化；其四，结合整个生产过程集成，科学合理确定各工序产能，采用多目标线性规划法，建立相应数学模型，确定最佳产能，构建一套标准化、集成化生产过程，有效解决产能过剩或产能不足的问题，节约资源、能量、人力等相关生产要素，加强生产工艺水平，提升生产流程的运行，促使生产过程集成满足矿区循环经济集成总体要求，为矿区循环经济集成研究奠定了基础。

4.2　循环经济整体集成

循环经济整体集成不是单一集成，而是多种单元集成组合，不是各个单元集成的简单结合，而是各个单元集成有机融合在一起，组成一个高效的整体循环系统。详细地解析和归纳集成理论及方法，从而为研究的方向提供理论依据和现实价值。

4.2.1　循环经济整体集成与单元集成的关系

目前，经济全球化和经济一体化迅速发展，面对市场竞争也表现出的多元化；消费者对于产品多元化、个性化，使得产品使用寿命周期会变短；产品种类、数量快速增加；交货期的条件愈来愈多；对待产品和服务的高期望值；一些产品在市场的需求已经基本达到峰值；技术创新速度快；消费者对于产品需求的不确定性增强。这促使"市场扰动性"变强[66]。

传统意义上的单独的企业通过单一的管理集成已经很难迎合变化的需要，企业应该将外部资源进行有效重组，从单一集成转变到多种集成间的竞争。多种集成的竞争主要取决于整体的协调、交流和资源共享，也就是说，实行整体集成化管理。整体集成化管理是指将企业供应链上的物流、价值流、信息流等系统进行合理的管控，实现目标整体性的最大化，进而以一种有机整体的模式参与市场竞争，在生产管理过程中做到高质量、高柔性和低成本的需求。

循环经济整体集成不是单一集成，而是多种单元集成组合，不是各个单元集成的简单结合，而是各个单元集成有机融合在一起，组成一个高效的整体循环系统。在当前形势下，如何合理地利用资源，已经不是单一集成所能解决的，必须按照系统工程的观点，同时考虑多种单元集成，对所有资源进行整体集成和优化，才能做到资源利用的最佳化和最优化[67]。

4.2.2　循环经济局部集成和整体集成分析

企业对于多个功能系统进行有机整合，从而实现整体的最优化。以集成的视角，将企业资源集成划分成局部资源集成和整体资源集成[68]。

1. 企业局部的资源集成

企业资源的局部集成是以解决企业在发展过程中遇到的问题为目的。局部集成可以划分为两类：功能层上的资源集成和流程上的资源集成。

（1）功能层资源集成

功能层资源集成是指对于企业内各功能模块间进行集成。绝大多数企业对于资源的集成以功能层资源集成为主。功能层资源集成可以划分为两类：有形资源优化、人力资源优化、组织优化。目前有关功能系统优化的研究已经相当成熟，但还要从战略角度对功能系统优化进行分析。

（2）流程资源集成

流程资源集成是由物流系统资源集成、工艺流程集成、管理流程集成等构成。①物流系统资源集成是指以解决企业系统内物流问题为动力集成有关资源。②工艺流程集成是指以解决企业系统内原材料、辅助用品、半成品等生产问题为动力集成有关工艺。③管理流程集成是指以解决企业系统内管理问题为动力集成有关资源。

企业局部的资源集成决定企业效率，但是其一般与企业战略目标不完全统一。企业战略注重短期和中长期的效益，但局部的资源集成只注重短期的效益。局部的资源集成以武力技术、信息技术和正式制度为主要手段，非正式制度对于局部的资源集成也起着决定性的作用，这构成企业整体集成。

2. 企业资源的整体集成

运用战略目标分解的方式，确定战略业务和其他业务。在企业发展过程中，首先要选定竞争战略的种类，并以此为前提，选择某种方式提升企业位势，在企业内部要用某种功能系统相匹配。其逻辑关系如图4-25所示：

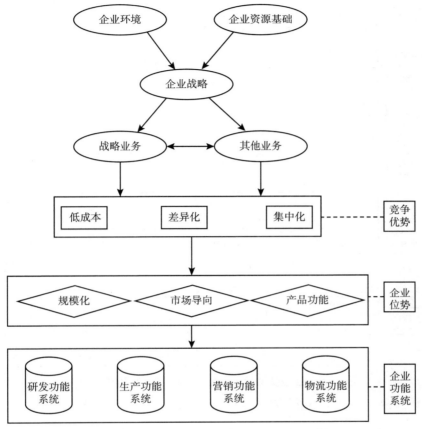

图 4 - 25　企业战略、竞争优势、位势与功能系统

资料来源：余吉安. 企业资源集成及其能力研究 [D]. 北京：北京交通大学，2009.

　　图 4 - 25 主要是说明企业资源集成的内在逻辑关系。通过战略和战略业务决定企业资源集成的未来发展，运用竞争优势帮助企业资源集成发挥最大化，以企业位势为手段选择企业资源集成的关键点，企业功能系统是企业资源集成的切入点，两者的逻辑联系如图 4 - 26 所示：

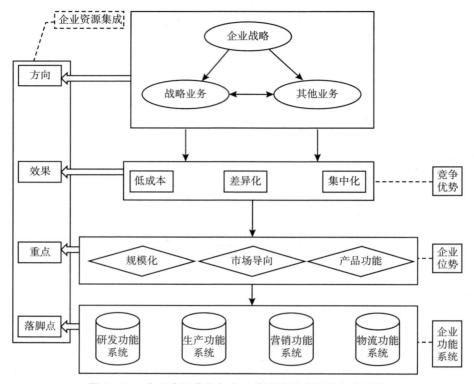

图4-26 企业资源优化与企业战略及其分解的内在逻辑

资料来源：余吉安. 企业资源集成及其能力研究［D］. 北京：北京交通大学，2009.

（1）供应链条件下的企业资源集成

一般情况下，以核心企业为核心的供应链集成，首先需要从全局考虑资源集成，再从局部考虑单个企业资源集成，如图4-27所示。当前，以供应链为视角研究企业资源集成，大多是分析有形资源集成，实质是从功能上对于资源进局部集成，也可以这样理解，以供应链上的主导企业为核心对于供应链上的资源进行集成，例如物流能力的优化等。

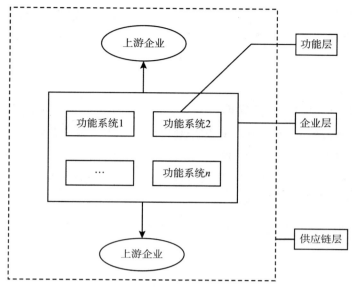

图 4 – 27　供应链下的企业资源优化层次

资料来源：余吉安．企业资源集成及其能力研究［D］. 北京：北京交通大学，2009.

（2）企业层资源集成

以战略为引导，将企业资源进行合理配置。当战略发生调整的情况下，某一方面的产出增加，必然会导致某一功能系统的投入量增加，这部分来自企业外界或者减少其他功能系统的投入量。基于战略的视角，研究功能系统中哪些系统需求大，哪些系统需求少、甚至可以被替代。

3. 战略业务和辅助业务的资源集成

企业发展战略中最为重要的部分是多元化战略，其基本特征是以权衡企业能力、风险和利润为基础，寻找企业资源和能力与市场机会的最优匹配。多元化战略与传统业务之间的关联性和相似性促使新领域的业务在传统业务的推动下，一起运用已有的原材料、设施、技术、管理、信息、人才、财务等形成战略协调效应，促进企业资源最大利用率，新增风险较少，同时获得更高的综合收益，这本质上是利用了路径依赖原理。多元化战略可以帮助企业经营者增强经营信心和降低经营风险，促进经营者采取相应的方法，从而达到企业发展壮大。企业规模的拓展能够帮助企业增强抵御风险的能力。这种良性循环的模式可以帮助企业降低经营风险、扩大收益，企业在新行业中能站稳。多元化战略有两种：一是供应链一体化多元化；二是副产品多元化。

4.2.3　循环经济整体集成

在循环经济实践过程中，以循环经济集成体系为理论，建立适应现状的循环经济集成体系。以整体的视角，利用综合集成的理论和方法来管理和调控循环经济系统，科学地、有效地挖掘、解决循环经济发展中遇到的问题，推动循环经济向更高层次发展。

构建循环经济集成体系（见图4-28），先对资源、产业、生产过程、

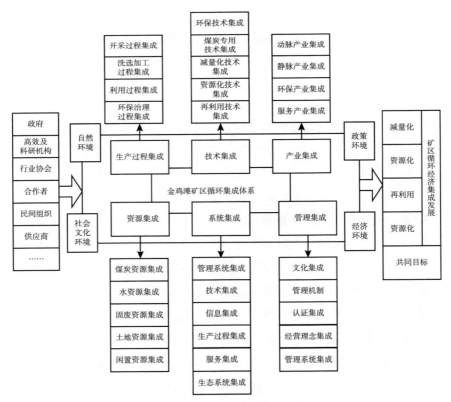

图4-28　循环经济整体集成图

技术、管理和系统等生产要素进行科学有效的集成，使得目标高度统一、功能相似的集成系统进行合理整合并不断优化，从而产生集物质循环利用、能量梯级利用、产业耦合共生、信息交换共享、技术集成创新、管理规范高效和系统优化整合为一体的集成网络，促进部门间、企业间和产业间的联系，调动产业和产品结构、产业布局、资源配置、资源利用、技术体系和管理体制的发展，达到资源最优配置，提升资源利用率，减少污染排放，保护生态环境，推动循环经济促进经济社会和自然环境和谐发展。

4.2.4　循环经济集成体系运行

循环经济集成目的是将各种产业、资源、技术等要素整合在一起，构成系统集成利用体系，经过集成配置后，将资源、技术等要素合理分配到不用的领域中，促使要素利用程度达到最大，有效解循环经济中存在的问题，提升资源利用率、节约资源、减废治污、治理和保护环境，从而促进经济可持续发展，达到经济、社会与自然环境和谐、公平、良性的互动循环。

1. 循环经济集成体系运行组织

循环经济集成体系的发展需要构建科学有效的运行组织。在构建循环经济集成体系上需要注意两个方面，即循环经济集成体系的外部环境和内部运行机制。有关循环经济集成体系外部环境的建设，重点关注政府投资，对于循环经济发展的政策和资金提供有力支持。为循环经济集成体系的外部环境构建已经具备有力的后盾支持和保障。对内部循环经济集成运行体系的研究是放在大资源条件下进行的，因此，需要构建五种组织机制，即生成经营机制、技术创新机制、投资机制、监测机制和保障机制，从而保证循环经济集成体系能够正常运行。生产经营机制负责在各个生产系统落实循环经济要求，依靠先进的技术，尽可能杜绝污染物外排，优化生产经营方案，在每个生产系统内部和生产系统之间实行对标管理，保证每项环节达到节能减排目标。技术创新机制负责建立技术研发平台，研究耗能设备的节能变频改造、新能源的集成利用等制约循环经济发展的关键技术。监测和保障机制负责发展循环经济的内外部环境，通过各项监督和保障措施提供便利，也提供执行力和约束力，循环经济集成体系运行组织如图4-29所示。

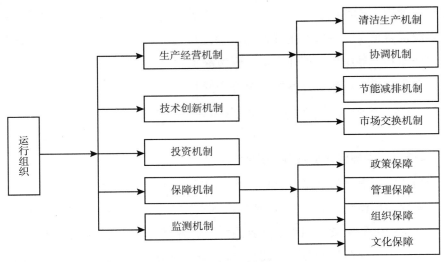

图4-29　循环经济集成体系运行组织图

2. 循环经济集成体系运行控制

循环经济集成运行控制的本质就是在正确地分析与评价的基础上，逐步实现各个层面上经济、环保高效益水平的"双赢"，从经济效益和生态效益两个角度进行控制，实现成本控制、效益控制、排放物控制。

（1）控制计划的编制、审批。循环经济工作领导机构根据实际及往年运行情况拟订循环经济集成控制计划和措施，经分管领导审阅后，报集团公司审批。

（2）控制计划的实施。根据计划做好循环经济运行的各项准备工作，保证循环经济正常运行，做好各项指标的分配工作，确保各项工作的顺利开展。

（3）循环经济集成运行的过程管理。构建部门和基层单位循环经济运行所需要的评价指标体系，如能源管理体系、清洁生产体系等。将计划目标和各项指标分解到区队、班组或个人，对目标落实情况和专项资金的落实情况进行控制。督促检查计划的实施情况，并进行相应的统计、计量，对各相关部门实施动态考核，及时公示计划完成情况，建立相应的奖惩制度。根据出现的不同情况以及实际需要，与各部门交换意见，对控制计划提出改进意见，并报相关主管部门审批，不断改变相关的控制手段，完善相关的指标体系，使控制工作做到实处，真正达到控制循环经济集成工作正常开展的目的。

（4）循环经济集成体系运行分析报告的形成。月末、季末、年末根据计划的实施情况，对实施资料进行整理归档，并形成分析报告。

3. 循环经济集成体系运行管理

管理体系的创新对于循环经济集成体系正常运行起到决定性作用，其中包含三个要素：循环经济集成理念、循环经济集成管理主客体、循环经济集成管理实践体系。循环经济集成理念是循环经济集成体系正常运行的基础，同时是促进循环经济集成体系发展的关键因素。确定循环经济集成理念的目的是提高煤矿管理层自上而下的决策和推动的作用，更重要的是通过提高公众的循环经济集成意识，实现最广泛群众自下而上的参与。员工和居民是循环经济集成的行为执行者，只有它们在理念上的认同，循环经济集成体系才有可靠的基础和成功的希望。决策层和管理层是循环经济集成管理的主体，客体是制定各项管理制度、体制和机制，通过出台相关的管理方案，为循环经济集成体系运行提供理论依据。循环经济集成管理实践体系即为各项制度、体制和机制的在日常生产过程中的执行和落实。

4. 循环经济集成体系运行反馈

循环经济集成体系由自然循环子系统和经济循环子系统构成，它们之间存在双向反馈机制。正反馈可以增强系统功能性，负反馈能够通过系统内的自我调节，来保持系统整体稳定性。通过优越的结构功能、运性机制共同作用下，实现运行目标。

5. 循环经济集成体系运行评价

以循环经济体系中资源环境和行业情况为立脚点，以循环经济的实质为需求，运用现存的统计制度和数据信息基础，构建循环经济集成评价指标体系。需要注意下面几个方面：一是指标要具有循环经济基本特征；二是指标要选择微观类指标，能够反映循环经济体的行业情况；三是指标体系中要包括结果指标和动态指标；四是指标体系要满足基本的原则问题；五是指标体系要结合国家颁布的循环经济宏观指标体系进行构建，能够放入统一的数据采集处理软件平台并且达成联网直报。根据循环经济的"3R"原则和上述注意事项，将循环经济集成评价指标分为四个方面（资源产出、资源消耗、资源循环利用和废弃物排放），共 19 个指标。通过该指标体系可以分析出循环经济集成效果，并结合实际，不断完善循环经济集成体系，使得循环经济集成能够更好地发展，降低废弃物的排放量，保护生态环境，提升资源利用率，促进社会、经济和环境三者达到可持续性发展。

4.3　本章小结

本章内容是以介绍循环经济集成的有关内容为主。循环经济集成是由单元集成和整体集成构成。按照集成在各个方面的应用，单元集成划分成技术集成、产业集成、资源集成、管理集成、过程集成、信息集成、系统集成和工艺集成。循环经济整体集成是将各个单元集成进行有机整合，组成一个高效的整体循环系统。整体集成是单元集成的进一步拓展，为了能够更好地提升集成体系的整体功能性，从而达到集成体系整体功能性的倍增或者涌现。

第5章
循环经济集成结构

循环经济集成结构是集成的框架，结构中内在包含着循环经济集成的要素，包括资源、技术、产业等。对集成过程与集成功能的划分能够使得循环经济集成更加明晰，从而为实现循环经济集成目的与目标打下基础。

5.1 集成结构

循环经济集成由内而外可形成三个层面，这三个层面相互连结，使循环经济称为一个真正意义上的整体。第一个层面为企业层面，企业层面的集成涉及较为具体的领域环节，如资源集成、产业集成、生产过程集成、技术集成等；第二个层面为园区（区域）层面，主要涉及与循环经济体核心产业相关的政府、客户、合作者、供应商等角色的集成，从而在区域上形成一定规模优势；第三个层面为社会层面，主要包括对社会文化环境、自然环境、经济环境、政策环境的集成，能够为循环经济的发展创造一个良好的生态圈。本节将对三个层面的组成要素进行简要分析，理清层级之间的关系，构建循环经济集成的基本结构。

5.1.1 企业层面

循环经济体系中企业是循环经济发展的主体，循环经济集成的核心是企业层面的集成。企业层面集成的核心是由资源集成、生产过程集成、生产工艺、技术集成组成的，辅以循环经济管理集成与系统集成，共同构成循环经济企业层面的集成。

循环经济资源集成的运转实际上是资源从开采、加工、制造、最终形成产品和废料和资源再利用的过程。因此，循环经济资源集成要研究资源流动机理，运用恰当的管理技术作为手段减少良好资源的消耗量，降低约束性资源的消耗量，增加废弃资源的再利用，并确保资源、经济与环境的协调发展。

对于循环经济集成中生产过程集成方面，产品生产环节是循环经济所有生态产业链的初始环节，同时是循环经济生态产业链的关键环节。产品生产环节的重要性超出了一般意义上的关键节点。

循环经济生产过程集成通过电力、燃油、设备设施等减量化投入，资源的清洁开采与利用，与产业链上下游环节构建密切的关联并且不断拓展上下游产业链。集资源开采、加工、利用和环境治理为一体，科学合理确定产能规模，为实现循环经济"3R"原则和集成目标奠定了良好基础。

结合循环经济"减量化、再利用、资源化"的3R原则，将循环经济主要技术可以分为五大类：循环经济生产专用技术、减量化技术、资源化技术、再利用技术和环境保护与生态技术。循环经济生产专用技术是指针对循环经济中资源开采利用的特点，专属与循环经济的技术，对其他产业和行业无普适性，其作用更多是保障循环经济资源开发利用活动顺利进行。减量化技术是在循环经济生产过程中通过技术的革新与改进，限制生产过程中原材料和能源数量，节约资源利用，降低废弃物和污染物的排放数量，维护循环经济现有的生态环境。再利用技术是通过对循环经济中资源及废旧设施多次或多种方式的使用，使其能够不断回到循环经济活动中，尽可能延长物质资源使用寿命，提高循环经济资源利用效率，使其避免过早转化为废弃物，以节约资源消耗。资源化原则通过对循环经济运行过程中所生成"废物"的再加工处理（再生）使其成为资源，制成使用能源、资源较少的新生物质重新投入到市场或者循环经济生产环节，变废为宝，减少废弃物和污染物的排放量。保护环境和生态治理技术通过相关技术的运用科学有效的解决循环经济资源开采过程中出现的土地塌陷、空气污染、水体污染和噪声污染等诸多问题，有效保护并修复循环经济现有的生态环境，达到循环经济体经济效益和环境效益和谐统一。对循环经济技术集成能够更好落实"3R"原则，促进循环经济向好发展。

5.1.2 园区（区域）层面

循环经济园区（区域）层面的集成加速循环经济核心企业与外部实体的交互，集成的要素主要有行政区域、经济技术开发区、地理区位、客户、高校及科研机构、竞争者、合作者、中介机构与供应商等。可以看出，循环经济园区（区域）层面集成更多是与循环经济核心产业相关的实体，这样的集成使得循环经济开展业务会更加顺利。

通过与政府、高校及科研机构、中介机构等的集成，能够使循环经济所发展业务的层级得到提升。与政府的集成，能够加快循环经济发展项目的审批，促进循环经济推进；与高校及科研机构集成，能够促进循环经济中所运用技术的革新与完善，能够强化循环经济各部分的管理，使得其运行机制更为科学；与中介机构的集成，能够使得循环经济体系所生产的产品得到较快的推广与销售，从而促进了循环经济整体的发展。

通过对客户、竞争者、合作者、供应商等业务活动者进行集成，能够降低循环经济运行的成本，减少循环经济体系的搜寻成本，提高整理运营效率。与客户集成，最为直接地降低搜寻成本，将目标客户纳入循环经济体系中，能够促进产业链的完整，以及促进产品销售的顺畅；与竞争者集成，能够一定程度上促进循环经济体系自我修正，在竞争中发现自身的优势与劣势，从而进行改善；与合作者集成，能够增强循环经济体与合作者之间的信赖程度，为未来的深入合作打下基础；与供应商集成，则直接减少了循环经济运行过程中的经营成本，提高循环经济运行能力。

循环经济集成结构中还应包括地域位置。就循环经济而言，通常选择的地域位置为经济技术开发区，如青岛西海岸经济技术开发区。因其地理位置优越，同时具备国家政策扶持等条件，对于循环经济集成发展而言是至关重要的。在经济技术开发区中，存在不同的资源、系统、产业、园区，它们作为集成结构中必不可少的集成要素，各自之间也有密切的联系。循环经济集成中资源与资源能够互补，如一定区域内缺少某种资源而在该循环经济体中另一区域中存在，那么可以通过一定产业链与物流链实现资源的交互；循环经济集成中产业与产业的关系更加明显，循环经济中一定区域内实现上下游产业的整合，能够促进循环经济良性互动，提高整体效益。

5.1.3　社会层面

循环经济在进行完园区（区域）层面集成后，考虑到循环经济发展与自然环境、经济环境等息息相关，对循环经济社会层面进行集成十分必要。循环经济社会层面集成包括：社会文化环境集成、经济环境集成、自然环境集成和政策环境集成。循环经济社会层面集成完成后，才能最大限度使循环经济与社会环境相融合。

循环经济与社会文化环境集成，能够使循环经济的生产运作更加符合当前社会的主流文化，循环经济的产品能够更容易被社会所接受；与经济环境集成，能够使循环经济更好地了解当前的经济形势，制定更加符合当前经济环境的经营策略；与自然环境集成，使得循环经济运行时能够将环境因素考虑其中，从而避免由生产而造成的外部不经济；与政策环境集成，使得循环经济的发展能够顺应国家发展策略，助力国家经济增长与环境改善。

综上，循环经济集成结构的构建，能够使集成者以全局视角审视循环经济集成，在经济体运行过程中，能够较为容易地针对暴露问题的环节予以改善，循环经济集成结构如图 5-1 所示。

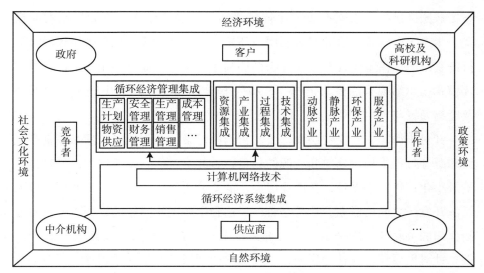

图 5 - 1　循环经济集成结构

资料来源：任一鑫，王新华，李同林．产业辐射理论［M］．北京：新华出版社，2013.

5.2　集成过程划分

　　循环经济集成过程分为八个阶段，第一阶段：对循环经济运行现状进行分析，发现运行过程中存在的问题及集成的必要性；第二阶段：针对暴露出的问题，确定循环经济集成的目的，并为实现该目的设计集成的思路与方法；第三阶段：对循环经济集成中要素进行分析，明晰各要素发挥的作用；第四阶段：根据循环经济集成中各要素的层级关系，确定集成的基本架构；第五阶段：试进行集成尝试；第六阶段：对于集成后的循环经济系统，进行运行尝试，留心第一阶段中发生的问题是否仍然存在；第七阶段：对所进行的循环经济集成进行评价，发现其改进原有循环经济运行的特点，识别其运行过程中存在的不足；第八阶段：针对循环经济集成中存在的不足，提出相应的改进意见。

5.2.1　运行现状分析阶段

　　自从我国循环经济发展以来，在辽宁、贵州、广西、山东等地区建设生态工业园区试点，逐渐形成了比较成熟的循环经济模式，例如生态农业模式、生态工业模式、资源综合利用与环保产业发展模式。在我国循环经济运行的基础上，借鉴国外对于废弃物循环利用、生态工业园和循环型社会等循环模式，总结现有的模式记作"3＋1"模式，即小循环、中循环、大循环及废物处置与再生产业。

针对小循环，在企业层面，要分析当前污染物产生情况，仔细核查生产成品和服务过程中使用物料和能源的数量，看其是否达到废弃物和污染物排放量最小化；针对中循环，在产业层面，需要分析当前企业群、工业园区以及经济开发区之间的联系，看其是否已经达到生态工业园区的标准，分析企业间代谢的关联性，进一步明确是否具备了实现企业间共生关系的生态产业链；针对大循环，在社会层面，审视当前的消费模式是否达到绿色消费的标准，检查目前废弃物分类回收利用体系是否健全，整理清楚目前循环经济相关法律法规间的关系，进而实现循环型社会建设；针对废物处置和再生产业，调查当前废物和废旧资源在全社会的循环利用情况，明晰当前废物处置和再生产业的运行情况与处理效率，在满足废物及废旧资源循环利用的程度上，还存在多大差距。

除此之外，还应对运行机制与模式进行分析，了解当前生产技术与研发科技对循环经济发展的支持程度，并确定是否有针对循环经济的宣传与组织；需要明确当前循环经济运行的总体规划与宏观指导，以及当前企业对我国资源环境形势的认识程度；明确激励机制与运行机制的作用。

5.2.2　集成目的、思路与方法确定阶段

集成目的、思路与方法确定阶段在运行现状分析阶段之后，因现存循环经济运行中暴露出些许问题，采用集成的方法能够较为有效地处理该问题，因此运用集成的方式解决循环经济运行中暴露的问题。而集成目的的确定，自然为问题导向，集成的目的即为了解决问题。

集成思路的确定至关重要，这关乎集成的成败。如何将现有资源进行集成，如何使现有产业集成后发挥更大的作用，如何协调好不同层面集成间的

关系，都是集成思路确定时要解决的问题。理清集成思路，对于接下来分析集成要素与构建集成架构都是必不可少的。

集成方法的确定在于解决集成中的问题，而方法的确定又依赖于集成要素。对于不同要素的集成有不同的集成方法，合理选取集成方法对于有效集成现有资源、能源、产业等要素具有决定性意义。

5.2.3 集成要素分析阶段

循环经济集成要素的分析，在于发现集成要素在循环经济集成中所扮演的角色以及发挥的作用。首先明确要素种类，能够确定循环经济集成中可利用的要素，如企业层面，能够对资源、能源、产业、技术、生产过程、系统进行集成，深入剖析各个要素的作用，从而可以根据循环经济目前运行中的问题，有针对性地放大某一要素的功能，从而解决问题。在园区（区域）层面中，对于政府、高校与科研机构、中介机构等具体要素的识别，对于客户、竞争者、合作者与供应商的识别，有利于循环经济扩大自身范围，提高自身稳定性。在社会层面中，更多是对于社会环境、经济环境、自然环境与政策环境的考虑，将其纳入集成要素是为了降低循环经济运行过程中产生的外部不经济。

5.2.4 集成架构设计阶段

在完成了现状分析，集成目的、思路与方法的确定、集成要素分析后，能够初步构建其循环经济集成的基本架构。

循环经济集成基本架构的设计，能够体现设计者对于循环经济整体的把握，以统筹规划的视角，理清各个层级间物质流、信息流的运行路线。在设计阶段，应采用由内而外的方式，由微观到宏观。首先从企业层面集成开始，以资源集成为出发点，分析资源流动方式及过程，同时为了方便资源流动，进而考虑生产过程集成，为提高生产过程效率，对技术的集成开发同样重要。然后将范围扩大到园区（区域）范围，为使循环经济生产的产品更容易销售，考虑对客户等实体集成，而为了增强循环经济自身发展的力度，将政府、高校等实体进行集成。最后考虑更为宏观的社会环境集成，该层级的集成完成后使得循环经济真正形成生态产业区。

5.2.5　具体集成阶段

在完成循环经济集成结构构建之后，在经过可行性论证之后，可试运行该循环经济体系，在运行中进行监控，并及时发现新的问题。

5.2.6　集成运行状况监测阶段

根据循环经济产业生产特点，结合实际情况，根据循环经济集成发展的具体要求，循环经济集成体系运行情况监测包括原材料监测、机械设备设施监测、能源监测、储量监测、生产能力监测、劳动力资源监测、基础设施资源监测、土地资源监测、环境监测、清洁生产监测、循环经济标准监测、节约指标监测、制度监测、机制监测、体系监测、运行环境监测、利用情况监测、其他监测等方面。

5.2.7　集成评价阶段

以循环经济体系中资源环境和行业情况为立脚点，以循环经济的实质为需求，运用现存的统计制度和数据信息基础，构建循环经济集成评价指标体系。需要注意下面几个方面：一是指标要具有循环经济基本特征；二是指标要选择微观类指标，能够反映循环经济体的行业情况；三是指标体系中要包括结果指标和动态指标；四是指标体系要满足基本的原则问题；五是指标体系要结合国家颁布的循环经济宏观指标体系进行构建，能够放入统一的数据采集处理软件平台并且达成联网直报。根据循环经济的"3R"原则和上述注意事项，将循环经济集成评价指标分为四个方面（资源产出、资源消耗、资源循环利用和废弃物排放），共 19 个指标。通过该指标体系可以分析出循环经济集成效果，并结合实际，不断完善循环经济集成体系，使得循环经济集成能够更好地发展，降低废弃物的排放量，保护生态环境，提升资源利用率，促进社会、经济和环境三者达到可持续性发展。

5.2.8 集成完善阶段

管理体系的创新对于循环经济集成体系正常运行起到决定性作用，包括循环经济集成理念、循环经济集成管理主客体、循环经济集成管理实践体系。循环经济集成理念是循环经济集成体系成功运行的重要基石，是推动循环经济集成体系发展的道德基础。树立循环经济集成理念的目的是提高煤矿管理层自上而下的决策和推动的作用，更重要的是通过提高公众的循环经济集成意识，实现最广泛群众自下而上的参与。循环经济区员工和居民是循环经济集成的行为执行者，只有它们在理念上的认同，循环经济集成体系才有可靠的基础和成功的希望。循环经济区的决策层和管理层是循环经济集成管理的主体，客体是循环经济区制定各项管理制度、体制和机制，通过出台《节能减排工作管理办法》《主要耗能设备能耗定额管理制度》等管理方案，为循环经济集成体系运行提供参考标准。循环经济集成管理实践体系即为各项制度、体制和机制的在日常生产过程中的执行和落实。

5.3 集成功能划分

在循环经济集成下，包含诸多子集成，如企业层面中物质资源、能源集成，技术集成，园区层面的产业集成及社会层面集成也都具有不同的功能。本节就循环经济集成所涉要素集成功能进行划分，旨在揭示每一集成所起到的作用。

5.3.1 物质资源、能源集成功能

本书采用集成思想研究循环经济中孤立能源的综合利用和优化配置，为不可再生能源寻找替代能源。促进循环经济的不断发展，减少资源的浪费，实现相关应用领域协同发展，体现可持续发展思想，以最少的投入获取最大的产出；采用共生和神经网络理论，构建循环经济集成网络及模型，优化资源和应用领域集成，拓宽了集成、共生和神经网络理论的研究应用领域，将

神经网络理论和共生理论引入循环经济集成研究，对实现经济效益的最大化、循环经济体节约成本、缓解能源紧张局势、保护环境均具有重要的意义。能源错时利用解决了能源生产和利用中峰谷不一致的冲突；梯级利用实现依据能源品位逐级使用；顺序利用达到依据能源品质使用；替代与互补解决了能源在组合过程中存在的困难；串联利用解决了低品质能源使用问题；并联利用解决了能源在供给不稳定的困难；系统利用解决了能源孤立开发与利用的问题。

1. 为循环经济发展提供有效途径和方法

循环经济集成理论能有效解决循环经济中企业规模小型化、分散化、缺乏规模效益和区域集聚效益，难以形成循环利用资源的网络等问题，结合神经网络和共生理论，构建循环经济集成网络与模型，同时利用资源、产业、系统、管理等多层次集成，建立循环经济整体集成体系，有利于节约资源，促进经济发展，为循环经济发展提供新的途径与方法。

2. 有利于实现环境与效益目标的"互促双赢"

循环经济集成的目的是将有限资源流动起来，以集成理论为基础，发展循环经济，促使生产环节的物资资源充分利用，资源利用效率提高，达到资源配置最优化和资源效益最大化，抑制环境恶化，提高环境保护的经济效益。借助于集成理念，发展循环经济，使静脉资源得到充分利用，既提升资源的综合利用效率和循环经济综合效益，降低环境污染，对生态环境起到保护作用，从而达到生态环境与经济效益共赢。

5.3.2 技术集成功能

循环经济的技术集成是以某种特定的技术原理或者功能性为目标，将至少两种以上的技术经过重组、耦合等方式形成新技术，从而达到单种技术无法实现的能力。相对于资源循环经济来说，以循环经济"3R"原则为基础，将资源循环经济中利用的主要技术可以分为五大类：资源生产专用技术、减量化技术、资源化技术、再利用技术和环境保护与生态技术。资源生产专用技术、减量化技术、再利用技术、资源化技术和环境保护与生态治理技术构成了资源循环经济技术集成系统，各类技术之间相互联系，互为基础。资源循环经济技术集成不是将各类应用技术进行简单叠加，而是在资源开发利用的过程中，根据不同情况研究技术应用所产生的相互耦合影响，并以此设计并优化技术应用方案，形成关联技术耦合产生技术集成体系的互动效应，从而构建资源循环经济技术集成体系。例如再生能源技术（再生技术）与清洁生产（生产专用技术）集成：第一，需要注意各种再生资源之间的技术耦合，例如风能与光能互补；第二，在生产过程中运用再生资源利用技术，循环经济集成体决策者应集成考虑再生能源技术是否满足节能、节材和减少废弃物排放的清洁生产要求，并保证其使用的安全性和时效性，保障生产活动持续开展，综合考虑技术间的相互作用最终确定最优集成技术方案。确保资源开发利用正常运行时，降低生产和利用环节中原材料和能量的数量，提升资源利用率，降低废弃物和污染物的排放量，保护生态环境，促使产成品、副产品及废旧设备重新投入到循环经济体集成体系中继续运行，拉长资源的使用寿命，提升资源利用率，避免提前变成废弃物，将其转变成资源，制成使用能源、资源较少的新物质再次进入市场或资源循环经济生产过程，变废为宝，能够解决资源开采过程中出现的土地塌陷、空气污染、水体污染和噪声污染等诸多问题，有效保护并修复资源产地生态环境，达到资源循环经济体经济效益和环境效益和谐统一。

5.3.3　产业集成功能

循环经济集成可以实现循环经济园区中集群产业机构优化、拓展产业链条，促进经济效益、社会效益和环境效益三者的可持续性法则，调整产业园区布局；加强企业和循环经济园区抵御外部环境变动的能力，促进循环经济系统和谐发展；推动资源要素与生产要素恰当的流动，达到资源恰当利用，提升资源利用率，实行资源的梯级利用，最大程度上形成资源共享和集成。

5.3.4　社会集成功能

循环经济集成在社会层面的表现体现为大循环——生产与消费之间的循

环经济集成。将废旧物资进行再生利用，在消费过程中和消费完成之后物资和能量进行循环集成利用。

社会集成功能是以变动经济增长方式为目标，促进可持续性发展。循环经济寻求经济增长速度与资源消耗速度的"脱钩"，最大程度上使用投入系统的物质和能量，提升资源利用效率，最大限度地降低废弃物和污染物排放量，提高经济运行质量和效益。也就是说，在经济和社会福利持续增长的情形下，物质消耗速度呈现增长缓慢、零增长乃至负增长。

社会集成主要作用于城市生态经济与科学技术进步。循环经济社会层面集成及对于城市生态经济的功能在于通过配置一定区域内多种企业与产业进行组合，协调自然环境与资源承载力的关系，在保持生态和谐的大前提下进行循环经济的集成生产；对于科技进步而言，循环经济集成有助于企业为实现更加宏远的目标而革新自身所拥有的技术，而当这种效应从全社会范围内得到推广后，便会形成整个社会的科技进步。循环经济社会层面的集成功能就在于此。

5.4　集成目的

本书结合循环经济中物质资源、能源与产业特点，以集成理论、能源替代理论、能源（资源）优化配置理论、代谢理论、系统理论为指导，以替代原理、互补原理、组合原理、梯级利用原理和循环利用原理为物质资源集成原理，以物质流分析为指导，构建循环经济园区物质资源与产业集成网络图，以此研究循环经济园区内物质资源集成方法；利用神经网络、拓扑等方法，分析产业关系，对相关产业结构进行优化配置，按照"3R"原则，控制资源在源头的投入量，在过程的消耗量，在终端的排放量；以煤炭矿区能源利用实践特点为基础，建立能源、能源与耗能领域等之间的关系分析模型；通过排序方法和模型，将能源替代、耗能领域、耗能领域使用能源等进行排序；建立能源集成利用方式，实现能源错时、梯级、顺序、串并连利用，科学有效的对于能源的种类和数量进行分布配置；构建能源集成利用体系，促使能源与耗能领域之间和谐配置，提高能源的利用效率。从而为循环经济集成企业层面中物质资源集成、能源集成、技术集成等提供依据，同时为循环经济产业集成、园区集成及区域集成拓宽道路。

5.5 集成目标

通过本书的研究，从社会层面来说，运用最小的生态代价、最少的资源投入量获取最大的经济效益、社会效益和环境效益，保证社会与自然的可持续性发展；从产业层面来说，以物质资源属性为基础，恰当配置物质资源在不同产业间的流动，使得副产品、废弃物等物质资源的回收再利用；从企业层面来看，以物资资源的替代性、互补性、替代互补共生性和独立性为基础，以产品功能性或消费质量不降低反而提升为保障，科学有效地对物资资源进行恰当匹配，从而达到物资资源的最优化。总而言之，利用集成理论解决循环经济运行过程中出现的问题，指引社会、产业和企业等层面的循环经济体系或园区的建立，促进循环经济更快更高的发展。

5.5.1 调整循环经济体产业布局

统筹规划循环经济体系产业布局，共享体系内部的基础设施，促使体系内的废弃物在企业之间交换循环使用和水资源的分类回收再利用。以经济体系产业、设施设备、资源、环境等为基础，推动经济体系中核心资源和关键技术的应用，推进产业加工增值，最大限度地提高资源利用效率，突破传统经济体系内行政区域边界划分和部门间的管理约束，最大程度上延长产业链条、促进创新要素和生产要素的合理流动。

面对循环经济中产业孤立发展的难题，以产业模块化为先决条件，将价值链上的企业、组织或者对象划分成独立的半自律子系统，依据某种特定的规则把划分出来的子系统重新组合构建更为复杂的系统。产业集成在产业竞争过程中调整竞争主体、载体、核心技术。通过生产、技术、资本等方式促进传统产业组织间的渗透、辐射、带动和引导，通过提升标准、锁定消费群体、控制要素市场和支配消费渠道等放肆提高产业核心竞争力，从而达到现存资源和潜在资源的组合和综合使用能力。

5.5.2 增强物质能量交换系统

以物质和能量在企业之间的流动为依据，发展循环经济，是价值链的主要介质。物质的互换主要指产成品、副产品、废弃物等在企业间进行互换。循环经济体系中产业间的紧密联系，促使产成品、副产品、相关加工品运用产业间的层级利用和循环利用更为方便。

对于循环经济发展中资源孤立利用、技术孤立研发、系统孤立运行问题，循环经济通过集成，在保护资源环境的同时，提升资源的匹配度和利用率，实现循环经济"3R"原则，较好地解决了资源孤立利用的问题；循环经济通过集成的方式，能够有效且快速集中智力资源用于技术研发，也可以通过互补智力资源，形成循环经济集成要素间的互助，对于自身研发困难的技术，能够更快地向集成体中其他部门寻求帮助，从而提高整体技术研发水平；对于解决系统孤立运行的问题，循环经济集成使得各个系统有机结合在一起，从而实现信息共享，此时便可以将一个集成的循环经济体看作一个完整的信息系统，集成增强了系统运行的流畅度。

5.5.3 产业链调整

产业链在设计的过程中，从低级向高级，分层、划批进行推动，这需要思考技术和经济的可行性。延长和拓宽产业链，以此达到物质交换和能量流动。

循环经济集成对于解决循环经济发展中企业孤立建设、园区孤立创建、区域孤立规划问题同样具有重要意义。产业链调整势必带动一系列企业进行变动，这样会使得循环经济中企业之间的依赖程度加强，进而增强企业集成凝聚力，就循环基尼园区来说，产业链的延伸及拓展需要一定程度上扩大原本的园区范围，而为了形成完整产业链，园区的孤立创建是不可取的，需要统筹处理。对于区域孤立规划问题，也随着产业链调整而解决。对于原本存在但未被注意到的区域孤立规划问题，在产业链调整的同时，集成管理者将会注意到该问题。

5.6　本章小结

本章通过介绍循环经济集成的结构，从企业层面循环经济集成上升到园区层面再到社会层面，包含资源、技术、产业等诸多要素。集成过程可分为现状分析、确定目的、要素分析、架构设计、具体集成、集成监测、集成评价与完善等阶段，其中不同要素的集成具有不同的功能。集成的目的是减少循环经济体内资源的浪费以及提高资源能源的利用效率，目标是调整循环经济体产业结构，增强物质能量交换系统与优化产业链。

第6章
循环经济集成方法

　　以资源集优化、企业共赢化、产业协同化、系统集成化为主要内容的循环经济最大限度地推进经济、社会和生态的全面持续的发展，凸显人、社会与自然协调的发展，不过在运行过程中存在体系建立不完整、系统协同性差、资源利用效率低等难题。其根本原因在于只注重生产过程自身利益，而忽视了资源孤立使用、产业隔离，没有以系统整体性为切入点研究循环经济体系。本章尝试以集成基本方法为基础，研究循环经济单元关系集成方法和循环经济集成技术方法，为各个层面循环经济体系的完善提供指导依据，促进循环经济良性发展。

6.1　集成基本方法

　　集成方法是指对于各集成单元之间的联系进行分析的方式。它不仅能够表示各集成单元间的物质流动情况，同时能够表示各集成单元间的能量交换联系。

6.1.1　替代方法

　　以集成单元内部资源用途和需求的多样性为基础，使得集成单元间可以互相替代，替代的关键点在于资源在运用过程中导致产出效益的差异。集成单元中同种资源具有多种用途，不同类型的资源存在不同的特性，并运用到不同类型的领域，不同类型的用途又起到不同种类的作用，其关键程度也不一样。以存量、流量、能否再生等方面为研究，先使用再生速度快的资源，再使用自生速度慢的资源，其次是使用流动性强、存储量大的不可再生资源，最终使用流动性差、存储量小的不可再生资源；以经济、社会、生态为研究，尽量使用经济效益、社会效益和生态效益三者最优的资源，尽量运用成本低、代价小、收益高的资源，尽量使用无毒无害的资源。

集成单元内各类资源的替代能够延缓不可再生资源枯竭，同时为寻求新的、恰当的资源争取时间。对于替代的方式，不止在资源间内部进行替换，还在资源的功能上进行替代，同时在资源获取方式上进行替代。

6.1.2 梯级方法

相对集成单元而言，资源转化是指从低级资源转化成高级资源，转化过程中会伴随着不同品质的资源，虽然这些资源没有达到最终目标的需求，但它们为有关领域也提供使用价值，所以这些资源可以被使用，否则，会带来资源浪费，同时会污染生态环境。在资源利用过程中，通常是从高品质的资源到低品质的资源，在此过程中也会伴随着不同品质的资源，此种资源也可以被使用。集成的梯级方法是指在资源转化或者利用的过程中会存在一些资源，按照其品质将其划分等级或者层级分析其特点；将资源需求领域按照领域对于资源品质的要求进行划分等级，分析领域对于资源的要求特质；按照资源品质与等级所对应需求领域以及所需求资源的品质进行匹配资源利用领域，从而完成资源按照资源的品位逐级进行使用。

集成中资源梯级利用既包括按质利用，也包括逐级多次利用。按质利用是指在利用过程中需减少不必要的能量转换，尽量不利用高品质的资源取得利用低品质的资源就能够获取的能效；逐级多次利用是指高品质的资源未必都要在一个生产工艺过程中使用，能够按级分散到各个生产工艺过程中，依照资源品位逐级进行使用，比如高、中温蒸汽先用于生产工艺，之后的低温和余热可以用来为办公区或居民区供暖。

以余热能源分析为例介绍集成的梯级利用方法。第一，提升余热质量，不要夹杂高低温余热；第二，回收的余热尽量在生产环节直接利用，尽可能不让其转换成其他类型能源[69]。能源集成的综合梯级利用如图 6-1 所示。

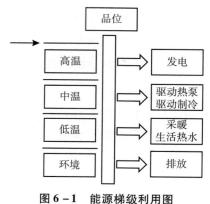

图 6-1　能源梯级利用图

资料来源：孙正萍. 循环经济园区中物质资源集成方法研究［D］. 山东科技大学，2014.

6.1.3　组合方法

组合方法是指各集成单元内部资源整体或部分的叠加，通常呈现的是空间上的组合。组合方法可以划分成四类：（1）相加组合法是指把两个单独的资源自身相加或者功能相加；（2）替换组合法是指以替换原来资源的一些形成要素为方式，重组成一种新颖、实用的新型物质，寻求资源利用率最大化；（3）集成组合法是指以资源之间的密切关系为依据，把资源进行有效整合，实现化零为整的功能；（4）重组组合法是指通过调整物质资源体系内部各总组成要素之间的匹配程度，进而优化资源整体的性能。

6.1.4　循环利用方法

资源循环利用是对可持续发展的延伸，其实质是循环经济。资源循环利用是以资源短缺和市场需求为前提，以生态学为理论，以减量化、再利用、资源化为原则，构建"资源—产品—再生资源"的闭环式经济运行流程，促使资源在整个闭环模式中持续使用，使得其对于环境的影响程度降到最低，提倡人、社会和环境的协调发展。资源的循环是指资源流的循环，在

"生产—分配—加工—消费"环节中实行资源的恰当使用，注重各个环节的循环使用、系统性和整体性。

6.1.5　顺序利用方法

通过前文对集成替代方法的分析可以看出，在相同的应用领域，各个集成单元中不同类型资源间存在替代关系，确保生产安全性和稳定性，为了提升资源利用率尽量利用闲置资源、可再生资源替代常规资源。某一种资源可以与多种类型资源产生替代关系，该种资源能够替代哪种资源？为了能够解决此问题，需要构建替代排序模型和替代排序表，为恰当安排集成资源间的替代与排序提供基础。

顺序利用法步骤：首先对于投入资源的替代关系进行集成研究，总结出资源替代排序方法，其次将每一种资源的使用领域进行分析排序，最后将资源与应用领域之间的关系进行分析、综合排序，归纳出资源的最优匹配方式，使得恰当的资源安排在恰当位置，处置资源无序利用问题。

以矿区能源集成为例介绍集成的顺序利用方法，按照上述分析过程，第一，思虑余热、余压及以副产品或废弃物形式出现的可燃固体、气体和液体；第二，思虑太阳能、风能、地热能及矿井水携带能量等可再生能源；第三，思虑煤泥、煤矸石、油母页岩等低品位能源；第四，思虑电力、天然气、油等优质能源；第五，思虑煤炭。

6.1.6　共享方法

共享方法是指对于企业、区域内的资源进行合理组合，资源匹配达到最优，提升资源共享程度，减少因为资源重复或不恰当的匹配所导致浪费，提升资源利用率，获得较高的综合效益。

在集成的背景下，资源共享使得资源能够自由流动，进而促进各类资源能够充分被利用，使其使用价值被充分体现。主要内容如下：

（1）在集成过程中，利用资源共享能够有效地使用资源的多种类型物质和能量性能，降低资源的物质浪费和能量性能价值流失，推动资源更好地转变成产成品和动能，为消费提供各种需求。

（2）在集成过程中，增加资源共享种类能够减少其他资源的投入量，并将其投入到其他生产运行活动中，资源匹配达到最优化，提升企业生产率。

（3）在集成过程中，构建资源共享机制，出现新兴技术的创新和运用，这不仅使得资源能够充分开发使用，同时能够提升资源共享程度，进而具备独个资源竞争时所不具备的竞争能力。

6.2　循环经济单元关系集成方法

要研究循环经济集成，就要对其各单元关系集成方法进行分析。本节主要从循环经济集成体系中的资源集成、企业集成、产业集成和系统集成四个方向分析集成方法。

6.2.1　资源集成方法

循环经济生态体系主要关注的问题是资源恰当配置与开发使用，即资源集成。把所有资源看成一个集成系统，研究资源集成方法包括资源环节集成、资源流动路径集成和资源流动网络集成等，以此达到资源间优势互补，从而提高整个资源配置结构的效率。

1. 资源环节集成

不同类型资源所起的作用不一样，首先要分析每种资源在各个环节的流动情况，再分析各个环节中资源投入和产出的种类、数量以及其作用，从而实现各个环节中资源的投入种类和数量减少，产出的能源尽量在下一个环节中进行使用，实现资源的循环利用，从而确保各个环节中资源的投入产出的配比达到最优状态，即资源环境集成。资源在某一环节内的具体流动方式如图6-2所示。

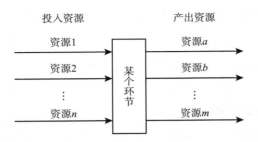

图 6 – 2   资源在一个环节的流动示意图

资料来源：曾宪迪，任一鑫，何瑞卿. 循环经济集成方法的初探 [J]. 荆楚学刊，2013，14（03）：79 – 83 + 87.

2. 资源流动路径集成方式

每种类型的资源用途很广泛，资源在每个环节中伴随着多种类型产成品、副产品以及废弃物，多种类型资源不是在单个环节就完成，而是会产生多种不同路径，某个环节的资源利用率高不能说明整条路径达到最优状态。资源流动路径集成是指将不同类型的资源流动路径进行集成分析、研究和优化，寻求资源流动路径最优。

3. 资源流动网络集成方式

资源流动网络集成是指在每个环节中会存在多种类型资源的投入与产出，资源在有关环节间进行集成，使得各个环节间形成关系。资源流动网络集成方式是上述集成方式的综合集成形式。网络集成为资源配置优化、层级利用、循环利用等研究提供理论基础，是循环经济集成中最为主要的资源集成路径的集成方式。

6.2.2   企业集成方法

在循环经济体系内存在的企业其行为、体系目标、功能、所需资源以及生产的产成品是不一样的，为了能够达到企业间的资源共享、技术合作及和谐发展，且各个企业的规模最优化、机构合理化以及综合效益最大化，要对循环经济体系中企业集成进行分析。

企业集成按照不同依据可以有不同的分类方法。以覆盖的范围为依据，将企业集成划分为部门集成、企业内集成和企业间集成。以集成的深度为依据，将企业集成划分为信息集成、过程集成和知识集成。以产业链为依据，将企业集成划分为纵向企业集成和横向企业集成。

6.2.3 产业集成方法

各种类型的资源（特别是副产品、废弃物和限制资源）恰当开发使用是由不同产业实现的，同种类型资源要做到综合性使用，由不同的有关产业实现。所以，为了能够提升产业间的共享度和协同度，促使产业规模与之相匹配，资源在产业间有效流动，保证多余的资源流出去，欠缺的资源流进来，这是循环经济体系中产业集成问题。

产业集成是指将存在纵向或者横向关系的产业进行有机整合产生新兴结合体，其本质是将产业之间的技术、资源、市场进行集成。产业集成分为两种形式：第一，对于现存的和潜在的资源进行有效重组，促使资源效用最大化，进而推动有关产业可持续发展；第二，对于产业结构布局进行有效整合，促进产业可持续发展。产业集成最主要的内容是尽力打破资源约束，达到"生产—消费—废弃物处理"过程中物质和能量循环使用，实现不同类型产业间以及产业中不同类型部门间的相互协调。产业集成的目标时构建结构恰当性能完善，促使物质和能量进行有效循环。

产业集成方法包括纵向产业集成、横向产业集成和网状产业集成，具体分析如下：

1. 纵向产业集成

纵向产业集成是指以某个特定产业为中心，将产业链上的上游和下游产业进行有效集成形成集成体，按照梯级利用路线、代谢路线、循环利用路线进而产生的产业集成体。纵向产业集成路线图见图 6-3。

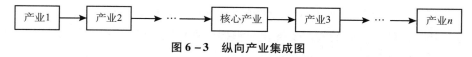

图 6-3 纵向产业集成图

资料来源：曾宪迪，任一鑫，何瑞卿. 循环经济集成方法的初探［J］. 荆楚学刊，2013，14（03）：79-83+87.

从图6-3可知，纵向产业集成是指以代谢、加工利用和分工为组织形式进行集成，这种集成形式各环节间丝丝入扣，相互之间密切关联。利用纵向产业集成可以了解与分析各种产业在生产过程中各类资源流入、流出的情况，并了解资源所流过哪些产业，以此更深地分析这些产业是否存在合理性，哪些产业是必要的，哪些产业是可以去掉，从而使得产业组合实现最优化。

2. 横向产业集成

横向产业集成与产业集聚、集群的研究有相似之处，是以某个特定的产业为中心，以提升资源利用率、降低排放量、减少成本为目标，以分工明确、责任清楚为原则，将其与有关产业进行集成，这种集成也可以理解是没有联系的多个单独产业群体。横向产业集成路线图见图6-4。

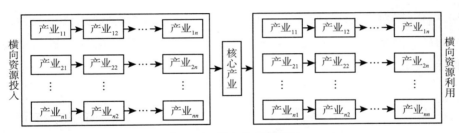

图6-4 横向产业集成图

资料来源：曾宪迪，任一鑫，何瑞卿．循环经济集成方法的初探［J］．荆楚学刊，2013，14（03）：79-83+87.

从图6-4可知，横向产业集成是指以替代、互补和共享作为产业关系将产业进行有效集成，这种集成方式形成的产业间通常具备相关性，互相影响。图左侧表示资源投入产业，右侧表示资源使用产业，中间表示投入和使用的中心产业利用横向产业集成可以了解某个特定中心产业四周由哪些产业构建，以及产业中企业数量和规模是多少，以此更深地分析这些产业是否存在合理性，哪些产业是必要的，哪些产业是可以去掉的，从而使得产业组合实现最优化。

3. 网状产业集成

网状产业集成是以网络理论为基础，将纵向产业集成和横向产业集成进行有效整合。网络产业集成是由核心网络和外围支持网络组成，核心网络包括企业供应链构成的横向网络和企业竞争合作关系构成的纵向网络。产业集成是指有关行动者进行资源流动和信息共享的活动平台，包含纵横交错的经济往来和社会交流联系。与此同时，网络分析不止是在产业关联关系的基础上产生的生产网络，也是在集成网络内部各行动者间盘根错节关系的基础上产生的关系网络。本节运用的网络理论是指纵向竞争合作关系和横向供应链关系的叠加，也可以说是核心网络和辅助网络的结合。网络中单独的主体成员被叫作端，局部性的网络被叫作元，端与端、端与元、元与元之间的关系被叫作线，基本结构图如图6-5所示。以网络关系端、元的数量为依据，将网络划分成二端元网络、五端元网络、多端元网络。以是否产生效用为依据，将网络划分成有效网络核和无效网络。以产生效用高低为依据，将网络分为高效网络核低效网络，构建高效多端元网络是产业集成发展的最终目标。

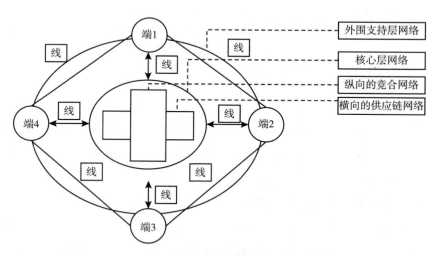

图6-5 网络基本构架图

资料来源：曾宪迪，任一鑫，何瑞卿．循环经济集成方法的初探 [J]．荆楚学刊，2013，14（03）：79-83+87.

本节把产业集成体系归入目标网络中，以产业集群研究的框架为基础，获得产业集成的网络模型如图6-6所示。产业集成是指一个动态发展中主动优化过程，在此过程中嵌入其中的网络达到优化升级和资源匹配，进而实现产业资源高度组合。

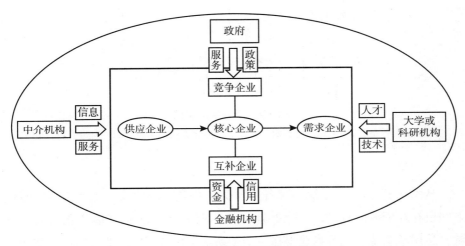

图6-6　产业集成的网络模型图

资料来源：曾宪迪，任一鑫，何瑞卿. 循环经济集成方法的初探［J］. 荆楚学刊，2013，14（03）：79-83+87.

6.2.4　系统集成方法

同类型资源在开发使用过程中以有关产业为有机体，而循环经济体系是指由很多同样有机体或产业体系组成的体系。循环经济体系主要包含物流、信息、资金、技术、人员等，确保循环经济体系能够正常运行，这就要求把有关系统进行有效整合，需要对于循环经济体系中系统集成问题进行研究。

系统集成绝不是各类要素进行简单组合，而是以系统工程为方法，以整体性和最优性为原则，以最优化的综合统筹为着眼点，以循环经济中集成技术为手段，以循环经济集成原理为理论基础，将各种产业依据某种特定的方式组合成一个系统集合体，为资源、技术、企业、组织等方面提供整体创新性。

循环经济体系中各产业之间构建的子系统的集成图见图6-7。

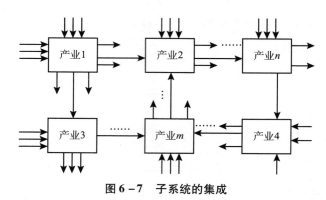

图6-7 子系统的集成

资料来源：曾宪迪，任一鑫，何瑞卿. 循环经济集成方法的初探［J］. 荆楚学刊，2013，14（03）：79-83+87.

从图6-7所示，系统内部各产业都会存在资源的流入、流出，同时产业间也存在资源的流动，某个产业的流出资源有可能是其他产业的流入资源，运用子系统集成可以获得在一个子系统中包含哪些产业，组成这些产业的企业数量和规模以及投入产出的资源种类和数量；运用子系统可以获得资源流动会经过哪些产业，进而可以了解这些产业之间资源流动路径和判断这些产业是否具有合理性，哪些产业是必要的，哪些产业是可以去掉的，哪些产业能够进一步优化，从而使得产业整合实现最优状态，促使各种资源实现达到最佳匹配状态，进而利用最小的投入获得子系统的最大综合效益。以子系统为基础，将所有生产、生活的自然和社会看作是一个大的系统，其包括生产者、消费者和分解者，它们各自的功能性不同，大的系统集成见图6-8。

从图6-8所示，大的系统集成是以宏观为视角反映人和自然的联系，在系统内部达到资源、产业、经济、社会以及自然的功能和作用的合理性，从而实现人、经济、社会和自然的可持续发展。

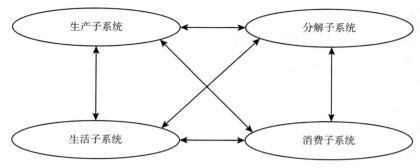

图 6 – 8　大系统集成

资料来源：曾宪迪，任一鑫，何瑞卿．循环经济集成方法的初探［J］．荆楚学刊，2013，14（03）：79 – 83 + 87．

系统集成包括内部的资源和相关产业的集成，利用系统集成能够达成内部资源的替代、共享、层级和循环利用以及产业间的和谐发展，进而使得系统整体功能性达到最优状态，获取最大的综合效益。按照实现方式将系统集成划分成功能集成和技术集成。功能集成有两类是功能合并和功能互补。功能合并是指对于功能上具有重复性的系统进行有效整合，使得整合后新系统的功能是指整合前各系统的功能之和；功能互补是指在某种特殊情况下将各自独立的子系统进行协同工作以此提升整个系统的功能性。技术集成是指在系统集成的过程中需要注意技术的发展进程，把最新的技术引进到系统中，延长系统的使用寿命。

6.3　循环经济集成技术方法

6.3.1　映射

在数学研究领域，映射表示两个集合元素之间的一种特殊对应关系。根据不同映射目的，可有不同相应的映射定义。映射定义虽不同，但本质是相同的，例如函数与算子等等。这里要说明，两个数集之间的映射为函数，其他的映射并非函数。可以将映射定义为如下形式。

$$m：=\langle e_s,\ e_t,\ r,\ k\rangle \qquad (6-1)$$

e_s 表示 o_s 中的实体，e_t 表示 o_t 中的实体，r 表示 e_s 和 e_t 之间的关系（例如，等价、包含、被包含、部分重叠），$k \to [0，1]$ 表示 e_s 和 e_t 之间的相似程度，k 越接近 1，则 e_s 和 e_t 之间越相似。循环经济中各集成要素之间也存在对应关系，集成系统的初始输入信息通过集成单元的映射函数变成最终输出信息，完成要素的转化和利用。

6.3.2 拓扑

在数学上，拓扑是集合上的一种结构。设 T 为非空集 X 的子集族，若 T 满足以下条件：

X 与空集 $\varnothing$ 都属于 T；

T 中任意两个成员的交属于 T；

T 中任意多个成员的并属于 T；

则 T 称为 X 上的一个拓扑。具有拓扑 T 的集合 X 称为拓扑空间，记为 $(X，T)$。

设 $T1$ 与 $T2$ 为集合 X 上的两个拓扑，若有关系 $T1 \subset T2$，则称 $T1$ 粗于 $T2$，或 $T2$ 细于 $T1$。当 X 上的两个拓扑相互之间没有包含关系时，则称它们是不可比较的。在集合 X 上，离散拓扑是最细的拓扑，平凡拓扑是最粗的拓扑。而在其他领域中，拓扑是将各种物体的位置表示成抽象位置。如在网络中，拓扑形象地描述了网络的安排和配置，包括各种结点和结点的相互关系。拓扑不关心事物的细节，也不在乎什么相互的比例关系，只将讨论范围内的事物之间的相互关系表示出来，将这些事物之间的关系通过图表示出来。

循环经济可解决当前全球资源紧张，人类与自然矛盾问题，其发展应该遵循"4R1I"原则，将拓扑应用到循环经济集成领域，可借鉴网络拓扑构建最终集成产品联系、副产品和废弃物联系的网络拓扑模型来分析循环经济发展状况。

6.3.3 神经网络

人工神经网络是模拟生物神经网络的信息处理机制，对输入的信息进行分布式和并行式处理建立的算法数学模型。人工神经网络在信息存储和经验知识应用方面有优势，它与人脑似性，对外部环境进行学习获取知识，并储存在内部神经元中。神经网络具有很强的自学习能力，输入和输出经过网络的训练建立合理的关系，在这一过程中不断完善自己，具有创新性。为了解决多层神经网络学习问题提出了 BP 算法，目前在数据压缩、模式识别和函数逼近等领域得到了广泛的应用。

1. 神经元数学模型

循环经济集成中产业之间存在错综复杂的关系，为了理顺产业之间的联系，引入人工神经网络结构，对产业进行分析。人工神经网络数学模型示意图见图 6 - 9。

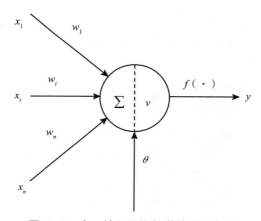

图 6 - 9　人工神经网络数学模型示意图

神经元中的最终输入值 v 经过神经元的映射函数 $f(\cdot)$ 产生神经元的输出值。神经元的输入加权强度和神经自身阈值决定神经元是否输出，如果神经元获的输入信号强度超过了自身的阈值，神经元就处于激发态，产生输出值，否则处于抑制态。映射函数 $f(\cdot)$ 是一般的变化函数，线性函数、非线性斜坡函数、阶跃函数以及 S 型函数等。

2. 神经网络的结构

神经网络一般由 3 层或 3 层以上的多个神经元组成，神经元排列，同层的神经元之间也有信息交换。神经网络结构如图 6 – 10、图 6 – 11 所示。相互结合型网络中每个神经元都可能和网络中的另外一个神经元有联系。

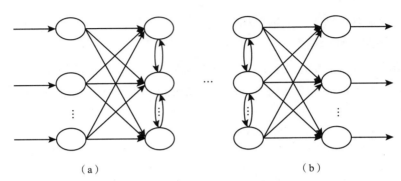

（a）　　　　　　　　　　　　（b）

图 6 – 10　层内有相互结合的前向网络

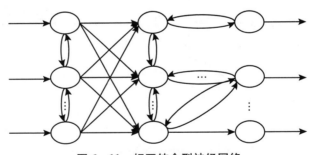

图 6 – 11　相互结合型神经网络

把产业系统中的产业比作网络中的神经元，产业中物资的输入比作是神经元中信息的输入，物资在产业中通过生产运作输出产业比作是信息在神经元中经过处理输出神经元。初始信息的输入过程就是系统从自然界输入物质的过程，最终结果的输出就是系统中经济活动产生产品输出和废弃物排放的过程。

6.4 本章小结

本章主要分析循环经济集成方法。通过对循环经济集成体系的初步探讨，在了解集成基本方法的基础上，分析循环经济单元关系集成方法，进一步分析循环经济集成的三种技术方法——映射、拓扑和神经网络，为解决循环经济实践中遇到的资源配置不合理、利用率低、循环不经济等问题提供新的途径。

第7章
循环经济集成关系分析

针对循环经济资源之间、产业之间、系统之间、资源与产业之间、技术之间以及管理之间的集成关系，本章从其关系分析的含义出发，主要介绍了其关系的种类和关系分析方法，为集成排序和集成代谢奠定方法基础。

7.1 资源之间的关系分析

7.1.1 资源之间关系分析的含义

循环经济集成体系中各种资源种类多而分散，但作为有机的整体，它们之间有着各种各样的相互关系，既有对立关系又有统一关系。分析资源间关系的目的在于依照生产各部门的特征，充分合理地开发利用一切资源，促使各类资源在生产和生活中发挥最大的功能与作用，从而使得经济效益、社会效益和生态效益三者进行有机统一。资源之间关系分析，对于循环经济体系来讲，首先对于资源产出环节进行研究；再对企业各类产出资源进行有效集成，同时以各类资源的特征，将其进行加工处理，这就是资源处理环节；最终资源流经产出和处理环节以后，即为资源消费和资源分解环节。具体关系如图 7 −1 所示。

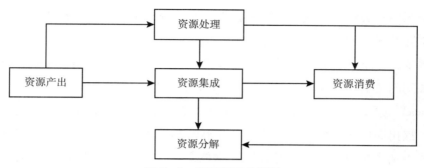

图 7 - 1　资源关系分析图

　　资源之间关系分析主要是对资源种类、途径、方法和技术进行研究。如煤炭矿区的资源产出主要是指煤炭开采环节。资源处理是指像水、垃圾等资源的处理，煤炭开采的过程中会涉及多种资源，例如矿井水、采煤设备等，煤炭开采出来后，就涉及对这些资源的处理，有些资源不是仅用一次，而是可以将其循环利用，大大节省了企业的成本，而这就是资源处理环节所需要解决和关注的问题。资源分解是指煤炭的洗选和深加工，这是对煤炭进行物理和化学处理的环节。资源消费是指煤炭开采过程中所产出的副产品、共伴生矿物（如高岭土、硫铁矿等）、废弃物（如煤矸石）的利用，以各类资源自身的物理和化学性质为根据，将其转化为具备高附加值的产品或者有用的产品。例如，可将煤炭开采中的共伴生矿物高岭土进行深加工作为造纸涂布、涂料，大大提升了高岭土的使用价值；也可以把煤炭开采过程中存在废弃物（例如煤矸石）直接被用于井下填充，或者被用来制成砖，还能够以此为原料进行发电等，这就使得原来毫无价值的废弃物被充分开发利用起来，"没有废弃物，只有放错地方的资源"，将这些放错地方的资源加以利用，不仅可以产生良好的生态效益和社会效益，对企业家讲，也可带来一定的经济效益，这也正是循环经济所要解决的问题之一。

7.1.2　资源之间关系分析的种类

　　以需求的交叉价格弹性为依据，将商品间的关系划分成替代关系、互补关系和不存在相关关系。对于资源间关系可以借鉴交叉弹性进行划分，即资源间的关系有替代、互补和独立。此种分析法只考虑价格要素，而忽视实际情况，比如投入要素的种类、投入产出的结构、资源的价格、单种资源要素需求对资源价格的反应程度等会对资源间的关系起到影响，而且资源间的关系不是单纯的完全替代或完全互补。1967 年莫里希玛（Morishima）把物质资源投入要素的比例和要素需求对价格的反应程度进行整合，提出 MES 模型[70]。国内外学者不断完善 MES 模型，在原有的 MES 模式中加入物质资源边际替代率、物质资源投入要素替代率等影响因素，从某种程度上解释了资源间互补和共存的联系。以资源的利用领域和用途为基础，分析资源间的关系，将其分为独立关系、替代关系、互补关系和替代互补共存关系。

1. 独立关系

各种类资源的用途不同，它们在经济和社会中所起的作用和地位不同、贡献也不同。同种类型资源可以运用到不同的领域，但是某时候一个领域只需要一种类型资源，即这种类型资源的专属领域。在特定时间和空间内以及缺少生态间相互关系的情况下，各种类型资源的表现形式是相互独立的静态物质和能量。在循环经济中资源关系亦如此，也就是说在循环经济中各种资源具有相互独立性。

2. 替代关系

如若某些资源间存在替代性能够满足同一领域或者用途，则说明这些资源间是替代关系。资源间的替代关系有两类，即内部替代关系和外部替代关系。内部替代关系是与资源本身的结构有关，取决于科学技术的开发和利用；外部替代关系是指资源间的替代，例如资源、资本、劳动力间的替代[71]。对于物资资源在某个特定领域或者用途上是否有替代关系的判别，可以利用两个资源产出效益系数的比值作为资源替代系数：

$$K_{替代A} = R_{效益A}/R_{效益B} \tag{7-1}$$

式（7-1）中，$K_{替代A}$ 为资源 A 与资源 B 间的替代系数，$R_{效益A}$ 为资源 A 的产出效益系数。

$$R_{效益A} = \frac{Q_{出A} \times P_{出A}}{Q_{入A} \times P_{入A}} = \frac{f(Q_{入A}, m_1, m_2, m_3, m_4) \times P_{出A}}{Q_{入A} \times P_{入A}} \tag{7-2}$$

式（7-2）中，$Q_{入A}$ 是资源 A 的投入量，$Q_{出A}$ 是资源 A 的产出量，m_1，m_2，m_3，m_4 是影响资源 A 产出的因素，如劳动力、技术、设备等。$R_{效益B}$ 同理可求，然后根据资源替代系数的大小进行资源替代的优化排序利用。

3. 互补关系

如果某些资源必须同时使用才能满足同一利用领域或用途，则称这些资源间存在互补关系。假设某一领域可以使用 N 种资源来满足，其中能够互补的一种资源组合形式记为 $\{A_1，A_2，\cdots，A_n\}$，另一种资源组合形式记为 $\{B_1，B_2，\cdots，B_m\}$，那么互补资源的并集就是 N 种资源的互补融合度 (R)，这两种组合形式用 R 分别表示为：

$$R_A = F(A_1 \cup A_2 \cup \cdots \cup A_n)/N$$
$$R_B = F(B_1 \cup B_2 \cup \cdots \cup B_m)/N$$

通过比较 R_A 和 R_B 的大小就可以判断某种领域使用哪种资源存在较强的互补关系。把各种互补资源组合形式集聚起来，就可以求出 N 种资源的总互补融合度：

$$R_{总} = \sum_{i=1}^{n} R_i \qquad (7-3)$$

式（7-3）中，n 是 N 种物质资源中可以互补资源的集合个数。

从以上分析，可以得出这样结论，资源之间的互补交集越大，资源间优化配置的方法越多，渠道越多；n 越大，资源间可以合理开发利用的领域越多，应用空间也越广泛。

4. 替代互补共存关系

能满足同一领域的所有资源中也许会存在替代互补共存的可能，借助 MES 模型，分析资源间的交叉价格弹性和物质资源的价格需求弹性：

$$MES = \frac{\partial \ln C_i(p，y)/C_j(p，y)}{\partial \ln(p_i/p_j)} = \frac{\partial \ln(x_j/x_i)}{\partial \ln p_i}$$
$$= \frac{\partial \ln x_j(y，p)}{\partial \ln p_i} - \frac{\partial \ln x_i(y，p)}{\partial \ln p_i}$$
$$= CPE - OPE \qquad (7-4)$$

式（7-4）中，x_i 表示第 i 种资源投入量，p_i、p_j 分别表示第 i、j 种资

源的价格，OPE 是资源的价格需求弹性。对于正常物品而言，一般 $OPE < 0$。当 $MES > 0$ 且 $CPE < 0$ 时，这两种资源之间呈 MES 替代关系，CPE 互补关系。

7.1.3 资源之间关系分析的方法

依据公式对资源之间的关系进行分析，建立资源关系分析（见表7-1），表中横向和纵向是物质资源及其相应用途，资源间的两两关系用"T"表示替代，"H"表示互补，"TH"表示替代与互补共存，"D"表示独立。"—"表示某种资源不可满足某种用途。以洗煤厂为例，矿井水与普通水之间存在替代关系，原煤和精煤之间存在互补关系，某种药剂的使用是独立关系。

表 7-1   资源关系分析

		资源1			资源2			···			资源 n		
		用途1	用途2	···	用途1	用途2	···	用途1	用途2	···	用途1	用途2	···
资源1	用途1	—	—	—	H	T	···	D	T	···	TH	T	···
	用途2	—	—	—	D	TH	···	T	H	···	D	H	···
	···	—	—	—	···	···	···	···	···	···	···	···	···
资源2	用途1	H	D	···	—	—	—	D	T	···	H	TH	···
	用途2	T	TH	···	—	—	—	H	TH	···	T	H	···
	···	···	···	···	—	—	—	···	···	···	···	···	···
···		···	···	···	···	···	···	—	—	—	···	···	···
资源 n	用途1	TH	D	···	H	T	···	T	T	···	—	—	—
	用途2	T	H	···	TH	H	···	H	D	···	—	—	—
	···	···	···	···	···	···	···	···	···	···	—	—	—

资料来源：孙正萍．循环经济园区中物质资源集成方法研究 [D]．山东科技大学，2014.

资源之间存在的复杂关系为资源优化配置和集成利用提供基础，其中替代关系注重资源之间的使用顺序；互补关系注重资源的和谐程度；独立关系注重资源的专属领域，在资源优化配置中优先考虑。利用资源关系分析表，能够分析循环经济体系各类资源中不仅存在同类资源之间的替代、互补、替代互补共存的联系，同时还有不同种类的资源间也存在替代和互补的联系，资源之间的联系为资源集成研究提供理论基础，也为资源优化配置提供有利条件。

7.2　产业之间的关系分析

科技发展和社会进步会导致生产观念和消费观念发生变化，这种变化又会导致生产方式和消费方式发生变化，从而导致消费资源数量和方式发生变化，以此引发产业间的关系发生变化，达到某种程度以后产业间就会产生替代关系，即新产业替代原有产业。对于产业间关系进行分析，是研究循环经济集成关系的一部分，只有准确了解产业间联系，才有利于有关研究领域及应用。

7.2.1　产业之间关系分析的含义

产业与产业之间联系的方式各种各样，有的由于媒介流动联系在一起，有的由于技术联系在一起，也有的由于资金联系在一起，研究的内容不同，分析问题的侧重点不同，对产业之间关系分析方法也不同，通常情况下，从以下两个方面对产业关系进行分析。

一方面，可以按供求关系分析。

产业与产业之间由于供求关系形成的联系方式有三种情况：产业为维持自身的生产活动对生产要素的需求而形成的产业关系、出售产品而形成的关系及资源共享、市场竞争等形成的关系，即形成三种领域。

（1）上游关系领域分析。上游关系领域主要是指为产业提供生产要素的产业，包括原材料、能源、机械设施设备、资金、技术等。上游关系领域的产业有的能够形成规模，有的形不成规模，需要将众多产业需求量相加才能形成规模。产业关系领域分析除对形成规模的领域或产业进行重点分析外，更应对形不成规模的领域或产业进行分析，并要沿着这个方向向上分析，直到分析到相对产业关系的边界。上游产业关系领域由于受产业需求品种的影响，其范围较多，也比较复杂，它们之间有的形成线性关系，有的形成网络状关系，分析时应首先选择好起点产业，然后再进行关系领域分析。

（2）下游关系领域分析。下游关系领域是指需要产业所生产资源的产业，包括产品、资金、技术等。下游关系领域有的能够形成规模，适合相关产业或企业发展，有的形不成规模不适合产业的发展，但一定的产业需求量相加后就能形成规模。对下游关系领域的分析应将重点放在能够形成规模的领域，但也要照顾到其他产业领域。下游关系领域有的呈线性关系，有的呈网状关系，分析时要沿着线或网进行。

（3）水平产业关系领域分析。水平产业关系是指与相关产业生产同功能产品的产业、替代产品的产业及互补产品的产业，具体分析如下。

①同类关系领域分析。这里所讲的同类是指生产媒介名称不同，但功能或效用相同的产业。这些产业之间一般情况下不能将产品进行交换，但是产业间会有技术、资金、劳动力、管理经验等方面的交换或流通，同时它们的发展变化会导致媒介间替代平衡关系发生变化，从而引发循环经济集成体系中有关产业间联系发生变化。所以，要对产业联系领域进行分析，应对同类关系领域之间的发展趋势及关系进行分析，以便研究这些产业发展变化方向及其变化对相关产业的影响。

②替代关系领域分析。替代领域是指产业之间生产的产品具有部分或完全的替代性。但由于媒介之间具有某种或全部功能的替换性，它们之间能否进行替代取决于使用这种关系媒介的经济、生态及社会效益。一旦条件适宜，媒介之间发生替代将引起循环经济集成体系中产业关系发生变化，引起产业关系范围的扩张或收缩。

③互补关系领域分析。互补是指产业之间存在某种相互依存，就是在产业关系媒介的利用上存在着互补性，一种产业关系媒介的使用靠另一种产业关系媒介的支持才能完成。循环经济集成体系中形成的产业关系中这种产业关系最为直接，这方面产业关系的分析是产业关系领域分析的重

点，应按照产业之间的依存关系进行层级分析，一直分析到相对产业关系领域为止。

另一方面，可以按媒介属性分析。主要包括产品、技术、资金、劳动力和其他领域的分析。

（1）产品领域分析。产业关系媒介的主体是产品媒介，其是产业经济关系的主要载体，具体包括机械设施、机械设备、原材料、能源、工具等。这些关系媒介可以分为上游关系媒介和下游关系媒介两大类，具体分析方法与上述上游与下游领域的分析放大相同。

（2）技术领域分析。技术媒介不像产品媒介那样对相关产业的影响较明显，并且技术媒介传递的经济能量存在不对等性，就是有一些技术媒介传递后，技术接受方需要向输出方输送对等经济能量的媒介，有一些不需要。技术媒介对同类产业影响作用较大，分析技术媒介关系领域，对研究科技发展对相关产业的影响作用具有特别的价值。

（3）资金领域分析。资金是一种通用性关系媒介，能够在任何相关联的产业之间传递，资金是产业之间进行能量对等传递的主要方式，只要产业之间存在产品媒介传递，多数情况下就会存在资金媒介的传递。但这里所分析的资金关系领域是指由于产业发展与金融产业之间的联系。产业关系体系中对金融产业的影响存在叠加性特点，分析时要注意所有产业对金融产业的影响。

（4）劳动力领域分析。劳动力在产业之间流动引发产业关系，而这里所讲的关系是指产业对劳动力培养行业的影响，包括劳动力培养领域，更包括为劳动力培养提供服务或辅助的产业领域，该领域比较复杂，需根据具体情况对其进行研究。

（5）其他领域分析。指与产业之间关系有关的领域，具体产业涉及的关系领域不同，其影响其他领域也不同，应具体情况具体分析。

7.2.2 产业之间关系分析的种类

循环经济集成体系中的产业之间分为独立、替代、互补和替代互补共存四种关系。

1. 独立关系

独立产业关系，产业之间基本无联系，因此产业之间不存在协同关系，它们之间相互发展对对方无影响。

2. 替代关系

以产业链为依据，构建循环经济集成体系，促使上下游产业间的产成品、副产品、废弃物以及闲置资源能够互相使用，下游产业是否能够构建有关企业，主要在于上游产业往下游提供的原材料或者能源是否满足创办企业所需要的数量。建立循环经济体系所需要的资源，无论是区域内提供，还是从区域外输入，其必需条件是环节之间所需资源要达到创办企业的规模数量。产业所使用的资源可以划分成三类：专用性资源、公用性资源和通用性资源，无论哪种资源在某个特定时间内流量与存量是不变的，专用性资源指在某个特定产业领域运用，竞争力相对比较低，然而公用性资源和通用性是指可以在多个产业或者所有产业领域运用，竞争力相对比较高，例如资金、土地、人力、设施设备等。不同的产业对于共用资源和通用资源的使用量会存在不同，因此，产业间会有竞争关系。例如静脉产业主要运用生产、生活以及社会活动中形成的副产品、废弃物和闲置物[72]，动脉产业主要运用新产生或者投入的资源（煤炭、石油、木材等），它们单独使用各自专用资源，它们之间不会有竞争关系；但是它们也会有联合运用共同资源或者通用资源的问题，它们之间会有竞争关系，比如土地、能源等，在某个特定时间内这些资源的总量是固定的，静脉产业利用这些资源过多，就会导致动脉产业利用这些资源过少，反之亦然。

产业之间属于替代关系时，一个产业的发展将引起相关产业的衰退，而某个产业的衰退引起相关产业的发展，产业之间是此生彼消的协同关系。

3. 互补关系

循环经济集成体系中包含一些传统性产业，例如动脉产业，是指在生产和流通过程中运用新资源的产业，是"资源—产品—消费—废弃"的线性消费过程；在循环经济发展过程中会产生一些新兴产业，例如静脉产业，是指在生产和流动过程中运用副产品、废弃物和闲置资源的产业，是"资源—产品—废弃—资源"的闭环循环利用过程。传统产业为新兴产业生产过程供应所需要的资源，是新兴产业可持续发展的原动力；新兴产业是将传统产业等所产生的副产品、废弃物和闲置资源进行加工处理和再利用，它是对传统产业等的延伸和补充，也是利用本身不断发展而形成新的需求起到推动作用。新兴产业运用传统产业等为其供给所需的资源，而且新兴产业业为传统产业提供资源，解决传统产业资源欠缺的困难，这种产业间有着互补关系。

产业之间属于互补关系，一个产业发展将引起相关产业的发展，同样，该产业的衰退将引起相关产业的衰退，产业之间属于共生共长共存的关系，它们互为依托，互为基础，共同发展，因此它们之间协同程度高。

4. 替代互补共存关系

除了少部分独立产业之外，循环经济集成体系中的产业大部分是具有替代互补共存关系的。产业间存在相互激励、相互推动、相互作用、相互影响的关系，主要在于它们之间通过一种或多种媒介将产业联系在一起形成纵向或者横向关系。产业之间是存在媒介交换和经济能量传递的，产业之间的这种关系用关联性来表示，其关系程度高低用关联程度衡量。产业之间的关联程度越强，它们之间的互补性就越强，相互影响作用就越大；反之，则替代性越大。

7.2.3　产业之间关系分析的方法

产业之间关系分析的常用方法是产业关联矩阵表与网络图。具体分析如下。

1. 产业关联矩阵

矩阵构建如表 7-2 所示，矩阵中横向表示媒介需求的产业，纵向表示媒介产出的产业，中间方格中数据表示媒介数量的多少，无关联的用"—"表示。表中有数据的代表有关联的产业，无数据的代表无关联的产业。

表 7 – 2   **产业关联矩阵**

媒介产出产业 ＼ 媒介需求产业	产业 1	产业 2	产业 3	…	产业 m
产业 1	Q_{11}	Q_{12}	Q_{13}	…	Q_{1m}
产业 2	Q_{21}	Q_{22}	Q_{23}	…	Q_{2m}
产业 3	Q_{31}	Q_{32}	Q_{33}	…	Q_{3m}
…	…	…	…	…	…
产业 n	Q_{n1}	Q_{n2}	Q_{n3}	…	Q_{nm}

资料来源：任一鑫，王新华，李同林. 产业辐射理论 [M]. 北京：新华出版社，2013.

2. 媒介—产业关联矩阵

依据上面的分析，建立媒介与产业之间产出关联矩阵表。表中横向表示在循环经济体系中的所有产业，纵向表示循环经济体系中的所有媒介品种。纵向与横向对应的方格中表示媒介的产出或输入某产业的量，一般用"＋"表示产出，"－"表示输入，"—"表示无媒介输入或输出，具体如表 7 – 3 所示。

表 7 – 3   **媒介—产业关联矩阵**

媒介品种 ＼ 媒介需求产业	产业 1	产业 2	产业 3	…	产业 m
媒介 1	$+ Q_{11}$	$- Q_{12}$	$- Q_{13}$	…	$- Q_{1m}$
媒介 2	—	$+ Q_{22}$	—	…	$+ Q_{2m}$
媒介 3	$- Q_{31}$	—	$+ Q_{33}$	…	—
…	…	…	…	…	…
媒介 n	$+ Q_{n1}$	$- Q_{n2}$	$+ Q_{n3}$	…	$- Q_{nm}$

资料来源：任一鑫，王新华，李同林. 产业辐射理论 [M]. 北京：新华出版社，2013.

3. 媒介关联矩阵

建立矩阵分析循环经济集成体系中哪几种媒介投入后产出哪几种新媒

介，表中横向表示循环经济体系中产出媒介种类，纵向表示投入媒介种类，如果表中对应方格中有数据，表示两种媒介之间存在投入—产出关系，如果没有数据，表示两种媒介之间没有投入产出关系。具体见表7－4。也可以用矩阵表示媒介之间的替代与互补之间的关系，依据循环经济集成体系中流动媒介的种类数，建立关联矩阵表，用一一对应的方法分析媒介之间的关系，替代关系用"t"表示，互补关系用"h"表示，无关联用"w"表示，具体如表7－5所示。

表7－4　　　　　　　　　　　媒介关联矩阵定量分析

产出媒介种类 投入媒介种类	媒介1	媒介2	媒介3	…	媒介m
媒介1	$+Q_{11}$	$-Q_{12}$	$-Q_{13}$	…	$-Q_{1m}$
媒介2	—	$+Q_{22}$	—	…	$+Q_{2m}$
媒介3	$-Q_{31}$	—	$+Q_{33}$	…	—
…	…	…	…	…	…
媒介n	$+Q_{n1}$	$-Q_{n2}$	$+Q_{n3}$	…	$-Q_{nm}$

表7－5　　　　　　　　　　　媒介关联矩阵定性分析

产出媒介种类 投入媒介种类	媒介1	媒介2	媒介3	…	媒介m
媒介1	t	h	h	…	h
媒介2	w	t	w	…	t
媒介3	h	w	t	…	w
…	…	…	…	…	…
媒介n	t	h	t	…	h

资料来源：任一鑫，王新华，李同林．产业辐射理论［M］．北京：新华出版社，2013.

4. 产业关系网络图

依据产业之间关系，以媒介流动方向为线索绘制产业关系网络图，图中带箭头的箭线表示媒介流动方向，箭头表示媒介输入产业，箭尾表示媒介输出产业，具体见图 7 - 2。产业关系网络图是研究产业间关系的最为常见的一种方法，运用网络图能够获得产业间关系或者层级间关系，分析资源流动的规律、资源层级利用、循环利用和优化，同时是分析产业集成内部的基础。

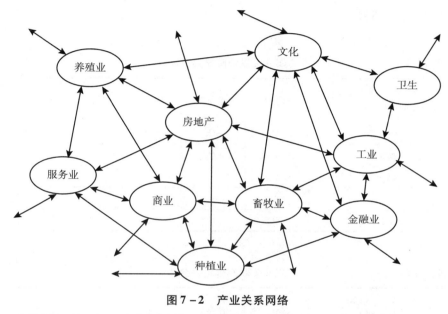

图 7 - 2 产业关系网络

资料来源：任一鑫，王新华，李同林．产业辐射理论 [M]．北京：新华出版社，2013．

7.3 系统之间的关系分析

以有关产业为有机体构建同种类型资源的开发与利用，但是循环经济体系涵盖多个这样有机体或者产业体系。循环经济体系含有物流、信息、资金、技术、人员等系统，确保循环经济体系能够正常运行，就要求把有关系统进行合理整合，这就是所要解决循环经济体系中系统间关系的问题。

7.3.1 系统之间关系分析的含义

系统集成是以系统工程为方法，以整体性和最优性为原则，以最优化的综合统筹设计为切入点，以循环经济中技术和集成技术为手段，以循环经济集成原理为理论基础，将各种产业以某种特定的方式进行重新整合形成一个系统集合体，促使资源、技术、企业、组织层面等方面进行整体性创新。

系统内部单个产业各自会有资源的流入、流出，同时产业间也存在资源的流动性。以系统集成分析可以了解某个子系统由哪些产业构成，这些产业的企业数量和规模以及投入产出的资源种类和数量；以子系统集成分析可以了解资源流经哪些产业，进而获得资源在这些产业间的流动路径和这些产业是否具有合理性，哪些产业是必须的，哪些产业可以去掉。

7.3.2 系统之间关系分析的种类

研究系统之间的关系要建立在其组成要素的利用领域和用途上，与资源之间关系类似，系统之间关系分为独立、替代和互补三种关系。

1. 独立关系

循环经济集成体系中存在很多系统，每种系统有不同功能，承担不同责任，即存在这种系统的专属领域，因此在这个专属领域下的系统是独立的，不存在与其他系统在资源、物质、能量上的替代、互补等关系。

2. 替代关系

系统的替代关系指不同系统之间可以相互替代，比如利用新资源系统替代传统资源系统。通过对循环经济集成系统内的能源替代研究，能够分析清楚系统之间的合理替代关系。系统之间的替代一方面可以减缓系统内不可再生能源的消耗速度；另一方面，降低资源消费过程中形成的污染物，对于生态环境的保护起到非常重要的作用。

3. 互补关系

系统的互补性是指鉴于资源种类、规模等本身要素的差异性使得各种类型系统之间产生互补关系。假设两种系统一起存在时，会使得比独自运用其中一种系统资源形成的综合效益很高。每种系统具备各自特征，假如某种系统的优势正好是另一种系统的劣势，则它们之间会有互补关系，进而促进每种系统能够起到各自的作用。以系统间的互补为手段，使得系统间进行有效配置，达到使用有度与适宜，产生规模经济。

7.3.3 系统之间关系分析的方法

依据公式对资源之间的关系进行分析，建立系统关系分析表（见表7-6），表中横向和纵向是各系统及其相应用途，系统间的两两关系用"T"表示替代，"H"表示互补，"TH"表示替代与互补共存，"D"表示独立。"—"表示某种系统不可满足某种用途。

表7-6　　　　　　　　　　　系统关系分析

		系统1			系统2			...			系统n		
		用途1	用途2	...	用途1	用途2	...	用途1	用途2	...	用途1	用途2	...
系统1	用途1	—	—	—	H	T	...	D	T	...	TH	T	...
	用途2	—	—	—	D	TH	...	T	H	...	D	H	...
	...												
系统2	用途1	H	D	...	—	—	—	D	T	...	H	TH	...
	用途2	T	TH	...	—	—	—	H	TH	...	T	H	...
	...	...	...	...	...	...	...						
...								—	—		—	—	
系统n	用途1	TH	D	...	H	T	...	T	T	...	—	—	—
	用途2	T	H	...	TH	H	...	H	D	...	—	—	—
	...												

资料来源：曾宪迪，任一鑫，何瑞卿. 循环经济集成方法的初探 [J]. 荆楚学刊，2013，14（03）：79-83+87.

系统间的复杂关系为系统资源的优化配置和集成利用提供了空间，其中替代侧重系统元素间的使用顺序；互补侧重系统之间的合理融合度，获得显著增量效应；独立侧重系统所处的的专属领域，在优化配置时优先考虑。通过系统关系分析表，可以分析循环经济体系各系统中存在哪种关系，是替代、互补，还是替代互补共存的关系。系统间的关系为系统集成研究奠定了基础，为系统目标一致创造条件。

7.4　资源与产业之间的关系分析

7.4.1　资源与产业之间关系分析的含义

由于资源供给紧张，使得人口增长与经济发展之间、经济发展和资源之间、经济发展、人口增长与生态环境之间出现矛盾，也正是因为资源供给紧张，使得资源的循环利用具有必要性。因此，如何合理配置资源，充分利用资源，促进和谐发展是循环利用乃至整个循环经济要解决的主要问题之一。

循环利用主要关注资源与产业关系的分析。循环利用的过程是指有关资源产业之间存在促进和优势互补的过程，资源或者产业关系的分析是发展循环利用的基础，也是一个至关重要的过程，决定循环利用是否能够顺利实行。循环利用的核心内容是产成品、副产品、废弃物和闲置物的循环利用。循环利用的目标是提升综合效益。循环利用的目的是节约资源、减废治污、治理和保护环境，从而推动经济、社会、生态的可持续性发展，达到提升综合效益。

1. 资源与产业的关系

生态产业具备以下四种显著性的性质，即和谐性、持续性、循环性和整体性。①和谐性是指人与自然、人与人之间存在和谐关系；②持续性是以可持续发展为思想，在空间和时间上进行有效资源配置，满足社会发展和环境的持续、协调的发展；③循环性是指以清洁生产—绿色消费—再生利用为运行机制，提升资源利用率，促使物质、能量进行多层次分级、高效、循环利用，促进各部门、各行业间的共生关系进行和谐调整；④整体性是指社会、经济和环境三者之间的综合效益，不止关注经济发展与生态环境的和谐调整，更加关注人类生活整体质量的提升。

恶劣的工业化污染会使得生态城市建设受到阻碍，我国的工厂和工业基本上都建设在城市中。1949年以来，城市的工业化程度日趋增强，高投入、高消耗和高污染的生产方式促使经济在某种程度上快速发展，但是会导致环境受到严重破坏和资源严重浪费。资源的不合理使用促使资源严重不足。人类社会的物质资料生产、人类自身的生产和环境的生产，必须建立在协调性的基础上。协调三种生产之间的联系方式和内容才可以保证整个社会系统的正常运行。协调各个生产环节内部运行活动的目标和机制，以此确保这三种生产的未来发展趋势和三者之间的确切关系。生态城市的工业化程度非常高，能够促使生态与经济和谐发展，又能将与外界有着密切关系的人与自然进行有机整合。生态工业是以循环经济理论为基础形成的一种符合生态系统环境承载力、物资和能量高效组合利用以及工业生态功能稳定和谐的新型工业组合和发展形态，其最终的目标是将所有物资进行循环利用，同时将污染物的排放降到最低，乃至"零排放"。循环经济集成理论将为我国工业改变传统的高投入、高污染、低效益的发展模式，寻找生态工业之路提供方向。

循环经济是以人和自然和谐关系为原则，对于自然生态系统的运行方式和规律进行仿真，达到资源的可持续性使用，促使社会生产由粗放式增长转化成集约式增长。循环经济能够拉伸生产链，推动环保产业和其他新型产业的未来发展趋势。把生产和消费引入到一个有机的可持续性发展框架内，循环经济从不同层面上把生产（包含资源消耗）和消费（包含废弃物排放）进行有机整合。不同层面含有四类：企业内部的清洁生产和资源循环利用；共生的企业生态网络；城市内部的资源循环利用；区域或整个社会的废弃物回收利用和再利用系统。发展循环经济走新型工业化道路的实质是减弱经济增长给环境和资源带来的压力，达到环境与资源对于经济建设提供持续支持作用，见图7-3。

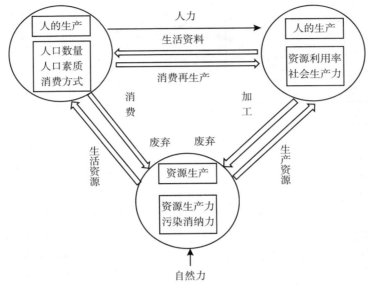

图 7 - 3　人与环境系统结构

资料来源：任一鑫，郭庆春，张翼，孙志梅．循环经济学［M］．北京：九州出版社，2011.

2. 社会、经济、资源、环境系统的协调控制

以系统论为视角，将社会、经济、资源和环境四个系统之间进行有机结合形成一个复杂的系统，同时与系统外部环境间持续互换物质、能量和信息。

四个系统的相互关系如图 7 - 4 所示。

（1）社会子系统中关键因素有政策体制、法律道德、文化教育、医疗卫生、社会保障等。社会子系统能够显示出人类本身发展的质量和数量，它主要获得经济子系统中物资、资金等对它的支撑。社会子系统的质量决定了系统整体可持续性发展，恰当的政治体制、优良的社会道德规范、平稳的社会环境和高品质的生活水平以及完备的社会服务系统可以确保可持续性发展。

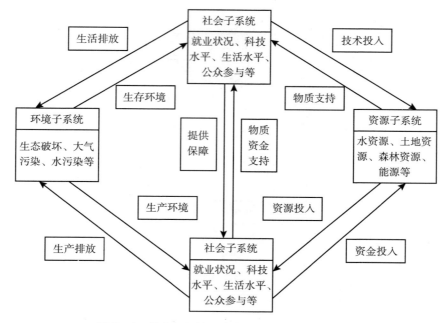

图 7 – 4　社会、经济、资源、环境系统相互关系

资料来源：任一鑫，郭庆春，张翼，孙志梅．循环经济学［M］．北京：九州出版社，2011．

（2）经济子系统包括农业系统、工业系统、第三产业系统等，是运用资源子系统产生的资源进行物质资料的生产、流通、分配和消费而形成的一个系统。经济子系统是运用物资再生产功能为其他子系统的正常运行供应物质和资金。经济子系统未来的发展既依赖于社会子系统中的社会保障、服务等，同时也依赖于资源子系统中的各类资源。

（3）资源子系统是指在某种特定技术经济的前提下，将人类创造福利所需要的一切物质、能量和信息的总称。这里所提到的资源是指自然资源和人工资源。资源子系统中自然资源的开发程度、利用率、消耗率和再生率在时间和空间上对于经济子系统和社会子系统的支持起到决定性作用。

（4）环境子系统由自然环境和交通、基础设施等人工环境构成。人类对于资源的使用、生产的未来发展以及对废弃物的处置都应该在环境承载力范围内。环境子系统是人类社会生活、经济子系统废弃物的栖流所，更是人类赖以生存的空间。在这个系统中，人既是系统的组织者，又是系统的调控者，协调发展的实践主体是人。

7.4.2 资源与产业之间关系分析的种类

产业发展离不开资源，而资源是产业形成的基础，产业与资源之间存在相应依存的关系。

1. 约束关系

资源与产业之间的约束关系可以理解为资源为产业供应资源，其中涉及土地、水以及矿物资源等，自然界供应资源的类型和数量会导致产业发展受到约束，提供资源数量越多，相关产业发展规模就越大，反之则相反；自然界能够提供的资源品种越多，产业体系就越完善，反之则相反。产业规模与发展水平对资源发展也产生约束作用，产业的规模所需的资源超出自然界供应资源的最大量时，超负荷的资源使用会导致生态环境发展受到约束，如现在一些地区疯狂的开发土地资源，导致森林、湖泊等面积锐减，导致当地生态环境恢复功能衰退，影响到可再生资源的提供数量，反过来，又影响到相关产业的发展。

2. 互补关系

资源与产业之间存在互补关系，自然界为相关产业发展提供资源，保障相关产业发展，产业的发展消费相关资源为生态系统的正常运行提供保障。生产，尤其是产业对资源种类和数量的需求，使得自然界中供应有关资源的子系统能够快速发展，产业需求越高的，发展越快，需求越低的，发展就会受到限制（这种限制是在人类干预下实现的）。有关产业的生产过程中消耗资源时，也为自然界的生物、微生物等成长与发展供应资源。由此看来，在人为干预下，资源与产业之间存在互补关系。

3. 互动关系

人类是自然界生态系统中的一个子系统，整个自然界按照一定客观规律与方式运行。自然界会为人类赖以生存与发展供应资源等前提，人类会根据对于自然界的了解，自觉地改造自然界，促使人与自然可持续的发展。自然界能够为生产过程供应资源，生产过程中会在某个特定范围内改造自然界。生产过程中的产业或者产业体系同样适用这一规律，产业体系需要按照自然界条件进行调节，产业结构进行调节要以促进资源开发利用良性发展的走向。资源环境与产业关系如图 7-5 所示。

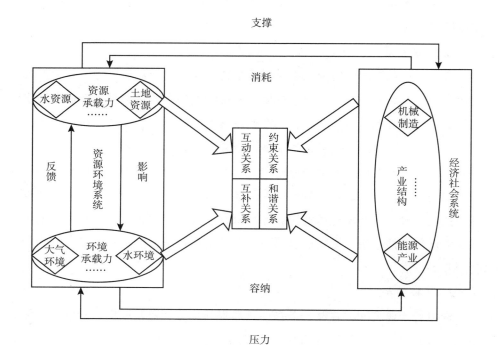

图 7-5　资源环境与产业关系图

4. 和谐关系

产业和产业结构是人类组织生产的复杂系统，同时需要符合自然运行的法则。生产过程需要符合自然运行规律，自然界就可以恰当地为生产过程供应资源，也可以使用或者净化生产过程中多余资源；相反，生产过程不符合自然运行规律，自然供应资源过多或者不足都会导致生产过程无法正常运行，同理生产过程中为自然界供应资源缺乏或者不能全部处置使用等导致产业不能正常运行。总之，人类要以人与自然可持续性发展为原理，引入资源现状设计生产方式、生产工艺，调节产业结构和产业体系，促使人类生产与自然可以可持续性发展。

7.4.3 资源与产业之间关系分析的方法

发展循环经济的产业主要包括供应产业、加工业、销售产业、电厂、机械制造、水资源处置利用产业、固体废弃物循环利用产业等，触及的产品种类众多，以每个产业为根本，以产品和资源的流向为桥梁，将产品和资源的流向组成产业网络。应用关系网络对资源与产业之间关系进行分析，具体操作为以产业及所在区域为集成范围，以低碳经济和可持续发展思想为指导，确保资源安全为前提，立足于产业的现状，应用资源种类、耗能领域及集成利用方式等研究成果，构建质量优良、效率高、可持续性发展的资源与产业集成体系，达到资源与产业的均衡。

7.5 技术之间的关系分析

7.5.1 技术之间关系分析的含义

能源种类集成可以帮助能源结构进行优化，耗能领域集成可以帮助耗能领域进行恰当地组织，能源集成利用方式可以帮助能源种类集成子系统与耗能领域集成子系统进行有机整合，然而技术集成可以帮助该集成体系的正常运行提供有利条件，为能源与耗能领域集成利用体系的运转提供技术支撑。

科技发展、技术进步，必然引起生产观念、消费观念的变化，这些变化又必然引起生产方式、消费方式的变化，最终引起所消费资源数量、方式的变化，这些变化进一步引起循环经济集成体系中技术之间的关系变化，变化到一定程度，引起技术之间发生替代，即新技术代替已有技术。对技术之间关心进行分析主要是研究技术之间关系种类，并借助于相关模型解释技术之间是密切关系，还是涣散关系；是直接关系，还是间接关系。通过技术关联弹性系数，可以知道技术在循环经济集成体系中所处的位置、影响力，了解技术之间是独立、替代、互补中的哪种关系。清晰了解技术之间的关系，是对于技术集成研究的前提，只有把技术之间的关系研究清楚，才能够更好地进行有关研究及应用。

7.5.2 技术之间关系分析的种类

上一小节所讲，技术之间关系分为独立、替代、互补三种，现对其三种具体关系进行详细分析。

1. 独立关系

循环经济集成体系中，各种技术的用途各异，其在经济和社会发展中的作用和地位不同，其贡献也不一样。在一定的时间和空间范围内以及在缺乏产业相互联系的条件下，各种技术表现为相互独立的状态。即不同的产业领域有其专属技术，这种技术不适合应用于其他产业领域。也就是说在循环经济中有些技术之间具有相互独立性。

2. 替代关系

由于资源存在稀缺性，部分资源存在不可再生性，基于资源的传统技术也存在些许弊端，人类始终在不断寻找新资源，开发已有资源的新用途以创造新技术。当找到新的资源或开发出已有资源的新用途时，就会引起新技术的兴起和发展，使已有技术之间关系发生变化，某些技术被新兴技术替代而淘汰，引起已有技术的应用范围等发生调整。

3. 互补关系

同资源之间的互补关系类似，技术之间的互补关系是指技术之间具有组合配置利用的关系，由于在产业层面的各种技术具有多样性、差异性，而在循环经济资源集成整体中很多技术又存在多方面的互补性，通过互补可以发挥各自优势，并体现出整体功能的优化。

满足产业的一种需求需要多种技术的参与，只有多种技术互补，才能实现其集成功能。例如矿区在技术方面或拥有某种优势，或存在某种不足，通过技术集成便可达到技术共享、优势互补的效果。

7.5.3 技术之间关系分析的方法

在分析技术间关系的时候，可以增加技术—技术发展弹性。技术—技术发展弹性是指在一种技术发生变化时，另一种技术对其变化的反应程度。本节的主要内容是研究技术间的替代关系。技术间的关系存在强弱、替代与被替代，为了能够更深层次地分析技术间强弱关系以及是否存在替代关系，需要添加技术—技术发展弹性系数，即当 x 技术发展变化时，y 技术变化程度与 x 技术变化程度之比。技术—技术发展弹性系数是通过物量和价值量进行分析。

1. 技术—技术发展物量弹性系数（$R_{技物}$）

$$R_{技物} = \frac{\dfrac{Q_{y物1} - Q_{y物0}}{Q_{y物0}}}{\dfrac{Q_{x物1} - Q_{x物0}}{Q_{x物0}}} \tag{7-5}$$

式中，$Q_{y物0}$、$Q_{x物0}$、$Q_{y物1}$、$Q_{x物1}$ 分别为变化前后 Y、X 技术的资源流动量。

计算技术—技术发展物量弹性系数的方法有两种：一是 X 技术投入到 Y 技术资源与 Y 技术被投入的资源发展弹性系数，$R_{技物} > 0$，X 技术投入到 Y 技术资源与技术被投入媒介具有一致性，即投入资源与被投入资源之间不能相互代替，并且 $R_{技物}$ 越大，两种技术之间关联性越强；$R_{技物} = 0$，输入资源与被输入资源之间无关系，资源变化不会影响其他技术产物；$R_{技物} < 0$ 输入资源与被输入资源之间是替代关系，一种资源会将另一种资源替代，替代的最终结果是发生技术替代。利用这种方法能够分析技术与技术之间资源流量关系，以此为依据，规划如何开发已有资源新用途，发现哪些技术将兴起、哪些技术将被淘汰。

二是 X 技术输入到 Y 技术资源与技术输出资源发展弹性系数，$R_{技物} = 0$，技术输入到 Y 技术资源与 Y 技术无关；$1 > R_{技物} > 0$，X 技术输入到 Y 技术的资源对 Y 技术生产有关，但不是绝对影响因素；$R_{技物} > 1$，X 技术输入 Y 技术的资源对 Y 技术的影响程度较高，其输入数量、质量将影响 Y 技术有关的资源的数量和质量，并且 $R_{技物}$ 越大，其影响作用越大。

通过 $R_{技物}$ 能够分析技术与技术之间的关系，能分清楚各种资源在技术中的作用，但要具体分析资源对技术兴衰的影响，还要结合资源用途分析，结合技术所需资源用途以及为满足同一需求可以运用哪些资源来满足的分析。前面只分析了技术中资源的影响作用。要分析技术与技术关系，需引入技术—技术发展价值弹性。

2. 技术—技术发展价值弹性系数（$R_{技价}$）

$$R_{技价} = \frac{\dfrac{H_{价y1} - H_{价y0}}{H_{价y0}}}{\dfrac{H_{价x1} - H_{价x0}}{H_{价x0}}} \qquad (7-6)$$

式中，$H_{价y0}$、$H_{价x0}$、$H_{价y1}$、$H_{价x1}$分别代表变化前后 Y、X 技术的价值。该式反映的是当 X 技术发展变化时，Y 技术对 X 技术变化的反应程度，所以算出来的系数反映的是 X 技术发生变化后，Y 技术价值变化幅度与 X 技术价值变化幅度之比。

$R_{技价}>0$，X 技术与 Y 技术是互补性关系，即当 X 技术发展时，引起 Y 技术的发展，当 X 技术萎缩时，Y 技术也萎缩，$R_{技价}$越大，它们两者之间互相拉动、互相刺激作用越大，$R_{技价}$越小，这种作用越小；$1>R_{技价}>0$，两者关系弱；$R_{技价}>1$，两者关系强。

$R_{技价}=0$，两种技术之间无关系。

$R_{技价}<0$，技术与技术之间是替代关系，即当 Y 技术发展壮大时，X 技术萎缩，甚至被淘汰；当 Y 技术萎缩时，X 技术发展壮大。这种关系是技术替代的依据。

7.6　本章小结

从上述分析中可知，本章针对循环经济资源之间、产业之间、系统之间、资源与产业之间以及技术之间的集成关系，分别分析了其关系分析含义和关系分析种类，并运用相关关系分析表、关系分析图和模型对其关系进行具体分析，为循环经济集成体系的排序、代谢等内容分析提供方法依据。

第 8 章
循环经济集成排序

我国经济飞速发展和工业化进程加速，对资源的需求压力剧增，特别是在 21 世纪上半叶，我国关键性战略资源供应量出现严重短缺，绝大多数资源存量急剧下降，部分资源的绝对稀缺和相对稀缺程度威胁提高，资源供求紧张日益凸显，资源的保障程度决定了经济社会是否能够可持续性发展。因为资源流量、存量缩减，资源的稀缺性加剧，导致节约资源是必不可少的，所以会形成一个如何合理配置和使用资源的基本经济问题，引发衡量资源在选择使用用途的重要性。因此，本章从循环经济条件下的资源排序技术进行探讨，为资源的配置利用提供方法和依据。

8.1 排序的含义

对于一批给定的任务或者作业，通过一定的处理机器和资源，找出最优方案或调度的过程就是排序。实施给定的任务或者作业时必须要符合某些特定条件，比如任务或者作业开始时间、完工时间、任务或者作业的加工顺序、资源的性质对加工时间的影响等等。任务或者作业的最优状态是指目标函数达到最小，目标函数一般会认为是加工时间的长短。

排序问题是以机器制造为前提而形成的，之后被国内外学者广泛运用到计算机系统、运输调度、生产管理等。在社会生活和生产过程中，都会运用到排序论和算法。最近几年，排序问题被国内外学者所广泛关注，并将其获得研究结果运用到各种生产与服务行业，从而形成较大的综合效益。

排序问题的三要素是处理机、任务和目标函数。处理机的数量、型号和环境有将近十余种情形，任务或者作业和资源的限制要求会更加盘根错节，同时衡量不同类型指标的目标函数，从而产生了众多类型的排序。目前，学术界通常运用格拉哈姆（Graham）等人提出的三元组来表示排序问题的种类，这方便简化排序问题的表示形式[73]。

由此看来，排序问题是根据排序对象自身的特殊性质，应用或者借鉴求解其他组合最优化问题的方法来确定满足约束条件的最优排序。对于循环经济来说，集成的目的是在理清资源关系的前提下，科学恰当地根据资源的类型将其安排到合适的运用领域，这就要分析资源以及其替代、组合、运用领域和产业利用资源间的排序问题，从而更加有效恰当地配置资源提供依据。

8.2　资源替代排序

资源替代是在节约成本、延长资源寿命、保证生产安全与稳定的前提下，最大可能地提高资源利用效率，减少对生态环境的影响。在考虑成本、资源使用时间、对生态环境的影响等因素的前提下，对循环经济集成体系中资源替代顺序进行排序至关重要。

8.2.1　资源替代排序的原理分析

循环经济的本质是尽量降低资源消耗、尽量减少环境代价，达到经济、社会两者效益最大化，寻求经济社会活动对于自然资源的需要量和生态环境的影响程度降到最低，达到资源的生产与消费间的均衡，确保资源、经济和环境三者之间协调发展。循环经济的目标时降低资源用量、废弃物排放，尽可能促使资源循环使用，提升资源综合利用效率，然而不同类型的资源具有不同的属性、不同的用途及使用领域，其流动形式也不一样。依据资源是否再生，将资源划分为不可再生资源和可再生资源。不可再资源是指不可能更新资源。由于其不可再生性，导致要尽量降低开采量和使用量，节约该类型资源，从而争取时间需求替代资源。这类型资源还可以继续划分成存量大、流量大一级存量小、流量小的资源。可再生资源是指能够更新的资源，这类型资源可以按照再生速度划分成再生速度快的资源和再生速度慢的资源，资源再生速度过快高出社会需求量时会产生某些负面影响，因此要尽量利用再生速度快的资源，节约使用再生速度慢的资源。从存量、流量、能否再生等层面进行分析资源的使用情况，先使用再生速度快的资源，再使用再生速度慢的资源，然后使用流量大、存量大的不可再生资源，最终使用存量小、流量小的不可再生资源；从经济、生态、社会三个层面进行分析资源的使用情况，尽量使用经济、生态和社会效益最优的资源代替经济、生态和社会效益较差的资源，也可以理解为使用成本低、代价小、收益高的资源代替成本高、代价大、收益低的资源，使用无毒无害的资源代替有毒有害的资源。

8.2.2　资源替代排序的目标

目前，社会和国民经济的快速发展和人民生活水平的不断上升，能源与资源的消费也会随之不断增加，这会带来资源不足、环境恶化等问题，导致人类社会的可持续性发展受到阻碍。我国的粗放式能源发展以及以煤炭为主的能源结构和低效率的能源利用方式，导致生态环境受到了严重的污染。我国能源消费只占世界能源消费的 8%～9%，但是二氧化碳和二氧化硫的排放量却占世界的 13.5% 和 15.1%。其中二氧化硫的年总排放量超过 2000 万吨，导致我国三分之一的土地受到酸雨污染，每年因此受到的经济损失高达 1000 亿元以上，直接威胁人民的生命安全；由此导致植被和森林受到大面积的破坏，湖泊、河流也受到污染影响，耕地生产力下降，生态环境恶化，对于人民的身心健康受到影响，同时也阻碍了经济、社会和生态的可持续性发展。而且我国二氧化碳排放增加量占世界二氧化碳排放增加量的 90% 以上，促使国际社会不断督促中国政府控制二氧化碳的排放量，这迫使我国政府需要在国际上承受环境带来的压力越来越大。面对如此恶劣的形式，我国未来的能源战略就是要对能源结构进行调整，并执行资源替代战略，鼓励发展可再生能源，从而调整以化石燃料为主的能源结构，达到能源的可持续性发展战略。[①]

实行资源替代是指要鼓励开发替代性资源，运用资源替代战略使得资源的存储量富足和结构得到优化，为可持续性发展供应充足资源。利用资源间的替代性，使得可再生资源代替不可再生资源，这不仅减缓不可再生资源的消耗速度，同时降低消费过程中产生的污染物。利用资源间的替代性，能够提升资源利用率，促使资源产生最大综合效益，从而达到资源配置最优化。

8.2.3 资源替代排序方法

为了研究资源之间的替代排序，首先必须对资源的产出关系进行分析，进而对资源的替代性进行分析，最后在资源替代基础上进行资源替代排序。

1. 资源产出分析

资源产出量受技术水平、管理水平、生产方式以及生产工艺等的影响，其资源产出模型如公式（8-1）所示。

$$Q_{出} = f(Q_{入}, m_1, m_2, m_3, m_4) \tag{8-1}$$

其中，$Q_{入}$ 表示资源的投入量，m_1 表示资源产出受技术水平影响系数，m_2 表示资源产出受管理水平影响系数，m_3 表示资源产出受生产方式影响系数，m_4 表示资源产出受生产工艺影响系数。

资源间是否存在替代排序，主要依赖于替代的经济、社会和生态效益，综合效益高的资源间存在替代关系，综合效益低的资源间不存在替代关系。综合效益的高低主要依赖于资源的投入与产出关系，投入量小、产出量大，说明资源利用效率就高，综合效益就好；反之，则相反。所以，以计算资源产出关系为基础，为了更深层次地研究资源间的替代排序关系，需要分析资源间产出效益关系，具体分析见下文。

（1）单一投入单一产出分析。单一投入单一产出是指一种资源投入后只产出另一种资源，属于资源分析中最简单的情况。可用以下两种方法进行分析。

---

① 资料来源：任一鑫，郭庆春，张翼，孙志梅. 循环经济学［M］. 北京：九州出版社，2011.

①物量分析法。用投入与产出的物量比例分析产出效益关系，单位投入产出的资源越多，投入越优；反之，则相反。具体见公式（8-2）。

$$R_{物单i} = \frac{Q_{出i}}{Q_{入i}} \qquad (8-2)$$

②价值分析法。将资源投入与产出量换算成价值，然后计算单位资源投入所产出的效益。产出效益用公式（8-3）表示。

$$R_{价单i} = \frac{Q_{出i} \times P_{出i}}{Q_{入i} \times P_{入i}} \qquad (8-3)$$

其中，$R_{价单i}$ 表示单资源产出效益，$Q_{入i}$ 表示资源投入量，$Q_{出i}$ 表示资源产出量，$P_{入i}$ 表示投入资源的影子价格，$P_{出i}$ 表示产出资源的影子价格。

（2）单一投入多种产出分析。即一种资源输入生产（消费）环节后，能产出多种资源，其产出效益分析用多资源产出效益分析。一般情况下，所产出的资源无法直接将物量单位相加。因此，选用价值方法进行分析，具体如公式（8-4）所示。

$$R_{单多i} = \frac{\sum (Q_{出i} \times P_{出i})}{Q_{入i} \times P_{入i}} \qquad (8-4)$$

其中，$R_{单多i}$ 表示多资源产出效益，$Q_{入i}$ 表示资源投入量，$P_{入i}$ 表示投入资源的影子价格，$Q_{出i}$ 表示每种资源的产出量，$P_{出i}$ 表示每种产出资源的影子价格。

（3）多投入多产出分析。多投入多产出分析是指多种资源投入产出多种资源。通常情况下，投入与输出的资源无法用物质单位进行统计，因此只能用价值法进行换算，用多投入多产出效益分析，具体见公式（8-5）。

$$R_{多多i} = \frac{\sum (Q_{出i} \times P_{出i})}{Q_{入i} \times P_{入i}} \qquad (8-5)$$

其中，$R_{多多i}$ 表示多资源多产出效益，$Q_{入i}$ 表示第 i 种资源投入量，$P_{入i}$ 表示第 i 种投入资源的影子价格，$Q_{出i}$ 表示第 i 种资源的产出量，$P_{出i}$ 表示第 i 种产出资源的影子价格。

（4）多投入单产出分析。就是投入多种资源只产出一种资源，这种情况下资源产出成本分析模型如公式（8-6）所示。

$$R_{多单i} = \frac{\sum(Q_{出i} \times P_{出i})}{Q_{入i} \times P_{入i}} \qquad (8-6)$$

其中，$R_{多单i}$表示多投入单产出效益，其他字符意思同上。

2. 资源替代分析

发展循环经济的实质是提升次级资源利用量和利用率，其主要用途是利用替代研究分析哪些副产品、废弃物能够代替正在使用的"正品"；哪些无毒、无害、无污染的资源能够代替哪些有毒、有害、对环境有污染的资源；哪些再生速度快、再生规模大的资源代替哪些再生速度慢、再生规模小的资源；哪些价格低、综合效益高的资源代替哪些价格高、综合效益差的资源。在循环经济体系中研究资源替代性有利于上述方法的实行。资源替代性分析常用矩阵表，具体内容见表8-1。

表8-1　　　　　　　　　　　　　资源替代分析

替代资源 \ 原有资源		资源1			资源2			……			资源m		
		用途1	用途2	…	用途1	用途2	…	用途1	用途2	…	用途1	用途2	…
资源1	用途1	Y	Y	…	Y	N	…	N	Y	…	Y	N	…
	用途2	N	Y	…	N	Y	…	N	N	…	N	Y	…
	…	…	…	…	…	…	…	…	…	…	…	…	…
	…	…	…	…	…	…	…	…	…	…	…	…	…
资源2	用途1	Y	N	…	N	N	…	N	N	…	Y	N	…
	用途2	N	N	…	N	Y	…	N	N	…	N	Y	…
	…	…	…	…	…	…	…	…	…	…	…	…	…

资料来源：任一鑫等. 基于循环经济的资源替代研究 [J]. 绿色经济，2013，39（02）：131-134.

表8-1中纵向列出了各种替代资源的名称，在右方列出其用途；表上方横向列出各种已用资源，在下方列出其用途。然后，用一一对应方法寻找替代资源与被替代资源相同的用途，并在相应方格中用Y表示用途相同，能替代，N表示用途不同，不能替代。

以对资源间关系与地位以及资源间替代领域进行分析为依据，运用资源产出模型和资源产出效益模型计算资源产出效益系数，再计算资源间替代系数。

资源间替代系数。通过资源产出可以知道，生产方式和资源消耗方式不同，资源投入和产出种类的数量也不同，资源产出效益的计算方式也存在不同，但是资源替代系数的计算方法却不尽相同。所以，本节选择单一投入单一产出来进行分析，模型见公式（8-7）。

$$K_{替i} = \frac{R_{价单i}}{R_{价单i-1}} = \frac{\dfrac{Q_{出i} \times P_{出i}}{Q_{入i} \times P_{入i}}}{\dfrac{Q_{出i-1} \times P_{出i-1}}{Q_{入i-1} \times P_{入i-1}}}$$

$$= \frac{\dfrac{f(Q_{入i}, m_1, m_2, m_3, m_4) \times P_{出i}}{Q_{入i} \times P_{入i}}}{\dfrac{f(Q_{入i-1}, m_1, m_2, m_3, m_4) \times P_{出i-1}}{Q_{入i-1} \times P_{入i-1}}} \qquad (8-7)$$

其中，$K_{替i}$ 为资源 i 与资源 $i-1$ 之间替代系数；$R_{价单i}$ 为资源 i 的产出效益系数；$R_{价单i-1}$ 为资源 $i-1$ 的产出效益系数，其他同前面。当 $K_{替i} > 1$ 时，使用资源 i 比资源 $i-1$ 效益好，用资源 i 替代资源 $i-1$；当 $K_{替i} < 1$ 时，使用资源 i 比资源 $i-1$ 效益差，用资源 $i-1$ 替代资源 i；当 $K_{替i} = 1$ 时，使用资源 i 与使用资源 $i-1$ 效益相同。

3. 资源替代排序

首先，用上述计算方法将每种资源与能够与其进行替代的资源之间的替代系数计算出来，并根据资源替代系数大小，由小到大进行排序，填入表中，如表8-2所示。

其次，分析资源间替代关系和顺序。通过"资源替代排序表"中替代系数，可以寻找最优替代配置、次优替代配置，以此类推，直到最差替代配置。在选择资源进行使用时，最先选择使用最优，再选择使用次优，以此类推。

表 8 - 2　　　　　　　　　　　　　　资源替代排序

被替代资源$_1$	用于替代资源	资源$_1$	资源$_2$	…	资源$_n$
	替代系数	$K_{替11}$	$K_{替12}$	…	$K_{替1n}$
被替代资源$_2$	用于替代资源	资源$_1$	资源$_2$	…	资源$_n$
	替代系数	$K_{替21}$	$K_{替22}$	…	$K_{替2n}$
…	…	…	…	…	…
被替代资源$_n$	用于替代资源	资源$_1$	资源$_2$	…	资源$_n$
	替代系数	$K_{替n1}$	$K_{替n2}$	…	$K_{替nn}$

资料来源：任一鑫等 . 基于循环经济的资源替代研究 ［J］. 绿色经济，2013，39（02）：131 - 134.

8.3　资源组合排序

循环经济集成体系的发展有赖于资源组合优势的发挥，由前述分析可知，体系内的各种资源总是相互联系、相互制约地存在于同一领域或者不同领域。因此对资源组合进行排序分析对充分利用资源、打造循环经济有重要意义。

8.3.1　资源组合排序的原理分析

资源组合排序是将应用领域中流动的资源在空间上、时间上及数量上的分配，使资源在不同的用途、不同的使用者之间进行组合分配。资源组合配置的必然性主要取决于：一是人的需求多样性和社会分工的复杂性。正因为这种多样性和复杂性，才需要将资源组合分派到社会生产的不同环节。二是资源的稀缺性。在某特定的时期，任何资源的总量是有限的，然而人类对于资源的需求量是无限的，所以，要将有限的资源充分利用以此满足人类社会所需的无限、综合的资源组合，并对此进行恰当的保护和合理的开发使用。

从第 6 章组合方法的内容中可以知道，资源组合是指对资源整体或者部分进行叠加，通常表现在空间上的组合。通过组合机制可以将组合方式划分为：相加组合是指把两个单独的资源本身或者功能进行相加；替代组合是指替代原来资源中的某些形成要素，从而形成一个新颖、实用性高的新物质，实现资源利用率最大化；集成组合是指把资源进行有效整合，实现化整为零的租用；重组组合是指调整资源内部要素间的配置，实现资源性能的最大化。

8.3.2 资源组合排序的目的

资源组合排序的目的是指运用有限的资源形成最大的经济效益，也可以指为了获取既定的经济效益而减少资源的耗费。按照第一种理解，在各种资源的数量固定的情况下，利用资源恰当地安排、重组，从而达到经济效益最大化。将资源组合的可供量限制设定为约束条件，经济效益最大是目标函数，则这是求最大化的最优规划问题。按照第二种理解，在保证既定经济效益时，如何恰当地组织、安排各种资源的使用，促使资源总成本是最小的。将经济效益达到的值设定为约束条件，资源总成本最小是目标函数，则，这是求最小化的最优规划问题。

8.3.3 资源组合排序方法

循环经济集成体系中的资源集成是指将有限资源进行集成以此实现资源效用最大，利用集成可以提升企业的竞争力，从而取得更大的经济效益。也可以理解，企业要从许多资源中挑选适合的资源进行集成。考虑总成本（不涉及交易成本）的限制，企业投入到集成的总投入也是有限的，所以要对许多资源进行合理的选择和优化。这就导致企业资源集成问题演变为总投入受到限制的情况下，寻找各种资源的最优配置，从而达到利润最大啊，这就变成了运筹学规划问题中的"多维背包问题"。把资源组合排序问题转化为"多维背包问题"，可以简便地分析资源优化配置，达到资源领域耦合集成。

多维背包模型的数学描述资源组合排序如下：企业供给 m 类资源，现将要分配到应用领域的资源组合分为相互排斥的 n 类，类集合为 $I = \{1, 2, \cdots, n\}$，资源集成组合集合为 $J = \{J_1, J_2, \cdots J_n\}$，其中每类资源集成组

合 $J_i(i \in I)$ 有 n_i 个不同的资源组合，在资源集成组合集合中 $J_i(J_i = \{1, 2, \cdots, n_i\})$ 价值收益为 c_{ij}，所需的 k 资源为 $w_{ij}^k(k \in M, M = \{1, 2, \cdots, m\})$。多维多选择背包问题就是从每类 $i(i \in I)$ 资源组合中选择一个满足资源约束的相应 $j(j \in J)$ 资源组合分配到相应的企业应用领域，使资源价值发挥到最大。

数学模型为：

$$\max Z = \sum_{i=1}^{n} \sum_{j=1}^{n_i} c_{ij} x_{ij} \qquad (8-8)$$

$$\text{s. t} \begin{cases} (1) \sum_{i=1}^{n} \sum_{j=1}^{n_i} w_{ij}^k x_{ij} \leqslant C^k, \ k = 1, 2, \cdots, m \\ (2) \sum_{j=1}^{n_i} x_{ij} = 1, \ i = 1, 2, \cdots, n \\ (3) x_{ij} \in \{0, 1\}, \ i = 1, 2, \cdots, n; \ j = 1, 2, \cdots, n \end{cases} \qquad (8-9)$$

公式中，约束（1）为应用领域需求的约束，C^k 为 k 种资源的最大数量；约束（2）表示每类资源组合中只能最多选择一个；约束（3）表示 x_{ij} 为 0~1 决策量，即当第 i 类中第 j 个资源组合配置到相应的应用领域中，否则 $x_{ij} = 0$。

8.4 资源应用领域排序

针对循环经济集成向更广更深的方向发展所遇到的资源低值利用难题，本节将资源应用领域排序引入到循环经济体系建设研究中，通过研究资源与应用领域间关系及资源应用领域排序问题，探寻资源集成原理或规律，有效解决运行实践中出现的相关问题，推动循环经济和谐发展。

8.4.1 资源应用领域排序的原理分析

同种类型的资源可以有不同种类的用途，各种用途在社会和经济发展中所处的作用不同，重要程度也不同，据此可以将其使用领域分解为重要领域、次要领域和一般领域。于是要对资源应用领域进行排序：先要运用到社会经济重要领域，再运用到次要领域，最终才运用到一般领域。

同种需求可以使用不同类型的资源来满足，但是资源存储量、流量和再生速度都不同，资源稀缺程度存在不同，其应用形成的效益也不同，对生产、社会影响程度也不同，所以要尽量使用存储量大、流量多、再生速度快的资源替代存储量小、流量少、再生速度慢的资源，使用综合效益高的资源替代综合效益低的资源。

资源的多用途性和同种用途资源的多样性的属性，促使有关资源间在用途上存在共同、独立的应用领域，即在至少两种以上的资源能够满足某一特定领域，或只有一种资源能够满足某一特定领域。以此为依据可以划分成资源的通用领域、公用领域和专用领域三类，具体的情况如图 8 - 1 所示。

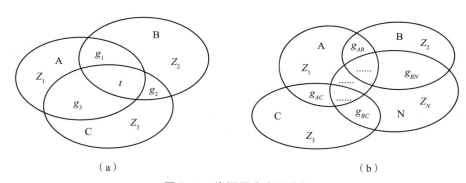

（a）　　　　　　　　　　　　　　　　　（b）

图 8 - 1　资源用途交叉分析

资料来源：任一鑫，郭庆春，张翼，孙志梅. 循环经济学 ［M］. 北京：九州出版社，2011.

图 8 - 1（a）中 A、B、C 分别代表三种不同的资源，t 代表 A、B、C 三种资源的通用领域，g_{18}、g_2、g_3 分别代表 AB、BC、AC 的共用领域，Z_1、Z_2、Z_3 分别代表 A、B、C 三种资源的专用领域。如果是 n 种资源，它们所构成的应用领域关系分析方法相同，只是共同领域的数量有所增加，如图 8 - 1（b）所示。如采煤机、工人、信息三种资源，三者均可应用于煤炭产业，则煤炭产业为三者的通用领域；采煤机与工人的共用领域为煤炭产业；工人与信息的共用领域为第二产业；信息与采煤机的共用领域为煤炭产业；而采煤机只能应用于煤炭产业。

8.4.2　资源应用领域排序的目的

物资资源集成的目的是以分析物质资源间关系为基础，科学恰当地将匹配物质资源利用领域的资源种类，这要分析物质资源和其利用领域间的排序问题，方便恰当地匹配物资资源提供依据。循环经济集成体系中的资源应用领域多且复杂，资源品种又多样，资源应用领域与资源流动环节存在各种联系，关联性强，能够进行资源应用领域的排序分析，为研究循环经济集成利用方式提供了可能。因此应按照资源应用成本或收益及资源在该领域利用效率，对资源利用领域进行排序。

8.4.3　资源应用领域排序方法

构建循环经济园区的目的是提升资源利用效益，实现循环经济园区的经济效益最大化。在物资资源与利用领域匹配问题上，应该先考虑的是该种资源的使用成本或者带来的经济效益，经济效益越高，则使用价值也会越高，反之相反；再考虑的是该种资源的利用效率，利用效率越高，则在该利用领域的效能也会越高，反之相反，除此之外还需考虑资源的使用年限。

假设某种物质资源 A 的在某利用领域的投入量为 $Q_{入A}$，折标系数为 ζ，年折标利用量为 $Q_{年折}$，物质资源的增长率为 $r_{增长}$（若某物质资源为不可再生资源，则 $r_{增长}=0$），利用效率为 m，物质资源拥有量变化为 $k_{变化}$。其中折标系数 ζ 与物质资源 A 的环境效率（q）、物质资源 A 的废物产出率有关；$k_{变化}$ 与物质资源的储量、技术、资源 A 的折旧率（a）、替代率 $k_{替代}$、同类资源品种及范围的变化等有关。

物质资源的有效使用年限为：

$$\Delta t = \frac{Q_{入A} \times \zeta}{Q_{年折}} \times m \times (1 + r_{增长}) \times (1 + k_{变化}) \times (1 + k_{替代}) \qquad (8-10)$$

求出物质资源 A 的有效使用年限后再考虑该物质资源在某一利用领域的利用成本或带来的效益，其中 Δt 可看为物质资源 A 的生命周期。假设物质资源 A 在使用年限内的年综合成本 $C_{年成}$ 和年综合效益 $R_{年效}$（经济、生态和社会三方面），贴现率为 i，NPV 表示物质资源 A 的综合收益净现值，则有：

$$NPV = \sum_{j=1}^{\Delta t} \frac{(R_{年效j} - C_{年成j})}{(1 + i)^j} \qquad (8-11)$$

年均综合收益净现值为：

$$NPV_{年均} = \frac{NPV}{\Delta t} \qquad (8-12)$$

从上述公式可以计算出各种物质资源的有效使用年限和年均综合效益净现值，将它们进行汇总并综合排序，从而获得每种物质资源的利用排序矩阵。在同一利用领域，通常最先选择使用年均净现值大且使用年限常德物质资源，具体见表 8-3。

表 8-3　　　　　　　　　　　物质资源利用排序矩阵

	资源 1	资源 2	资源 3	资源 4	资源 5	资源 6	资源 7	…	资源 n
利用领域 1	—	A2	A1	—	A3	—	—	…	A2
利用领域 2	B2	—	—		B1		B1	…	B1
利用领域 3	C2	C2	C1	—	—	—		…	—
利用领域 4	—		D3				D1	…	D2
利用领域 5	E4	E1	E3	—	E1	E2	—	…	—
利用领域 6	F1	—	F2			F3		…	—
利用领域 7	G5	G4	G2	G1			—	…	G3
利用领域 8	—	—	—		H1	—	—	…	—
…	…	…	…	…	…	…	…	…	…
利用领域 n	I3	I1	—	—	—	I2	I1	…	—

资料来源：孙正萍. 循环经济园区中物质资源集成方法研究［D］. 山东科技大学，2014.

表 8-3 中横向是各种物质资源，纵向是相应的利用领域或用途。如利用领域 1，优先使用的是资源 3，其次是资源 2 和 n，再者是资源 5，可以看出，资源 2 和 n 之间存在互补关系，资源 3、5 及 2 之间存在替代关系，但优先使用效率高、效益高的资源 3。再如利用该领域 8，只有资源 5 对其可

利用，说明资源 5 在利用领域 8 中与其他资源间处于独立地位，因此在对资源 5 的配置过程中，应优先满足利用领域 8，尽量用其他资源替代资源 5 来满足可利用资源 5 的其他利用领域的需求，以防资源 5 的闲置或短缺。

8.5　产业使用资源排序

产业体系中生产和再生产的各个环节上存在着多种资源的输入和输出，各个环节之间通常以资源的流动为线索构成链式或者网式关系，也就是说某一环节上所产生的资源（包括产品、副产品、废弃物）流入到其他的环节被耗费利用，从而形成资源层级和循环利用的关系。各个环节对于不同的资源利用效率有所不同，如何使资源流向使用效率更高的环节，减少资源浪费，保证产业体系高效运行，就需要以资源耗费网络为基础，以产业使用资源特性、环节之间关系为依据，对资源流向等进行排序，优化重组。在这方面，一些学者做了一些较为有价值的研究工作，为解决上述问题奠定了基础。国外学者哈克斯纳森（Haksnasson）、彻托（Chertow）和古拉蒂（Gulati）等人以及国内学者王兆华、武春友等人[74,75]对共生网络的结构、属性等基本问题进行了研究，但是对一些深层次的问题，如共生网络中相关产业之间的关系、资源流动关系、共生关系等则缺乏深入细致的研究。陈定江和拜利（Baily）等人运用投入产出法对工业生态系统物流网络特征进行分析，同时提出系统耦合度这一新指标，用以说明生态系统各节点之间通过资源流动形成的相互关联的紧密程度。以上研究都只涉及工业生态系统网络以及个环节之间的关系，但是对于产业使用资源如何排序优化问题还没有进行分析。为此，本部分对产业使用资源排序优化问题进行探讨。

8.5.1　产业使用资源排序的原理分析

研究产业使用资源排序首先就要分析资源集成理论，而对资源集成的分析是以资源流动机理为基础的。

1. 资源流动的基本规律

资源在流动过程中常常会伴随着某种特定规律，其主要表现为以下几个方面：资源流动具备追求收益最大化的趋利性，资源流动的就近原则，资源流动的集聚性特征，资源流动组合的结构合理化规律。

2. 资源流动方式

资源具备流动性，资源流动时指在人类活动推动下，使得资源在产业、消费链或者不同区域间形成运动、转移和转化。资源有多种流动方式，从资源流动用途变化分析有层级、循环和再循环三种流动方式，如图 8 - 2 中（a）（b）（c）所示。

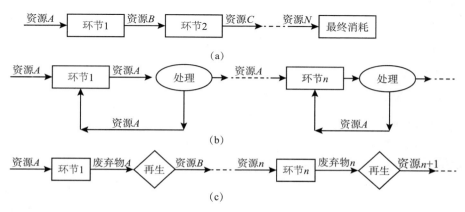

图 8 - 2　资源流动方式

资料来源：任一鑫，王新华，李同林. 产业辐射理论［M］. 北京：新华出版社，2013.

3. 资源流动网络

在资源流动体系中，资源在不同环节之间的流动路径形成了复杂的网络结构，流动网络的各个环节上存在着多种资源的输入与输出，各环节之间以资源的流动为线索构成网式关系，说某一环节上所产生的资源（包括产品、副产品、废弃物）流入到其他的环节被利用，形成新的资源流动。不同流动路径的资源利用效率不同，对流动网络进行分析优化，寻求其中的薄弱环节进行改善，或使资源流向效率较高的环节（路径），保证资源的高流动效率，减少浪费，是资源流动系统分析的主要目的。

流动网络中各个流动环节是构成资源流动网络的基础，资源流动网络是由多个"环节"构成的，对每个环节的输入、输出情况进行分析是研究资源流动网络规律的基础。图8-3是一个单环节资源流动模型。

图8-3　单环节模型

资料来源：任一鑫，王新华，李同林．产业辐射理论［M］．北京：新华出版社，2013.

模型中，节点 i 为资源流动网络中第 i 个环节，x_i 为外界向第 i 个环节输入的资源总和，y_i 为第 i 个环节向外界输出的资源总和，z_i 为第 i 个环节的内部积累。单环节资源流动分析是对煤炭资源开采、洗选加工和利用等环节进行系统分析的基础。

资源流动网络是由多个"单环节"节点构成的开放性网络，[93]可以有多个始点和多个终点，网络是开放性的，既存在内部流动，也存在外部资源的输入和内部资源的输出；网络中有单向资源流动，也有双向资源流动；可以存在树状、网状、环形等多种资源流动结构和层级利用、循环利用等多种资源利用关系。网络内资源流动环节越多，网络结构也就越复杂，如图8-4所示。

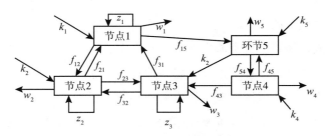

图8-4　资源流动的网状模型

资料来源：任一鑫，王新华，李同林．产业辐射理论［M］．北京：新华出版社，2013.

模型中，k_i 为资源流动网络外部向第 i 个环节输入的资源总量（资源量统一折算成标准煤，单位为吨）；w_i 为第 i 个环节向网络外部输出的资源总和；f_{ij} 为资源流动体系内第 i 个环节向第 j 个环节输入的资源总和；z_i 为第 i 个环节的内部积累；其中 $i=(1,2,3,4,5)$，$j=(1,2,3,4,5)$。假设 x_i 和 y_i 分别表示单环节的资源输入和输出量，则根据上图可以分别得到以下表达式：$x_i = k_i + \sum_{j=1}^{n} f_{ji}$，$y_i = w_i + \sum_{j=1}^{n} f_{ij}$，二者之间的关系为 $x_i + z_i = y_i$。

在网状模型中，存在环形、线性等资源流动情况，既有内部资源流动，又有外部资源流动，既有单向流动，又有双向流动。虽然仅有五个节点，但这是一个复杂的资源流动网络。由于现实中的流动网络非常复杂，在不影响分析结论的情况下，可以剔除影响不大的微弱资源流动路径和环节，选择主要的资源流动路径和环节。

8.5.2　产业使用资源排序的目的

产业使用资源排序目的之一是为了使产业的生产获得更好的有效性和效率，去掉多余的资源，将可用的资源信息汇聚起来，使各种资源在相关应用领域合理配置与流动，相互适应，彼此促进与共同发展。而从资源流动原理出发的排序分析，阐述了资源流动的基本规律，为了实现循环经济集成优化资源配置的目的，我们应该根据资源流动平衡原理，制定宽松的政策，使各种资源在区域内合理流动，同时要以循环经济理念为指导，约束不合理的资源流动，从而使循环经济集成向更高水平上发展。

8.5.3　产业使用资源排序方法

对循环经济集成体系中的某些产业来说，安全是第一位的，因此产业使用资源排序必须满足安全的需要，其次要考虑生产特性与稳定的需要，在满足这两方面条件的前提下，才能根据排序模型进行排序使用。具体排序模型如下：假设某种资源拥有量为 Q，折标系数为 J，年利用折标量为 $Q_{年用}$；该资源增长率为 $r_{增长}$，增长是指可再生资源，尤其是生物质资源，不可再生资源增长率为 0；该资源在该领域的有效利用率为 $r_{有效}$；该资源拥有量变化率

为 $k_{变化}$，是指储量变化、技术变化对低品位资源的利用增加以及同类资源品种与范围变化等；该资源替代率为 $k_{替代}$；该资源科技贡献节约率为 $k_{科贡}$；该资源有效使用年限为式（8-13）。

$$T = \frac{Q \times J}{Q_{年用}} \times r_{有效} \times (1 + r_{增长}) \times (1 + k_{变化}) \times (1 + k_{科贡}) \times (1 + k_{替代})$$

$$(8-13)$$

计算出该资源在相关领域使用年限后，用使用年限进行排序，年限长的优先使用，年限短的后使用，但是该方法没有考虑效益问题，假设使用年限内使用该资源的综合成本（包括经济、生态与社会三方面成本）为 C_j，贴现率为 i，NPC 表示综合贴现成本，那么 T 年的综合成本贴现为式（8-14）：

$$NPC = \sum_{j=1}^{T} \frac{C_j}{(1+i)^j} \qquad (8-14)$$

用 $NPC_{年均}$ 表示年均综合贴现成本为式（8-15）：

$$NPC_{年均} = \frac{NPC}{T} \qquad (8-15)$$

将所有资源年均贴现成本进行排序，就能够得到资源利用顺序，年均贴现成本最低的优先使用，高的后使用。如果在知道年使用综合收益的情况下，能够使用年均综合净现值法进行排序，假设 NPV 表示使用该资源净现值，R_j 表示第 j 年使用该的资源综合收益，那么，综合收益净现值计算如下：

$$NPV = \sum_{j=1}^{T} \frac{(R_j - C_j)}{(1+i)^j} \qquad (8-16)$$

用 $NPV_{年均}$ 表示年均综合收益净现值，其计算公式为：

$$NPV_{年均} = \frac{NPV}{T} \qquad (8-17)$$

将各种资源的年均综合效益净现值进行排序，就能够得到资源使用排序表，年均净现值最大的优先使用，年均净现值第二大的第二位使用，以此类推。据此建立产业使用资源排序矩阵表，具体如表8-4所示。

表 8 - 4   产业使用资源排序矩阵

	资源 1	资源 2	资源 3	资源 4	资源 5	资源 6	资源 7	……	资源 n
利用领域 1	—	A2	A1	—	A3	—	—	……	A2
利用领域 2	B2	—	—	—	B1	—	B1	……	B1
利用领域 3	C2	C2	C1	—	—	—	—	……	—
利用领域 4	—	—	D3	—	—	—	D1	……	D2
利用领域 5	E4	E1	E3	—	E1	E2	—	……	—
利用领域 6	F1	—	F2	—	—	F3	—	……	—
利用领域 7	G5	G4	G2	G1	—	—	—	……	G3
利用领域 8	—	—	—	—	H1	—	—	……	—
……	……	……	……	……	……	……	……	……	……
利用领域 n	I3	I1	—	—	—	I2	I1	……	—

资料来源：曾宪迪．煤炭矿区能源集成利用研究［D］．山东科技大学，2013.

8.6 本章小结

本章建立了相关模型，从循环经济集成排序含义、排序方法、排序作用和排序内容出发，对资源替代排序、资源组合排序、资源应用领域排序和产业使用资源排序进行了研究，为设计循环经济集成排序体系提供了支持。

第9章
循环经济集成代谢

代谢是一种系统分析方法，它在模拟生物和自然界新陈代谢的基础上，运用系统结构的方法进行研究，模拟系统的功能性，同时通过输入输出的各种信息流中掌握物质和能量的流动动向进而分析经济系统中代谢机理。循环经济集成的目的主要是促进资源利用理率提高，同时降低资源耗费量和污染排放量。利用循环经济集成代谢，方便掌握系统中各个环节资源的投入产出的情况和流动动向，为资源的优化配置提供依据。

9.1 代谢含义

代谢（Metabolism）从希腊语演变而来，它是指"变化或则转变"。莫莱斯彻特（Jacob Moleschott）在 1857 年的著作《生命的循环》里已经对于代谢进行阐述。他认为：生命是一种代谢现象，是能量、物质和周围环境进行交互的过程。自此以后，国内外学者对于代谢理论的研究越来越多，逐渐形成了两种趋势：一种是往生物化学方向；另一种是往生态学方向。自从 20 世纪以后，上述两种趋势又都偏向于整合和吸取自组织系统理论且不断延伸。

生物化学中涉及的代谢的对象是有机体和环境之间的界面，主要是细胞、器官、有机体的变化过程。按照生物学理论的观点，代谢是指为了保持细胞稳定性和成长性的有机体的生物化学反应的综合表现，这些反应是利用

"代谢路径"。有生命的单细胞到复杂的人体，它们会与周围环境之间持续地进行物质交换称为物质代谢或者新陈代谢。这里所说的物质代谢的对象是细胞单体和有机体，而且物质一般是指营养物质。与生物有机体进行对比，生物群体或者生态系统自组织特点尤为凸显，换句话说，外界环境对于生态系统的演化起着非常重要的作用。所以，在对生态系统的代谢过程的研究过程中，生物学家不光研究系统自身的特征系数，还研究保持系统稳定性的外部环境对代谢过程的影响程度，具体内容见图 9－1。

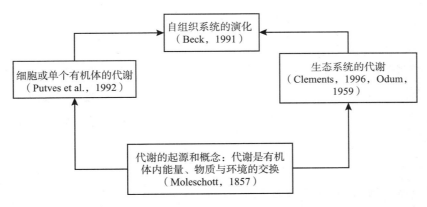

图 9－1　自然科学的代谢理论研究历程

资料来源：任一鑫，郭庆春，张翼，孙志梅. 循环经济学［M］. 北京：九州出版社，2011.

从代谢的视角可以发现，社会经济系统与生态系统是否存在相似性。代谢的主要目的是保持系统功能性稳定。将生态经济大系统的代谢过程可以划分成新陈代谢（即合成性代谢和分解性代谢）的生命过程和经济过程的生命过程（即生产性和消费性）。新陈代谢的作用是为了保持生命继续存活，经济活动的作用是为了保持生命继续存活的同时享受生活。经济系统中的效用是以物质流为载体，利用经济行为主体的直接和间接影响，使得物质流不断为经济系统提供效用（utility）。所以，经济过程中代谢是指进入经济系统的物质流不断为经济行为主体提供效用的过程，保持经济系统的正常运行以及人类生存和生活的经济过程代谢的主要功能。即从上述分析可以得到，社会经济系统与生态系统是具有相似性，代谢的观点和方法能够成为循环经济理论的一种研究观点和方法，为经济系统的物质流流动规律提供理论基础和研究方法。

9.2　循环经济代谢原理

代谢是以模拟生物和自然界新陈代谢功能为方式分析系统的一种方法，它主要利用系统结构、功能模拟和输入输出信息流来研究物质和能量的流动方向依次分析经济系统的代谢机理。在循环经济集成的背景下，通过研究代谢相关理论，可以掌握资源的流动方向和流经环境，同时了解各个环节的资源投入产出的种类和数量等，为资源优化配置提供基础。利用资源代谢与产业代谢的相关理论，可以很好地帮助系统集成和产业集成进行深入研究，促使研究出来的集成体系更加符合资源流动的客观规律，保证资源流动更加通畅。

9.3　循环经济代谢分类及特征

9.3.1　物质代谢

人类未来的风险性主要是由物质系统自身，各种物质使用的总量和物质使用自身引发整个系统的各种反应是自然生态系统所要面对的最大难题。所以，只有降低物质的使用量，实行物质间的循环使用，才能够达到社会、经济和生态的可持续性发展。物质代谢效率表示循环经济发展水平非常重要的指标。

1. 物质代谢的由来

摩尔·肖特（Jarob Moleshott）于 1857 年他的著作中提出物质代谢理论的概念。随着国内外学者的研究，有关代谢理论的发展趋势分为两种：一种是往生物化学方向；另一种是往生态学方向。20 世纪后两个分支又倾向于演化的自组织理论发展。1965 年美国许多城市的大气和水的质量一度急剧恶化，沃尔曼（Wolman）假想了一个拥有 100 万人口的城市，该城市的食物、水、燃料的消耗速率和污水、废弃物、大气污染物产生速率等总的输入输出速率等于全国平均水平。他非常严密地测定了物质流，甚至一些输入的冗长计算，比如电能、其他耐用消费品等。以他的工作为前提，才促使人们关注物质消耗和废弃物对于系统的影响。20 世纪 80 年代，以城市代谢为研究方法分析城市继续作为联合国教科文组织人类与生物圈（MAB）计划的一部分。1978 年纽考比（Newcombe）等人以香港为研究对象进行代谢过程的研究，为代谢的研究作出巨大的贡献。他们用先前大量的平衡研究，将城市化模型向前推进了一步，而且描绘了通过城市的流的物理指示器和影响人口数量的社会变量的特征，这些社会变量包括工作、健康、死亡率等。在推动人们对一个更可持续的城市环境的需求方面，这些研究无疑超越了他所处的时代。纽考比等人 1978 年提倡在管理城市环境时要用一种将主要的焦点放在资源利用效率和减少消耗上的更综合的方式。瓦克纳格和里斯（Wackernagel M. and Rees W. E.）在 1995 年构建城市代谢空间测量模型，通过生态足迹表示一个城市需要多少土地来满足其代谢。黄（Huang）等人 1998 年将热力学运用到城市代谢的研究领域内，以中国台湾的台北市为研究对象，构建城市代谢模型。颜文洪等在 2003 年以深圳市为研究对象研究城市系统代谢的变化与废弃物的生产效应。陶在朴教授在 2003 年深入研究社会代谢中物质流的核算。

2. 物质代谢原理及分析模型

循环经济中涉及的物质是指自然资源和环境质量两类。自然资源以及其他各种产品在使用以后通过各种方式循环重组成为可以再次使用的物质，是循环经济中最为重要的物质。环境质量在使用后通过各种方式循环重组为可以再次使用的物质，是循环经济中物质之一。循环经济中物质的循环方式有两类：一类是自然资源的循环；另一类是非自然资源或者新自然资源的循环。

人类在发展过程中，消费物质有三种：可再生物质、可循环利用的不可再生物质、不可循环利用的不可再生物质，其消费物质总量整体上呈现不断上升的趋势，但是也会长期出现脱钩和复钩交错的情况，换句话说，脱钩与复钩是指围绕一条上升直线的振荡曲线，称之为上升多峰论（如图 9 - 2 所示）。从图可以知道，由原点出发的直线表示人类物质消费的总量的大体趋势，由原点出发的曲线表示脱钩与复钩的情况，直线说明本质，曲线表示现象。依据上升多峰理论可以了解，人类物质消费即便达到稳定状态也是短暂的、相对的，其上升趋势是绝对的，其实质是人类追求美满的生活是物质消费的推动力，物质消费人类美满生活的主要部分，技术是人类消费物质的基本方式，技术进步会导致人类消费能力加强和规模扩张，技术的发展会遵循其本身规律，新技术产生是由于各种条件进行恰当整合的产物，新技术产出之前，人类物质消费在某个时间端是相对稳定的，但是人类追求美满的生活的欲望不断加强，就会导致新技术的产出。

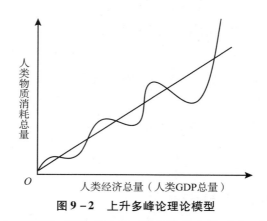

图 9 - 2　上升多峰论理论模型

资料来源：任一鑫，郭庆春，张翼，孙志梅. 循环经济学［M］. 北京：九州出版社，2011.

从上述理论分析，可以得出循环经济下物质代谢理论的基本概念，即在人类物质消耗总量中增加生物物质等可再生物质的比例，最大程度上循环使用可循环使用的不可再生物质，降低使用不可循环使用的不可再生物质，甚至完全停止使用。

物质代谢主要研究经济系统中的物质的流动情况，其中涉及的物质的运行过程中各个环节对于社会、经济和生态环境的影响方式以及如何降低影响程度等，它可以帮助循环经济实现"3R"原则。在物质代谢分析过程中注重物质流分析和核算，以此可以发现经济发展过程中存在的普遍的、重大的机理性问题。物质流分析往往是以典型物质为研究对象进行分析研究，比如资源、能源和产品。在特定的区域内，无论物质是以什么形态呈现都会遵守质量守恒定律，也就是说，在特定的区域内，物质投入总量等于物质产出总量与系统内物质存量的净变化之和，这就是物质流分析和核算的关键点。

9.3.2　工业代谢

1. 工业代谢概念的提出

20 世纪 80 年代中期，艾瑞斯（Ayres）等在研究经济运行过程中原材料和能量流动的环境影响时提出了"工业代谢"一词，并给出其概念。1993 年斯蒂格利亚尼和安德格伯（Stigliani and Anderberg）初次使用工业代谢分析法，按照流域层次研究莱茵河流域的镉、铅、锌等重金属和氮、磷等。20 世纪 90 年代之后，美国国家矿产局开始研究一些矿产品从开采到使用的代谢。2000 年斯佐佩克和古南（Szonpek and Goonan）发表有关含汞原材料在美国流动分析的研究报告。国内学者对于工业代谢分析的研究相对较晚，周哲等学者利用工业代谢分析法研究我国煤炭利用过程中产生的污染情况，并给出相应的改进模型。陆钟武等以我国钢铁业为研究对象进行资源效率的研究。在国内工业代谢法主要应用在生态工业园区的规划，已经建成和正在规划的许多生态工业园区几乎都在使用工业代谢分析法分析园区内物质流和能量流的情况。钱易等学者归纳国内外学者对于工业代谢理论研究和实践经验，并以此为依据，将工业代谢进行分类为产品代谢和废物代谢。

2. 工业代谢理论

发达国家在生产环节的资源利用效率已经达到相当高的水平，要想在此基础上再提升资源利用效率会相当困难，所以在发达国家发展循环经济时应该重点关注废弃物的资源化利用。然而我国目前有一些地区和行业还

第9章 ○ 循环经济集成代谢

173

属于粗放型的经济增长方式，生产环节的资源利用效率非常低，其提升资源利用效率的可能性非常大。所以，我国在发展生态工业和循环经济的时候不能够按照发达国家的模式，而是应该从产品的生产环节为切入点，提升产品生产环节的资源利用效率，从源头阻止污染物的产生，以此发展废弃的循环使用。

产品代谢是以产品流向为核心，是指上一个工艺环节或者生产环节所产生的初级产品当做下一个工艺环节或者生产环节的原材料，以此类推，直到生成最后的产成品流入市场。这就使得工业系统中含有至少一条产品链（产品流）。随着产品链（产品流）不断拓展，产品的经济价值会不断增加。

废物代谢是以废弃物流向为核心，是指上一个工艺环节或者生产环节所产生的废弃物当做下一个工艺环节或者生产环节的原材料，以此类推，直到最后被处置和排放。这就使得工业系统中含有一条废物链（废物流）。随着废物链（废物流）不断拓展，最初投入的原材料的利用效率会不断提升。

工业代谢分析法是以模拟生物和自然界新陈代谢功能为方式分析系统的一种方法。生态工业系统与自然生态系统的结构具有相似性，其中包含四个部分：生产者、消费者、再生者和外部环境。工业代谢分析法是以系统结构、功能模拟和输入输出信息流为基础分析生态工业系统的代谢机理。该种方法与传统的系统分析法的不同的地方是以环境为终极考察目标，跟踪资源整体流动的情况，并给出系统产生污染的整体评价，寻找产生污染的主要原因。工业代谢分析法可以针对不同层次的分析要求，不仅能够针对全球性、国家性或者地区性的工业生产分析，还能够针对某一个具体行业、公司或者某个特定场所的研究分析。运用该种分析方法，能够为公众或者企业的决策者供应一张具体的物流图，且从总发现某一地区或者企业潜在的可持续发展的能力。

9.3.3 产业代谢

1. 产业代谢的提出

产业代谢主要研究的内容是以人类使用绝对稀缺性的资源为切入点发展

起来。从佩肯（George Perkins）提出木材的稀缺性到希勒（Nathaniel Shaler）提出矿产资源稀缺性，能够间接性说明社会经济系统的物质流正在逐步从农业生产资源的稀缺（食物的稀缺）转向工业生产资源的稀缺（工业原料的稀缺）。长此以往，主流社会科学，不管是经济学、政治学还是社会学基本上都没有全面地注意社会发展的物质基础，一直到20世纪50年代才逐渐产生变化。1955年在美国新泽西州的普林斯顿召开的"人类在改变地球命运过程中的作用"学术会议，其主要的内容是关注经济发展过程中有限物质基础。在会议上学者们通过社会经济系统的资源输入端，对于社会经济系统可持续性发展的生物物理的局限性展开讨论。不过很可惜，当时的研究没有以系统整体性为研究视角来分析物质流流入和流出对于社会经济系统的影响。美国水处理专家沃曼（Abel Wolman）在1965年以城市代谢为研究对象，提出工业社会的代谢概念化和实践化。经济学家波尔丁（Kenneth Boulding）在1966年的著作《即将到来的宇宙飞船地球经济学》中以系统理论为基础，提出经济系统是一个开放的系统，系统内的能源、物质和信息之间不断地与外部环境进行交换。物理学家艾瑞斯（Ayres）和经济学家克尼斯（Kneese）在1969年以美国为研究对象，以1963～1965年为研究期间，对于国家层面经济系统的物质流进行研究法。

2. 产业代谢理论

产业新陈代谢的理论首先由虹膜系统来描述。他认为：第一，经济系统的产业活动与生物的代谢过程相似（类比）。新陈代谢是一个有机过程，生物体需要从外界吸收低熵的"食物"，以维持自身的功能，进行生长和再生。这个过程也产生一些浪费，包括高熵浪费。产业活动（或整个经济系统）和生物有机体之间的比较可以看出，两者都是基于能量驱动物质过程的系统，两者都是远离热力学平衡和自组织的稳定的"耗散系统"。第二，经济系统本质上是一种代谢管理机制（代谢性调节机制）。产业新陈代谢的本质是在一定的稳态条件下，包括原材料的输入、能量的输入、劳动的输入、最终产品和废弃物的生产的物理过程的集合。经济系统的生产和消费过程的稳定性不是来自周围环境的自我调节过程。它需要通过人类的作用来实现。在这一过程中，人们扮演着两个重要的角色：一是投入人力资源；二是实现经济制度的消费功能。经济系统通过价格机制实现产品市场和劳动力市场的供求平衡。因此，从本质上讲，经济系统是一种具有代谢调节特征的管理机制，与生物物质的代谢相比，只有信息传递的媒介才是价格。第三，新陈代谢的含义适用于企业。由于经济系统中的微观经济实体具有自组织的特征，它们与生物学中的有机体相似。但两者之间的区别也很明显。由于企业需要不断调整自身的产出结构，以适应不断变化的市场形势，企业的新陈代谢行为并不稳定。相反，生物有机体必须在很长一段时间内保持稳定的代谢行为，以维持种群的稳定。艾瑞斯的产业代谢理论吸收了 19 世纪以来许多学者的相关思想。从整个系统出发，阐述了产业代谢的内涵及主要研究方法。他的产业代谢类似于生物物质的代谢过程，充分关注经济系统运行和发展的物质基础。代谢规模是其核心研究内容。与以往的研究相比，艾瑞斯的产业代谢理论更为系统。分析内容更关注产业代谢的强度及其对周围环境的影响。艾瑞斯的研究方法主要是流量分析方法，它倾向于预测代谢尺度的静态和动态趋势。需要指出的是，艾瑞斯的流量分析方法虽然涉及到新陈代谢的规模，但并没有充分考虑到社会经济因素对新陈代谢和代谢过程规模的影响。这一研究思路很难解释虹膜"经济系统本质上是一种代谢管理机制"的核心思想。

传统的产业化分析方法主要归功于流分析方法。该方法通过识别和评价材料流动的所有可能的流动路径和与材料流动有关的其他影响来分析产品（原材料）的生产（流程）过程。材料流动分析和原料流动分析是比较常用的两种方法。然而，这两种方法都是从生物物理学的角度来理解问题的，只关注物质流的物理和物理特性，而没有足够的关注经济和社会因素。大部分分析集中在该地区的物质要素水平，不考虑经济行为的主要因素，如不同类型的企业。对微观主体的行为进行决策管理和指导是非常困难的。流量分析方法也存在着空间和时间因素弱化的问题。分析对象往往局限于一定的角度和部分，难以对整个系统进行评价。经济系统的物质流动不仅涉及生物物理性质，而且还涉及经济规律的影响。因此，当我们分析经济体系的物质流动时，我们不应忽视上述问题。我们不仅要注意新陈代谢的规模，还要考虑新陈代谢的过程。

　　南开大学环境与社会发展中心的李慧明和王俊峰提出了物质与经济代谢的概念，物质与经济代谢的分析是循环经济理论的微观分析基础。主要的理论是，经济体系中物质流动的流动主要包括两个方面：第一是经济体系的物质进出口多少；第二，这些物质如何流动，也就是说，影响物质流动的因素以及作用机制是什么。如果我们看一下经济系统的物质流代谢的角度来看，我们认为第一个问题是研究材料的规模和经济新陈代谢，也就是说，会计和分析物理的规模和经济生态系统的承载能力相匹配的新陈代谢。第二个问题是对物质经济的代谢过程的研究。物质经济新陈代谢的规模体现了资源流动（包括物质流动和能量流动）在经济系统内外的规模，物质经济的代谢过程涉及物质的变化和经济的代谢路径。

　　通过分析物质经济的代谢途径，可以对物质经济的代谢过程进行研究。我们知道，同一物质在经济系统中的使用模式并不是单一的，可以从经济的角度来理解，它对企业和家庭有着不同的效用，这可能导致不同类型的新陈代谢回报。在经济体制中，有各种各样的路径。这些物质经济代谢途径构成了一个复杂的网络。我们称之为物质经济代谢网络。为了协调物质流的规模和过程以及经济系统的生态环境，我们可以通过技术进步、信息供给和系统供给。改善现有的代谢网络。这可能导致代谢通路中不同物质的替代，直接导致物质代谢通路的改变。我们称这种现象为物质经济代谢途径的替代品。与传统经济体系中效率较低的线性物质流模式相比，循环经济中的物质和经济代谢是物质循环和能量级联利用的流动路径更为多样化的模型。从新陈代谢的角度来看，循环经济理论和实践是改变经济体系物质经济代谢规模和代谢效率的跨学科研究领域。物质经济的代谢过程是循环经济的微观分析水平，是社会经济因素与影响物质流动的生物物理因素的交汇点。因此，研究这一层次是指导循环经济从"流通"走向"经济"的关键。如图 9 - 3 所示。

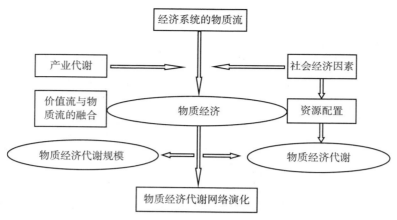

图 9 – 3　物质经济代谢概念框架

资料来源：任一鑫，郭庆春，张翼，孙志梅. 循环经济学［M］. 北京：九州出版社，2011.

　　物质经济分析方法从研究对象的注意力出发，主要考虑物质流的生物物理特性的基础上，也考虑到社会经济因素对物质流的影响。从研究内容和方法上看，物质代谢的经济分析不仅是对经济系统物质经济化的宏观分析，还包括微观层面的物质经济代谢过程分析，更注重动态分析。因此，深入研究物质代谢的经济学理论和方法，对于认识和认识问题，从微观层面深入研究经济系统的局限性，深化对循环经济理论的研究，意义重大。

　　归纳总结可以知道，按照研究视角和范围将代谢划分成物质代谢、产业代谢和产业代谢。因此，代谢分析方法也形成了物质代谢分析方法、产业代谢分析方法和物质经济代谢分析方法。

9.4　循环经济代谢分析方法

9.4.1　物质代谢分析方法

　　物质代谢分析主要针对经济系统中物质流动的分析，其中涉及物质运行过程中各个环节是如何对于社会、经济和生态环境进行影响以及如何降低影响程度等，它可以帮助循环经济实现"3R"原则的重要方法。在进行物质代谢分析时要注意物质流分析和核算，以此披露经济发展中存在的普遍性、重大性的机理问题。

1. 理论基础

质量守恒是热力学第一定律，此定律适用于一切层次上的物质流分析。任何物质流无论其形志如何变化，但其总质量守恒：物质的流入量＝物质的流出服＋物质存量的净变化。

2. 核酸代谢主体的认定

代谢主体是指社会经济系统中摄入排放物质能够单独处置的基本物质单位，比如人、牲畜摄入营养物质、空气和水，排放粪便和污染物；人造资本（机器），投入原材料，产生废气、废物。植物不容易被看成代谢主体，并非它们不存在代谢，而是由于计算存在困难。前面内容已经提到，植物摄入排放的物质层次属于矿物质，与人、牲畜、人造资本摄入排放的物质层次不同，在计算过程中数据的收集存在困难。

3. 物质流的组成

投入社会经济圈的物质流主要有空气、水和固体物质。投入的固体物质主要有生物物质（比如谷物、木材、牧草等）及非生物性燃料、金属与非金属矿物以及各种半制成品。所谓的固体干物质是一个抽象的名称，其不仅包含空气也包括水的成分。代谢排放的物质分类与投入是相同的，主要包括空气、水和固体物质。物质流的核算单位是重量。

4. 直接物质投入、隐藏性投入及总物质需求

基于欧洲习惯把物质投入划分成三类：直接投入、隐藏性投入和总投入。直接投入（direct matrial input，简称 DM）是指直接投入生产过程中所耗费的固体物料和由国外输入（进口）的固体物料。隐藏性投入（hidden flow Input，简称 HF）是指没有流入市场和生产过程的固体物料。

5. 引入平衡项

一些计算所得出的项目尽管不能作为环境指标，但是对物质投入与排除的总平衡起到非常关键性的作用，这些项目被称为平衡项。要想计算污染空气与燃料之间的平衡，就一定要在投入方面考虑平衡项"氧"，由于燃烧是氧化过程，燃烧燃料的最终结果就是废气（包含二氧化碳）、水蒸气和其他固体残余（比如灰渣的产生）。二氧化碳排放量中碳的重量占比27%，其余氧的重量占比73%。排除人类、动物新陈代谢和某些技术过程中所耗费的氧气，人类、动物体的水蒸气需要在投入面加入平衡项：在派出面，燃烧过程中的水蒸气（燃料中含有的水成分和氢氧成分）以及人和动物代谢过程中所产出的水蒸发也被加入平衡项。

6. 物质流核算的系统边界及物质平衡总表

物质流核算要考虑的基本要点包括：有多少材料从自然环境流入经济圈，有多少材料在自然环境中被视为废物。从两个方面定义系统的物质流，一方面是自然开挖的基础材料（原生未加工材料和材料），另一方面是对材料的自然排放（污垢、水和气体）。它是由进口和出口带来的，但不考虑进入或离开地质、水文、气象等自然圈的流动花园。生产部门之间的物料流与国家物质流核算（NMFA）不同，国家物料流核算通常采用实物投入产出表进行。有时，由于缺乏足够的材料数据，实物型投入产出表PIOT（physical input-output tables）常常被用于补充或计算 NMFA。畜禽生产、消费已发生在经济圈，因此不计入投资，畜禽、牧草和饲料进口原料的生物量输入加工，按天然肥料对农田进行代谢排放和处置。物理变化包括：机械和设备、建筑和基础设施、仓库存货、耐用消费品、现有木材和受管制的废物。

9.4.2 工业代谢分析方法

有关工业代谢分析法已经在上节进行介绍，本节主要是利用工业代谢分析法来研究煤炭利用过程中产生污染进行分析和为此提出改进措施。

1. 煤工业的代谢模型

我国煤炭的利用主要集中在能源领域和化工领域，其中能源领域是以煤炭作为燃料，为其生产过程中提供电力、热力、动力等，化工领域是以煤炭作为基础合成原料。鉴于煤炭使用范围比较广，且形式多样性，本书强调以煤炭工业整体代谢过程为研究对象进行介绍，其主要代谢流程见图 9 - 4。

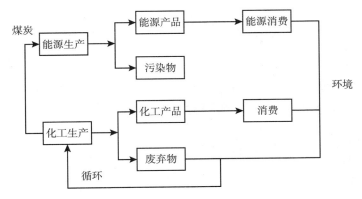

图 9 – 4　煤炭工业代谢路径

资料来源：任一鑫，郭庆春，张翼，孙志梅. 循环经济学 [M]. 北京：九州出版社，2011.

通过上述图可以得出，目前的煤炭工业生产体系内，煤炭资源的流动方向通常是单向，也就是说，人们在自然界中获取大批煤炭资源，以此满足人类生活和生产的需要，同时也会产生大量的废弃物和污染物直接排放到生态环境中。尽管化工生产过程中会有一些物质进行循环使用，但这毕竟是少量物质。煤炭的自身代谢过程中会产生严重的污染现象，其中包含直接燃烧造成的烟尘和二氧化硫产生的大气污染以及二氧化碳温室气体的排放。并且中国目前煤多油小的能源形势，导致我国的基础能源以煤炭为主的局面一时之间是不会发生变化。但是煤炭在工业生产过程中产生的污染是可以得到有效控制甚至降低，根据煤炭的代谢分析可以知道，煤炭的两条代谢途径之间是具有互补性。所以，我们一方面要改进生产工艺技术，提升资源的利用效率；另一方面在保证能源消耗减少的同时，打破行业的局限性，对于能源和化工进行有效的整合，以生态工业为思路和以代谢分析为启示，努力促进能源领域和化工领域进行联合。

2. 煤炭资源的能源化工生产综合代谢模型

能源领域和化工领域的工艺存在许多相似的地方，并且新兴的清洁煤炭技术提议了一些新的煤炭使用技术和方法，为两者进行有效整合提高有利条件。当前，已经存在一些煤能源化工比较成熟的联合生产实例和规划。

9.4.3　物质经济代谢分析方法

由前文知，物质经济代谢在考虑到物质流的生物物理特性的基础上，还考虑了影响物流动的社会经济因素，这就给物质经济代谢分析提出了新的难题。现在业界内经常用到的是社会代谢多尺度综合评估（MSI – ASM）法。

20 世纪 90 年代初，意大利国家食品与营养研究所高级研究员马里奥·吉阿姆皮埃特罗（Mario Giampietro）首先对于社会经济系统的能量进行剖析。20 世纪 90 年代中期，他与日本德岛大学教投真弓浩三（Kozo Mayumi）等合作，更进一步地剖析社会经济系统的复杂性、层级体系理论、能量代谢和可持续性等。2000 ~ 2001 年，他们在《人口与环境》中首次给出"社会代谢多尺度综合评估（MSIASM）"一词，并全面地阐述了该种分析法的基本理论基础与应用领域。社会代谢多尺度综合评估（MSIASM）是指依据人类活动中的资源、体外能流的资源和增加值流在社会经济系统内的合作联系，同时使用不同学科（如生物物理学、经济学、人口学、生态学和社会学等）的各种参量，对于社会经济发展与可持续性问题进行剖析。

社会经济系统与生态系统具有相似性，它也是持续地进行物质和能量的代谢。社会代谢多尺度综合评估（MSIASM）是指通过各个尺度（例如国家、经济部门、次级部门、省/州、社区、甚至个别家庭），将社会经济系统的能量代谢过程（生物物理过程）与该系统的经济（如 GDP、劳动生产率）、人口（如人口的年龄结构和性别构成）、生态（如能源密度）和社会（如义务教育和退休年龄的规定）特征进行有机整合，运用多个关系方程式，可以得到社会经济系统的人类活动（时间）量、体外能投入量、劳动生产率、生物—经济压力和体外能超循环强度等参数、指标，从而能够综合地对于社会经济发展和可持续性进行评价。自从社会代谢多尺度综合评估（MSIASM）提出，该法就不间断地完善和发展，并且运用到多个领域上，尤其是能源、农业、生物能源、可持续性发展等领域。

9.5 循环经济代谢应用

资源代谢也是资源流动的一个重要环节。本节以新汶矿区为研究对象，分析企业资源代谢情况。新汶矿区利用资源代谢，将煤炭开采、加工、利用等作为框架形成产业共生网络体系，促使各类资源进行层级使用、循环再生使用。

9.5.1 煤炭的物质代谢分析

煤炭的利用主要集中在能源领域和化工领域，其中能源领域是以煤炭作为燃料，为其生产过程中提供电力、热力、动力等，化工领域是以煤炭作为基础合成原料。新汶矿区通过现有资源、企业等情况进行分析的基础上，对投入、产出资源属性、用途进行分析，对产业在园区中的功能与作用，尤其是对资源产出。利用情况进行分析，利用集成原理对园区内部的企业进行优化组合，对资源集成进行优化组合，在这些研究的基础上，利用产业网络理论，分析资源在相关生产环节或企业的流动问题，研究最优资源流动优化路径，形成结构合理、配置科学、具有新汶矿区特色的资源代谢网络。新汶矿区资源代谢的构思是以煤炭开采为切入点，以煤炭加工为桥梁，以资源综合使用为中心，以副产品、废弃物等开发使用为辅，以有关领域和谐发展、产业转型为研究方向。新汶矿区资源代谢的优势在于利用资源代谢将煤炭开采、加工、利用等作为框架形成产业共生网络体系，促使各类资源进行层级使用、循环再生使用。

9.5.2 余热的物质代谢分析

新汶矿区的余热资源主要来源于电厂余热、矸石砖厂余热、地热、水泥厂余热等，其物质代谢分析如图 9-5 所示。

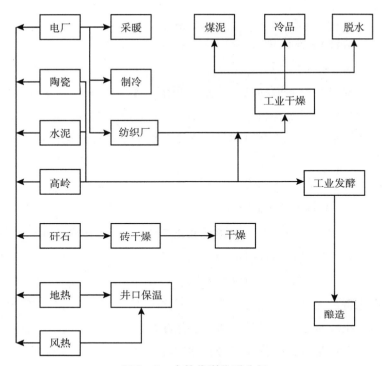

图 9 - 5　余热代谢物质分析

9.5.3　煤泥的物质代谢分析

煤泥不仅可以用来作为电厂的燃料，也可以制水泥浆，也可将其加工成型煤之后销售，其物质代谢分析如图 9 - 6 所示。

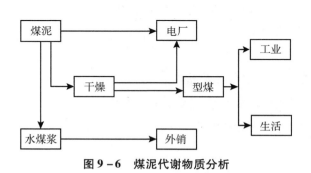

图 9 - 6　煤泥代谢物质分析

9.5.4　煤矸石的物质代谢分析

煤矸石的用途很多，可用于井下充填、发电、铺路、复垦造田等，其物质代谢和分析如图 9 - 7 所示。

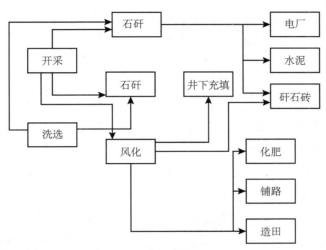

图 9 - 7　煤矸石代谢物质分析

从以上分析可以看出，新汶矿区在煤炭、余热、煤泥以及煤矸石等诸多资源的代谢利用方面具有许多特点，并形成了系统型的综合代谢利用模式。

9.6　本章小结

本章主要分析循环经济资源集成利用技术中的代谢技术。书中首先简要介绍了代谢技术的含义以及循环经济代谢基本原理。并着重介绍了循环经济代谢的基本类型、特征以及代谢分析方法种类，为分析循环经济环境下代谢技术的应用提供了分析基础。最后以煤炭企业代谢模式为例，介绍了煤炭及其相关资源在代谢过程中所具有的一般活动。

第 10 章
循环经济集成时空配置

发展循环经济是我国落实科学发展观、转变经济增长方式的战略选择。高污染、高能耗企业循环经济一体化理论的深入研究和实践活动大大降低了能源消耗，提高了能源利用效率。但能源利用率低、综合利用率低、利用效率低等现象仍然存在。以煤炭企业为例，目前煤炭企业存在两个问题：一方面，能源供应紧张，节能任务难以完成。我国正处于经济建设的高速发展阶段，对煤炭资源的需求巨大。矿区是满足能源需求的，忽视了节约能源和提高资源利用效率的问题。另一方面，太阳能、风能、地热能等可再生资源，如废热、废风等，尚未得到合理开发利用，能源浪费严重。许多矿区位于日照时间较长、风能丰富的地区，但受技术水平、成本等因素的限制，不用于可再生资源。煤炭企业出现问题的表面原因是，从系统的角度看，没有能源开发利用的整体安排，其实质是能源配置的理论和方法不完善。最优分配方法主要从宏观方面进行研究。线性规划主要研究在资源约束条件下如何对输出进行排序，以达到最大的效益。他们的研究重点不在资源配置上。因此，为了提高能源管理水平，实现节能任务，企业需要考虑的分布和利用能源从系统的角度，根据能源收购的特点和使用在不同的领域，创新能量分配方法。

党的十九大全面分析了我国能源状况和环境问题，提出了企业的新要求和新目标。高污染、高能耗的企业严重制约了我国经济的可持续发展。以煤炭企业为例，煤炭行业的高污染、高能耗已成为不争的事实。然而，由于煤炭经济结构严重依赖于煤炭行业，因此很难对煤炭进行操作、控制和减少煤炭消费。为了实现中国经济发展和环境保护的"双赢"目标，我们需要研究减少企业能源消耗的新途径和新思路。循环经济一体化理论对高污染、高能耗企业实现节能环保具有重要的指导作用，也为我国经济的可持续发展开辟了新的道路。本章首先介绍了循环经济集成时空配置的概念、特征和意义，然后以煤炭矿区为例，构建了能源集成时空配置模型，以改善矿区发展中能源集成时空配置状况[75]。

10.1　循环经济集成时空配置概述

本节主要介绍循环经济集成时空配置的原则、原理和意义。

10.1.1　能源集成时空配置原则

循环经济集成时空配置需要按照下面的原则：

1. 统筹兼顾、保证重点原则

统筹兼顾是从企业整体的角度出发，从整体的角度考虑能源整合时间和空间分配方案。高污染、高能耗企业的生产和生活各方面都与能源密切相关。企业的生产系统需要较高的能源。分配资源时，首先要考虑和满足企业的能源需求。时间和空间配置需要有计划地分配和利用能源，以确保关键的能源消耗领域，以及辅助和生活的领域，以实现全面合理的安排。

2. 注重效益、择优分配原则

高污染、高能耗的企业需要消耗煤、电、水、油等多种能源。每一种能源在不同的生产环节都扮演着重要的角色。然而，随着科学技术的发展和进步，许多能源可以被其他新能源、可再生能源和闲置资源所取代。如果煤矸石可以代替煤炭发电，处理的矿井水可以替代淡水清洗煤炭、粉煤灰、炉渣等，可以代替水泥砖等。高污染、高能耗企业应充分考虑能源利用成本，结合经济效益和环境效益进行能源配置。

3. 产需均衡、留有余地原则

高污染、高能耗企业不同生产环节对能源的需求存在较大差异。能源分配的平衡不是基于部门的平均分配，而是根据部门的实际需要进行相对平衡。确保重点能源消费区域不因能源短缺影响企业的正常生产是有空间的。

在能源配置过程中，每个领域都要有一定的能量来应对突发情况，所以我们需要做好资源储备工作。

4. 新能源、可再生能源优先配置原则

一方面，煤炭、石油等不可再生资源的稀缺导致了新能源和可再生资源的研究和利用。另一方面，这些化石燃料燃烧产生的气体和固体会造成严重的环境污染。能源供应短缺和环境恶化要求我们增加开发和利用新能源和可再生能源。

10.1.2　循环经济集成时空配置原理

循环经济中资源的利用和分配是通过资源配置体系内部控制来完成的。资源配置系统中配置方法较多，最有效的方式是资源集成的时空分配。资源生产和资源利用率没有统一的时间和空间，可以存储的资源（如煤）可以用来调节，减少资源的浪费（虽然成本高），如果资源（如电能、风能、太阳能等），不能存储不习惯，这将导致资源的损失（如电能、风能、太阳能等）。因此，在错误的时间对资源峰谷的利用进行研究是必要的；不同能源消费领域的资源类型和数量不同，相同的资源投入不同的使用领域，综合效益也不同。因此，需要研究资源整合的空间分布问题。

循环经济集成化时空配置是基于能源管理、管理集成和最优分配理论的研究成果。它建立在科学分工原则、功能合理设置和统一目标确定的基础上。根据资源供给系统的资源供给情况和不同资源在资源消耗领域的使用情况，使用所建立的集合。时空配置模型，利用资源，利用资源的类型和数量安排，合理组织和系统，和资源的使用的高峰期交错尽可能多，而剩余的资源不能存储在低谷是用于解决资源生产和利用的不和谐的高峰和低谷，资源的类型和数量。数量分布不匹配的问题。

10.1.3　资源集成时空配置的意义

资源集成的时空配置从根本上解决了资源结构不合理、循环经济利用效率低下的问题，资源利用的高峰期缓解了资源利用高峰期造成的资源供应短缺。时间和空间的分配在一定程度上有利于循环经济的稳定发展，资源不会发生重大变化。在时间和空间配置的集成、循环经济价值的新能源、可再生能源、资源闲置和使用空间的充分考虑，最大限度地应用循环经济的各个方面，大大减轻对资源的需求，有效地保护环境，减少污染的程度。

10.2 矿区能源及能耗领域的特征

矿区以煤炭生产为核心，辐射周边地区，与农村、城市相结合。同时，矿区具有能源生产和消费的双重地位，对我国经济的发展起着至关重要的作用。采煤区能源消费领域主要包括生产、生活和社会活动。在各种能源的开发利用中，这种关系是强烈而复杂的。每一种能源不仅可以实现分级利用和级联利用，还可以通过合理配置和与其他能源的结合实现综合利用。

10.2.1 能源特征

通过对几个矿区的实地调查和调查所得的数据分析，可以将矿区的能源特征归纳为 3 个方面：能源种类多、能源间关联性强和能源用途多样化。

（1）能源种类多。煤炭矿区涉及的能源类别不仅包括初级能源，还包括新能源、可再生能源、闲置资源和废弃资源。为了保证矿区的正常生产和生活，需要大量的能源，如煤和石油。然而，随着我国科技水平的提高，越来越多的能源可以用于矿区的生产和生活环节。大量能源的生产过程中，一方面存在大量可以二次使用的闲置能源，如煤炭研磨石、煤泥浆、电厂的余热资源、煤层气等等，另一方面存在报废设备设施等废气资源。

（2）能源间关联性强。矿区不同类型的能源不是孤立的，而是相互联系的。目前，能源之间的两种共同关系是能源替代关系和能源互补关系。例如，风能可以补充矿区对电能的需求，太阳能也可以产生电能来补充矿区对电能的需求。因此，风能和太阳能是互补的。无风时，太阳能发电和雨天可与风力发电配套使用，两者相辅相成；煤研究石和煤泥代替了煤发电，建造了许多火电厂，不仅消耗了大量的固体垃圾资源，而且减少了固体垃圾资源对环境的破坏。

（3）能源用途多样化。煤煤区能源资源丰富，特征多样。常规能源性能相对稳定，易于控制和使用，但此类能源储量有限，短期内无法再生，燃烧后对环境造成严重破坏。可再生能源的分布范围广，但浓度不高，但供给不稳定，同时受到不可控因素的影响。成本比较高，使用起来也比较困难。可再生能源的优点是无限量使用、清洁能源和减少环境污染。矿区常见的空闲资源，如煤炭研磨石、泥、粉煤灰、废热，剩余压力和其他资源，如煤炭磨石头和煤泥浆在使用成本低，应用领域更加广泛，利用潜力相对较大，但资源的收集和处理如余热和剩余压力应该更高，难以使用，属于很难使用低质量的能量。

10.2.2　耗能领域特征

矿区的主要能源消费领域可分为 5 个方面根据能源消耗位置：井下耗能领域、地面生产耗能领域、地面辅助能耗领域、生活耗能领域和矿区服务行业耗能领域。各领域的能耗特点如下：

（1）井下耗能领域。井下耗能领域可进一步划分为基本生产能耗和辅助生产能耗。基础生产的能耗主要是指驱动和回收的能耗。辅助生产的能耗主要是指运输、吊装、排水、通风、气压等能耗。能源消耗是这些油田的主要能源消耗，同时消耗少量的石油。挖掘机、带式输送机、刮板输送机、泵、风机等均采用电能驱动；驾驶设备、采矿设备、运输设备不仅消耗电能，而且还需要少量的石油和汽油，特别是运输设备需要消耗汽油、柴油等石油资源。由于安全生产和稳定生产的需要，对能源类型和供应的需求极其严格，很难使用其他能源替代品，更多的能源是无法停止的。

（2）地面生产耗能领域。地面生产耗能领域主要包括洗煤加工、机械制造、矿山设备维护、矿山材料生产、电力、建材、煤炭转化等非煤炭行业。该油田主要生产电、煤、油以及加工后的热、冷煤气。地面生产系统是地下生产的延续，是采煤区最重要的生产环节。与地下能源消耗相比，地面能源消耗领域的能源需求相对较低，可以被其他能源替代。考虑到资源合理配置的要求，有可能利用错误的时间利用地面的能源消耗来避免能源峰值期，从而将能源应用到最需要的工作环节。

（3）地面辅助耗能领域。地面辅助耗能领域主要包括固体废物处理、污水和工业废水处理、地面运输、办公区域等。这些领域的能源消耗种类繁多，能耗比例较小，以能源消耗为主要能源。大多数耗能设备，如办公区域的照明和空调，都可以使用太阳能来维持他们的工作。经过对固体废物、生活污水和工业废水的处理，可以产生大量的可回收资源，这些资源可以再投资到生产环节进行再利用。地面辅助能源消耗领域可以被新能源、可再生能源和闲置资源所替代，也是矿产资源循环利用的重点领域。

（4）生活耗能领域。生活耗能领域，主要包括员工公寓、浴室、家庭区、工业广场、食堂、风景等。在这一领域，用电量是主要原因。由于电力需求相对较低，太阳能和风力发电可以代替煤来发电。矿区发电厂的废热资源可以保护员工公寓、浴室和家庭区域的供暖。在景观区，树木的浇水、工业广场的喷洒、厕所的冲洗可以用处理过的矿泉水替代淡水。虽然在能源消耗领域有很多的能源消耗，但能源消耗较小，对能源稳定性的需求不高，可以使用其他能源。它是能量和空间时间分配最重要的领域。

（5）矿区生活服务耗能领域。矿区生活服务耗能领域，主要有通信、酒店、商店、酒店、学校、医院、银行、邮政等单位和部门，主要消耗水、电、煤、汽油、柴油等能源。能源消费领域的卫生间冲洗可以使用经过处理的矿井水而不是淡水来节约水资源。能源消耗的另一种能源是电能，因为这些能源消耗单位的能源需求较低，可以利用太阳能和风能满足日常需要。该领域是资源综合利用和提高能源利用效率的关键领域。它也是矿区能源配置的重要领域。

10.3 能源集成时空配置模型

10.3.1 能源集成时空配置可行性分析

通过对能源类型和能源消耗的分析，初步了解了煤矿矿区的能源利用情况。作为矿区所有生产工作的根本，地下能源消费领域对能源的需求量很大。考虑到能量集成的时间和空间配置，只能考虑时间配置，即在错误的时间利用能量将能量应用到最需要的领域，以确保地下工作的正常运行。地下能源的使用不适用于其他能源的使用。随着各种能源技术的掌握，井下能源的时空配置应在后期实现。

在地面生产耗能领域，地面生产领域的能源消耗相对较低。然而，作为地下开采的延续，地下开采系统需要保持连续稳定的运行，与地下开采系统相匹配，才能实现矿区的经济效益。因此，地面生产系统的能量分配必须考虑上述因素。石油资源，即柴油和汽油，不能被其他能源替代。洗煤厂使用的水资源可以被矿井水替代，矿区可以提高矿井水的处理和利用强度。电力是该领域消耗最多的能源，电力主要来自矿区或附近发电厂的电厂供应。发电厂通常以煤炭发电为基础。目前，煤粉、煤泥等发电效果都很好。煤矸石和煤泥可以代替煤炭发电。这不仅可以充分利用煤炭生产过程中产生的这些固体废弃物资源，还可以减少其面积，保护环境，减少发电。成本。煤炭洗选加工、建材、煤炭转化等非煤炭行业及机械制造、矿山设施及设备维护、矿山材料生产可在错误的时间使用。在能源、矿山设施和设备维护的高峰期，矿物原料的生产可以先暂停，满足洗选煤加工、煤炭转化等领域。综上所述，表面生产系统在很大程度上可以实现能源集成时空配置。

地面辅助生产耗能领域，实现固体废弃物资源再利用的重要领域，也是一个很好的能源整合领域。经处理的矿井水可应用于矿区多个用水量环节，大大降低了淡水的用水量。矿区生产的煤、石、泥等大量固体资源可用于发电厂发电。煤粉也可用于井下充填，防止地表塌陷；用于制砖，增加砖的坚固性；生产水泥，提高水泥的硬度，使用煤磨石也可用于生产其他建材。当固体废物处理、生活污水和工业污水处理、办公区域等的使用电能，它可以完全错误地使用能源时，避免开采能源的高峰期，第一次见到地下能源需求的主要生产系统和地面生产系统。在表面辅助生产领域，可以实现能量的分配。通过重构，可以在很大程度上提高能源的利用效率。

能源消耗和水资源消耗是生活耗能领域及矿区生活服务领域主要来源。由于能耗小，可以通过太阳能和风能来满足。太阳能和风能的能量可以在短时间内储存，因此该方案是可行的。居民的饮用水必须得到淡水的满足，但是用于冲洗的水可以完全使用经过处理的矿井水，即使用矿井水而不是淡水。此外，淡水可被用于园林绿化用水和用于除尘的工业场所的矿井水所取代。通过电厂的废热资源，可以完全满足公寓和家庭地区的供热供给，最大限度地减少电能的消耗。能源消费和矿区生活服务领域的能源整合时空分配空间较大，潜力巨大。

10.3.2　能源时空配置模型的建立

矿区可分为基本能源和开发能源。基本能量是用来维持矿区居民生产和生活的能量。这部分可以满足矿区的需要，除基本能源外，能源用于经济发展。矿区能源集成时空配置主要基于经济发展能源。

为研究能源消费的边际效益与污染排放水平之间的关系，本节借鉴微观经济学中的边际产出理论。设 E 表示 t 时刻能源总量，在时空配置模型中以 i 表示区域。Q_{i0} 表示矿区在发展经济的过程使用的能源总量；E_i 表示获得的能源量，各用能领域能源消费的边际效益记为 f_{ij}，$j = 1$，2，$\cdots$，N；Z_{ij} 为用能领域 J 的污染排放水平，$j = 1$，2，$\cdots$，N；设各用能领域接受能源量为 E_{ij}，则各用能领域产生的污染量为 $P_{ij} = Z_{ij} \times E_{ij}$，由以上假设可得

$$U_i = \sum_{i=1}^{N} \int_{Q_{ij}}^{Q_j + E_{ij}} f_{ij}(Q_{ij} + E_{ij}) \, dE_{ij} \qquad (10-1)$$

$$P_i = \sum_{i=1}^{N} P_{ij} = \sum_{i=1}^{N} E_{ij} \times Z_{ij} \qquad (10-2)$$

$$\sum_{j=1}^{N} E_{ij} = E_i \qquad (10-3)$$

$$\sum_{j=1}^{N} Q_{ij} = Q_{i0} \qquad (10-4)$$

$$\frac{\mathrm{d}f_i(Q_{ij} + E_{ij})}{\mathrm{d}E_{ij}} < 0 \qquad (10-5)$$

其中，U_i 表示矿区总用能量，Q_{ij} 表示矿区用于经济发展能源 Q_{i0} 在各用

能领域之间的分配量，在模型中不考虑当地能源的配置问题，但其大小会影响各用能领域能源消费的边际效益，从而影响矿区能源的配置。P_i 表示接受输入能源量为 E_i 时，第 i 区域引起的污染总量。为研究能源消费的边际效益与污染排放水平之间的关系，可以将上述公式转化为在公式（10 - 6）、式（10 - 7）、式（10 - 8）的约束下，进行求解，即

$$Y_i = U_i - P_i = \sum_{j=1}^{N} \int_{Q_{ij}}^{Q_j + E_{ij}} f_{ij}(Q_{ij} + E_{ij}) \, dE_{ij} - \sum_{j=1}^{N} Z_{ij} \times E_{ij} \quad (10-6)$$

构造拉格朗日乘数函数

$$L = Y_i + \lambda_1 \left(E_i - \sum_{j=1}^{N} E_{ij} \right) + \lambda_2 \left(Q_{i0} - \sum_{j=1}^{N} Q_{ij} \right) \quad (10-7)$$

由公式（10 - 7）可得

$$\frac{dL}{dE_{ij}} = f_{ij}(Q_{ij} + E_{ij}) - Z_{ij} - \lambda_1 = 0 \quad (10-8)$$

且

$$\frac{d^2 L}{dE_{ij}^2} = \frac{df_{ij}(Q_{ij} + E_{ij})}{dE_{ij}} < 0 \quad (10-9)$$

由公式（10 - 8）得

$$f_{ij}(Q_{ij} + E_{ij}) - z_{ij} = \lambda_1, \quad \forall j = 1, 2, \cdots, N \quad (10-10)$$

由上式可知，当能源消费边际效益与能源消费排放水平之差趋于平衡时，矿区社会总效益最大。显然，在一定的能源消费领域，能源消费边际效益越高，污染排放水平越低，能源消费领域就可以划分为更多的能源，可以得到更好的发展。

由公式（10 - 10）有

$$E_{ij} = g_{ij}(\lambda_1 + z_{ij}) - Q_{ij} \quad (10-11)$$

公式（10 - 11）确定了各耗能领域分配到的能源量，g_{ij} 是将记录的数据经过二次拟合得到的结果。所以，当能源消耗的边际效益与能源消耗的污染水平之间的差额得到平衡时，矿区的能源消耗效益达到最大。有许多因素在模型中没有考虑。之后，将收集更多的数据来验证分析。

10.4 能源集成时空配置方案设计

10.4.1 能源集成时空配置分析

在进行综合能源配置时，不仅要考虑各个领域的能源需求，还要考虑能源消耗和环境污染。由于矿区倡导低碳发展，开发绿色生态矿山是实现矿区可持续发展的新途径。从节能降耗、减少排放等多方面进行能源整合。矿区的高污染、高消耗是短期内难以解决的问题，但污染是可以控制的。能源的消耗也可以用来优化能源的分配，以达到最低的消耗。控制污染排放是一笔巨大的投资，对矿区几乎没有产出。没有经济效益，很难引导企业主动控制。国家需要采取税收、法律法规等强制手段，迫使矿区控制和控制污染。近年来，随着科学技术的发展，越来越多的新能源、可再生能源和闲置资源可以替代一种能源。在每个能源消费领域，都可以引入适当的其他能源来维持正常的生产活动。

10.4.2 能源集成时空配置方案设计思路

矿区能源整合的时空分配必须考虑到对煤炭生产的保护和安全，保护生产设施、设备和设备以及职工的需要。根据各区域能源消耗场的特点，建立了各区域能源分布的分布和顺序。

电力可用于生产领域，特别是在基础生产和辅助生产领域。煤炭、电力和石油资源主要用于煤炭加工、转化和利用领域。电厂以煤、煤、煤泥替代煤炭资源，大力发展太阳能和风能。核能发电；在错误的时间，能源主要针对机器维修、洗涤行业和非煤炭行业；井下冷却、井口防冻、家庭取暖等可以利用太阳能、地热、废热等能源。除固体废物、生活污水和工业废水外，地面辅助场必须尽量用于其他领域，其他领域应尽可能多地采用。利用太阳能、风能、废热、地热、地热能、剩余压力、生物质能源、煤炭使用或深加工气体、液体、固体和其他可燃材料来替代能源。人们的生活和其他能源消耗应尽量减少电力、煤炭、石油等的使用，尽量使用煤层气、生物质能、太阳能、风能。过程中能源、废热和加工、新能源和替代能源，如易燃固体、气体和液体，应该产生浪费能源，景观和工业广场应该使用风能、太阳能和矿井水尽可能开发补充能量，矿区周围的行业应该减少煤炭和电力。利用天然气和其他能源，尽可能利用太阳能、废热和地热能相互替代和补充。

10.5　本章小结

煤炭矿区能源集成时空配置不仅可以缓解高峰时期的能源供应问题和能源供应，也有效地减少对传统能源的需求通过使用新能源和能源、闲置和缓解紧张局势煤矿区域在一定程度上。基于边际效益理论的能量集成空间分布模型有助于分析矿区能耗效益与污染水平的关系。只有平衡两者的差异，才能最大限度地实现矿区的整体社会效益，有利于矿区的可持续发展。在能量集成的时空分配过程中，矿区仍然需要根据自身的实际情况将新能源和闲置资源应用到能源利用领域。能量集成的时空分配不仅为缓解矿区能源短缺提供了一种新的途径，而且有助于保护环境，减少环境污染问题。这是实现矿区经济和环境发展的必由之路。

第 11 章
循环经济企业层面集成

随着经济的全球化和市场的国家化的不断推进，企业之间的竞争日趋激烈。提高企业竞争力的根本在于企业整个生产经营过程的协调统一发展，要实现信息、物质等在企业内部各个经营活动的有效流通，促使企业内部各个系统与业物流程和模型的配合度的提升，进而实现经营过程的重组或流程的再造，不断适应变化的市场和人们的需求，提高企业在市场的竞争力，经济效益才能够得以提升。先进的企业集成技术的实施对此有十分重要的影响作用，这里的集成技术的实施不仅针对企业内部，还包含了企业之间系统集成、相互协作的实现。因此，对企业层面的循环经济集成的研究十分必要。本章主要针对循环经济企业层面集成的概念、分类以及评价进行研究。

11.1 企业集成的基本概念和分类

集成的实现是先进制造技术实现的核心。企业集成能够实现企业内部各种功能有机高效地结合在一起，共享信息、资源等，企业集成程度越高，功能结合越紧密，从而有利于提高企业内部存在相互关系的组织、个体以及系统间的协调统一发展，提高经营决策的质量和速度，促使经营目标的实现，提高自身效益。

要将提高生产经营的自动化程度与功能集成相结合发展，才能够推进企业整体的优化、综合竞争力的提升。集成是企业成功的关键因素之一，通在自动化的基础上，通过集成将信息配置到正确的位置，构成完善的整体和系统。在一个企业中，实现功能集成的实体有很多，包括信息系统、员工等[77]。

11.1.1 企业集成的基本概念

企业间的各部分、功能是相互协调，紧密联系的，对企业进行任何活动时都要充分考虑企业的各个组成部分和功能。企业集成通过将内部的各个功能进行紧密结合，来为信息流、控制流以及物料流在各个组织、部门等的流动提供便利，使信息、物流等资源能源的流动更加快捷有效，促使企业内部的协调发展，体现企业的整体效应，最终实现生产率、柔性、应变管理管理能力的提高，以更好地适应不断变化的市场，提高综合竞争力。对企业单元技术和系统得到广泛普及后，通过企业各方面的集成形成集成化系统，以为企业生产经营活动提供必要的支撑，我们把这种情况下形成的集成系统成为企业集成系统。企业集成系统的实施能够促进企业内部各部门、各组之间信息的传递和共享，加强各部门、各组之间的联系。不同的企业集成方法都是通过不同深度和广度层面，不同实体之间的企业内组织、人员、技术、信息系统等的集成的实现，协调整个企业运行的优化发展，最终实现战略目标。

11.1.2 企业集成的分类

企业集成根据企业具体实际情况的差异而涉及不同的内容和范围。

1. 企业集成深度

按企业集成的深度划分，由浅到深可以分别划分为信息集成、过程集成和知识集成。信息集成是实现信息和资源在企业范围内的传递和共享，使正确的信息用到正确的地方；过程集成是通过相应的软件实现数据、资源的共享，使其与应用之间能够协调统一进行工作，从而构成一个完整的运行系统。过程集成能够实现企业内部各类功能的协调发展，促使人员、资金等要素的合理配置，以使经济效益达到最优的结果；知识集成在当前的知识经济时代是最为重要的手段之一，知识集成主要是通过企业内部实现企业知识的共享、积累、管理等来促进企业综合经营管理水平、市场竞争力的提高。

2. 企业集成广度

按集成的广度可将企业集成划分为松集成和全面集成、横向集成与纵向集成。松集成是进行交换的两个系统之间仅进行信息的流通，仅考虑信息是否流通过系统，不考虑该信息是否正确的传达或是对方是否能够对该信息进行解释和应用；全面集成是指每个系统仅知道自己本身的内涵，其他系统的任何信息对该系统来说都是非公开的，同时这两个系统共同服务于一个任务，二者之间对相互交换的信息都是非常清楚且相同的；横向集成是指从产品需求到运出整个过程中的逻辑集成和物理集成，在该过程中对各个组织间进行的物质、信息等的流动进行优化；纵向集成是企业内部不同层级的管理部门间的集成，纵向集成的实现能够促进合理有效的决策流的集成，进而提高决策的正确性和速度。

3. 企业集成范围

从企业集成的范围上可将企业集成分为企业内部集成和企业外部集成。企业内部集成是在不考虑内部职能差异的基础上，通过对内部信息、应用和过程三个方面的集成实现企业内部系统的优化，提高企业的运行效率；面对当前的市场环境，企业要兼顾适应外部环境的不断变化以及内部对自身的管理为一体，企业外部集成主要是针对企业对外部相关部分的管控以及对自身内部系统的优化的基础上形成的，包括企业与企业、企业与消费者间的集成，也称为企业级集成[76]。其目的是实现企业与企业之间、企业与消费者之间的紧密结合，协同发展，实现共同盈利、共担风险。下面将详细介绍企业内部集成和外部集成。

11.2　企业内部集成

企业内部集成是在不考虑内部职能差异的基础上，通过对内部信息、应用和过程三个方面的集成实现企业内部系统的优化，提高企业的运行效率，本节对企业内部集成进行探讨。

11.2.1　企业内部集成的概念

企业内部集成就是通过从全局出发，优化整体系统来促进信息在系统能包括采集、传递等各种活动更加有效、公正和高校，包括对企业内部信息、人员、技术等要素的集成[79]。

企业内部集成是在不考虑内部职能差异的基础上，通过对内部信息、应用和过程三个方面的集成实现企业内部系统的优化，为正确的信息正确的应用到正确的位置提供了保障，进而能够促使决策者做出高质高效的决策，同时保证了无论哪种类型的企业内部都能够紧密结合，整体协作发展。

11.2.2　企业内部集成的作用

企业内部集成对企业的作用分为以下几点：

（1）使企业的业务操作与企业的发展战略保持一致；

（2）使企业内部知识、数据等资源在各组织间进行流通，实现数据与知识的共享，减小资源冗余或是缺失带来的成本，提高资源的利用率；

（3）通过信息、数据的共享实现企业中不通过系统间的协调发展，甚至是发展如虚拟企业一样的跨越企业边界的企业形式；

（4）摒弃原有传统的分散式管理，构建共享式的信息平台或信息管理系统，实现大范围的数据共享，以促使信息安全、有效快速地进行传递；

（5）从全局的角度出发构建模型和工具，掌握企业的业务流程、决策环节，对管理方式进行优化，在此基础上及时有效的针对估计出的各个决策对企业的影响作出反应，避免一些问题的出现，促使自身经济效益的提升。

11.2.3　企业集成的框架

目前国内外关于企业集成的研究方兴未艾，各种企业集成的框架层出不穷，具体叙述如下。

（1）通用企业参考体（GERAM）：是 IFAC 和 IFIP 联合组织的一个关于企业集成体系的工作组在研究企业集成参考体系问题时提出的 GERAM 框

架，反映了企业工程和集成的及成本组成框架。

（2）ARCHON体系：该体系包括协作和协调上层以及与领域相关的下层域层以及一个为层内组件提供服务的通信机制（HLCM－高层通信模块）

（3）计算机集成制造开放体系结构（CIM－OSA）：该系统结构从多层次、全面的描述了CIM的生命周期，从上到下，从抽象到具体，从整体到部分，提出了整个企业建模活动的工作方式。

（4）基于敏捷供应链的集成框架：框架是包括群体决策中心、实施中心以及协调中心三个层次在内的开放式功能框架。各个层次通过信息、物质等资源的相互传递来加强同外界的联系，通过不同的时间空间上的分工，来达成共同的总目标。

（5）基于多代理人的企业集成框架：在该框架中，企业内部各个组织都被看做一个单元块且均对应一个智能代理人，从而整个企业被看成一个拥有复杂代理人网络的制造系统，通过代理人间的交互来实现单元间的协同作用。该框架的特点决定了需要在企业层建立一个仲裁代理人，当单元件出现矛盾或无法正常工作导致任务完成收到阻碍时，能够站出来进行任务的分配调整。

11.3　企业外部集成

本节主要介绍面向供应链管理的企业外部集成方式。

11.3.1　企业内部集成到外部集成的转变：面向供应链管理的集成

企业集成通过制造业发展过程的不断实践得出的需要，也是人们在不断创新和开发现今的制造理论和技术的过程中得到的实践结果。传统的批量制造模式中，制造系统重视"点"上的问题，制造商作为供应链的主体，独自掌握产品的生命周期的整个过程，制造产品、技术单一，仅在固定范围内进行生产经营，产品生命周期被大大延长，不利于经济效益和综合竞争力的整体提升。弊端的不断出现让人们逐渐由"点"的观念转向全面协调发展的"面"的视角，强调全局视角，开始转向对制造业务系统进行开发和研究。企业集成的方法应运而生，以提高生产效率，便于系统管理。初期，企业集成主要考虑企业内技术、人员等要素的集成，人们从企业的结构、理论方法等方面入手，进行深入研究。随着社会的不断发展，供应链的主体由原先的制造商转变为客户，而制造者是经济效益提升的关键，要去满足客户不断变化的需求。供应链的管理和发展成为企业发展的关键所在，企业集成的范围自然地得到拓展，成为面向供应链管理的企业集成。由于供应链的特性，企业在不断加强与合作伙伴间的密切联系，以共同目标为基础而形成广义企业，广义企业的有效管理要借助虚拟企业的发展而实现。为适应不断变化的市场需求，广义企业内的合作企业会由于消费需求和目标的变化而呈现出动态短期的合作特点，组织规模结构会随着市场的变化而适时地进行调整。因此，对虚拟企业的发展将会大大促进面向供应链的企业集成的顺利实施，虚拟企业管理信息平台的建设为供应链的管理和监控提供了保障[78]。

供应链是产品整个生命周期所涉及的各个功能实体的活动和动态变化的复杂网络系统。随着社会的不断发展，供应链从原先被看做是业务现象的初步研究到如今作为指导生产和经营管理的关键理念的深入研究，逐渐被关注。供应链管理的目的在于实现对供应链的合理控制和有效关系，以在此基础上提升各个功能单元的效率和优势，最终达到增加经济效益的目的。供应链管理要兼顾生产质量、用户需求以及最低成本的同时，对供应链上的各个功能实体进行及时有效的协调管理，从而实现供应链中涉及企业的集成和结构优化。

纵观当今的发展过程，孤立的发展制造系统和仅考虑企业内部集成的方法均已经无法很好地满足企业经济效益不断提升的需要。在整个生产经营过程中，将相关业务活动进行外包给更加优越的供应商，能够提高效率的同时，对整个供应链更好地控制。多企业集成，协同发展的思想才是使企业更好地适应市场环境的解决办法。制造研究要突破原有模式，发展面向供应量管理的企业集成，才是正确的发展道路。

11.3.2 面向供应链的企业集成模式

管理和技术是企业集成结构的两大组成部分，其中技术作为制造的基础而发挥作用，管理作为制造的灵魂而存在。在当今全球一体化发展的趋势背景下，管理问题可能更是企业集成所面临的主要问题。

传统的产业集成仅考虑企业自身的物料、信息等资源能源的内部集成问题，忽略对企业所处环境中各个企业间的联系，忽略了企业与企业之间的资源能源的共享和配置问题，容易出现资源冗余、管理难度加大，无法很好地适应不断变化的市场环境等各类问题。企业集成的最终目标是提高企业在市场中的竞争力和提高发展能力，以顺利适应不断变化的市场环境和消费者的需求。供应链的集成突破了传统产业集成的限制，摆脱了自身范围的限制，企业的作业活动被分为销售、设计、制造、运送等相互独立的功能部分，独立性使这些功能部分的来源可以是同一个企业，也能够是多个不同企业，甚至这些部分自身可单独作为一个独立企业而存在。当新的市场机遇出现时，经营实体为保证生产经营活动而进行供应链的构建时，考虑的就是选择和应用包括设计实体、制造实体等在内的各类功能实体，不会受到其他等问题的限制。这种用模块化涉及方法进行的业务重组和资源重构的组织和管理思想能够最大程度地发挥各自的优势，投入少的生产要素和资本实现有效的规模化生产，提高资源的利用率，实现了资源的优化配置。这种模式是实现企业集成目标的十分有效的组织模式。

这种以供应链集成为基础的模式如图 11-1 所示，核心企业作为该结构的主体进行各个功能实体以及供应链的管理协调工作。这种集成结构是当前企业集成管理的新模式结构，将业务过程分为多个相互独立的功能实体，在一定的环境约束下形成的不同于传统金字塔式的结构的扁平化网络组织结构。在核心企业的协调基础上，实现资金、技术等要素资源等的传递和共享，共同面对不断变化的消费需求和市场环境，共享利益，共担风险，具有动态性、灵活性等特点。在这种情况下企业构成的集成整体具有能力是优于每个部分单独力量之和的，即在范围内的任何一个企业都能够实现规模经济，具有极大的优势。通过企业的重组，信息可以突破原有界限，在各个功能实体灵活有效的传递。同时信息技术的不断发展，给予了企业集成极大的支持，信息集成系统的建立使供应链集成的基础，能够提高企业内外人员和设备住所交互的实时性和灵活性。具体如图 11 - 2 所示。

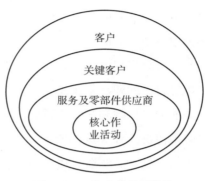

图 11 - 1　集成供应链结构

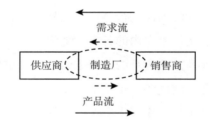

图 11 - 2　企业集成中的信息流动

11.3.3　信息技术的作用

在当今的信息时代，企业的管理和控制已经离不开信息技术的支持，为适应当今的信息环境，大家都在为更好地提升自身经营效益而寻求更合理有效的集成化管理系统。信息技术的发展对企业之间的联络通信、合作互动方式以及控制系统的建设等都产生了重要的影响，为企业内外部的集成提供了许多更好、更便捷的手段，如电话、多媒体、信息系统、数据库、电子商务、电子邮件等已经是企业进行各种活动所必备的工具。对于企业的决策层和工作人员，能够从企业构建的信息系统中及时、清晰地把握工作和业务流程的具体、准确的相关信息，从而能够针对发展情况进行各领域的控制和管理。人们为了企业集成的顺利实现在各个方面不断的努力。随着计算机、网络技术、电子商务技术等的不断发展，电子数据交换应用越来越广泛，促进了全球之间的紧密联系。全球的供应链活动能够通过网络集成为一个虚拟整体，虚拟制造、虚拟企业的信息系统的发展对企业集成的有效实施与发展具有重要的推动作用。

企业集成要求在集成范围内进行生产的制造商、相关的供应商以及参与消费过程的销售中心和用户之间能够更加紧密的合作，及时交换和处理各种生产经营过程中的相关信息。继承范围内的企业在保持自身独立性的同时也要与其他企业间在明确任务后，组成广义集成企业网络，然后通过先进的通信系统和支持软件的强大功能来掌握整个产品生命周期的所有信息，协同合作，及时有效地完成自己所承担的任务，提高群体效益的同时提升自身的综合竞争力。同时运用先进的通信技术和支持软件进行敏捷供应链管理系统的管理和开发也是企业集成研究关注的重点问题。以广域网为基础的虚拟企业的运行和先进的管理的信息系统是敏捷供应链管理的基础。

综上，在当今的信息时代，外部环境要求企业集成的实现必须借助信息技术，充分发挥信息技术在企业集成过程中的关键作用。

11.3.4　企业外部集成目的和意义

企业外部集成以建立企业与企业间紧密的合作关系以及企业与消费者间的良好的信任关系为目的，拓展发展范围，进行企业与企业、企业与消费者之间的外部集成，提高企业对外交流和合作的能力，有利于促进企业向大的国际市场迈进[81]，企业外部集成的目的和意义主要体现在以下几个方面：

（1）促使企业从传统的发展战略转向全球化、国际化迈进的战略，从金字塔式的集中组织结构转向扁平的网络化，从传统的经营模式转向注重产品的设计与创新、突出核心业务优势，积极提高市场地位和强化经营过程的新型模式转变。

（2）企业集成利用广域网，在发展过程汇总能够拥有更广阔的合作和交流范围，甚至可在全球范围内通过构建虚拟企业群体，使群体资源、信息等进行优化配置和合理利用，分工合作，以更好地适应不断变化的市场环境，互利互惠、共享效益、共担风险，从而提高群体的经济效益的同时自身企业的综合竞争力也能得到提升。

（3）利用计算机网络技术、电子商务技术等，依靠大数据的发展，实现企业与客户之间的集成，实现企业与客户的交流与合作更加便捷、安全和灵活。电子商务技术、网络技术的发展解决了企业与客户间交流的时间和场地限制的各类问题，实现企业与客户之间的实时交互，进行订货、提货、支付与结算等相关商务活动，满足客户不断变化的多样化、个性化的需求，加强企业与客户之间的机密合作。

11.4　企业集成的评价

企业集成同样需要进行合理的规划和设计，设计的得到性是企业集成有效运行的关键。因此，要对企业集成在运行过程中不断进行评价，根据得到的反馈结果进行适时的调节。对企业集成进行的评价可以从考察设计适合目标以及适合问题特性的情况这两个方面进行，此外，还可对某些单项指标进行评价。

评价指标的选择是进行企业集成评价的关键。指标的选择在考虑传统MIS评价的共性经验的同时要有自己的特点，即指标的选择要能充分代表企业集成，体现企业集成的特殊性。一般认为，进行企业集成的评价指标体系构建时需要考虑的准则有如下五点：

1. 合目的性原则

指标体系的构建要准确贴合企业集成的最终目标。

2. 有效性原则

要求指标体系中每一项能够准确地对企业集成的特性和属性进行恰当的描述，以实现构建的指标体系的合理有效。

3. 简洁性原则

简洁性原则又称为不可替代性原则。由于系统的复杂性，系统内各个功能和性能在一定程度上是会互相影响的，并不是完全独立。简洁性原则要求构建的指标体系中每一项指标都是相互独立、不可替代的。

4. 协调性原则

构建的评价指标要能够对企业集成进行全面的评价与衡量，且指标的作用效果要既实现相互制约又相互促进，从而能够呈现出全面的评价结果。

5. 可测性原则

可测性要求指标体系中每一个指标都要能够测量，以实现评价的客观性进行。

一般认为可以从评价准则与指标体系两个方面对企业集成的评价问题进行研究，文章在此仅涉及对企业集成的评价准则体系的研究。综上，提出以下三个方面对企业集成的评价相应进行研究。

1. 集成与扩展能力

企业集成是在集成内部各种要素的基础上涉及各个层面的集成，因此集成与扩展能力是评价企业集成效用的关键指标。

①集成异质信息资源的能力：信息集成平台需要集成的信息资源具有复杂性和差异性，集成范围也较大，因此异质信息资源的集成能力是能够对信息进行有效集成的关键。

②通用性和适应性：企业集成方法和体系不能仅考虑单个或统一种类的行业或企业，要对各类企业行业都具有通用性和实用性，而且需要为企业组织结构、业务流程发生调整时信息平台的持续应用提供保证。

③可调整性：根据企业模型实现现有系统的移植和新系统的引入，方便快捷，使系统结构免于复杂性和刚性。

④可扩充性：系统的数据结构和访问过程必须足够灵活，以尽可能模块化，以便无须硬件或控制结构修改即可扩展它们。

⑤强调人的重要性，实现以人为中心的管理，达到人与系统的高度协调发展。

⑥支持动态联盟的合作：改变以往的发展模式，根据面临的外部市场环境，综合各自发展的优势，构成动态联盟，以动态联盟为支撑，在实现共同目标的过程中共同盈利、共担风险。

2. 表达能力

企业集成的表达能力是企业首先集成的关键，从以下几点提出评价准则：

①正确性：表达方式必须保证精确的正确性，不能有所误差地真实反映实际情况，以为正确结论的制定和合理的建议提出奠定基础。

②完备性：具备完备的要表达的相关领域的知识和能力，以避免一些重要的知识发生遗漏以及出现传递上的错误。

③一致性：要求知识的表示除具备准确性和完备性还要保证一致性，由于知识来源及其自身的复杂性，要求涉及的知识要进行一致性检验。

④可理解性：知识的表达要便于用户理解。

⑤可访问性：能高效地利用知识。

⑥可解释性：表达方式的运用要能够做到便于向用户解释其行为，便于理解。

⑦明确性：知识的表达方式要能够明确传达知识的内涵，以使知识的呈现更加明确，便于求解问题，由于知识需要根据发展的情况不断进行更新，因此需要通过简单的术语，运用方便修改和监督的方法来对每阶段涉及的知识进行明确的表达。

⑧简洁性：要求知识的表达能够通过一种简洁的方式进行解决，便于知识的掌握和修改。

3. 决策支持能力

企业集成的实施可以帮助决策做出正确的决策，因此对企业集成效用的评价也需要从其决策支持能力分方面进行评价。

①瓶颈分析支持：通过瓶颈分析可以找出流程的关键问题所在，从而针对性地提出措施，避免带来的更大阻碍，实现经营过程的合理重组与应用。

②基于活动的成本分析支持：通过掌握整个活动系统的成本消耗情况，能够更加清晰地找出关键问题所在，进而针对性地提出措施以降低成本。

③冲突消解支持：系统处于动态复杂的环境中，必然存在各种各样的矛盾和冲突，不可能同时协调每个人、系统或是部门的需求意愿，通过冲突消解分析能够缓解冲突，改善经营管理活动，更好地适应发展面临的内外部环境，促使企业的可持续发展。

④吞吐量分析支持：吞吐量是从全局出发对整体承担业务能力进行衡量，其最终结果直接反映了企业的整体性概况。

⑤运转周期分析支持：从时间出发，区分增值时间和非增值时间，进而针对性地进行生产加工，提高效率的同时缩短生产周期，为企业生产的高效运行和经济效益提供支持。

11.5　本章小结

本章主要对循环经济企业层面集成的相关内容进行介绍。企业集成按涉及的范围可以分为涉及企业内人员、系统、技术等的内部集成和涉及各个企业之间以及企业与消费者之间的外部集成。内部集成保证了正确的信息用到了正确的地方，以为决策者快速高效地做出决策提供保障。外部集成促进了企业间更加紧密的联系合作，共担风险。最后介绍了集成与扩展能力、表达能力和决策支持能力三个方面，对企业集成进行了评价。

第12章
循环经济园区、区域层面集成

　　上一章节已经详细介绍循环经济企业的内部集成和外部集成，并从集成与扩展能力、表达能力和决策支持能力三个方面对企业集成进行评价。本章将详细介绍循环经济园区（区域）层面的集成。循环经济工业园区是依据清洁生产要求、循环经济理念和工业生态学原理而设计建立的一种新型园区。按照应用范围和相互关系，循环经济园区集成可以依次分为：循环经济园区内集成、循环经济园区间集成和不同区域循环经济集成（见图12-1）。同时，循环经济园区内集成又可以从产业集成、系统集成和企业集成三个方面介绍，上一章节已经详细介绍企业集成，本章不做赘述，主要介绍产业集成和系统集成。本章将分别介绍各类型集成的定义、集成目的、集成内容、集成方法、集成形式，最后在14.2节中介绍循环经济区域集成的典型案例。

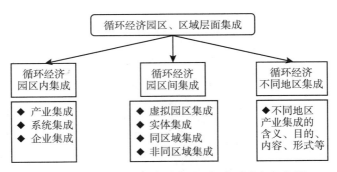

图12-1　循环经济园区、区域层面集成介绍框架图

12.1 循环经济园区内集成

12.1.1 循环经济产业集成的含义

循环经济集成的核心特色是将循环经济与集成思想统一起来，进一步缩小到循环经济园区内产业集成，即对传统的产业发展模式融入循环理念和集中技术，以实现产业经济的可持续发展和产业组织模式的创新。资源的综合利用是各个产业协同合作的结果，因为一般来说，社会上的各种资源、产品以及相关的废弃物、副产品和闲置资源都是由不同产业或行业分工完成的，因此，要提高产业之间的共享度及协同度，发展循环经济体系的产业集成，促使企业冗余的资源得以流出被利用，缺少的资源能够流入企业，使资源在各个企业产业之间合理高效的流动[80]。

循环经济园区内产业集成指的是将产业之间的技术、资源和市场进行集成整合利用，以形成包含纵向或横向联系的产业创业结合体。总的来说，循环经济园区内产业集成有两个作用：首先，产业集成将现有的资源与潜在资源进行整合和有效配置，以促进资源利用率的大幅提高，进而提高企业效益，最终带动相关产业的共同发展，创造可持续发展的空间和机会；其次，产业集成具有重塑产业结构的可能性，即将传统的不可持续的产业发展模式转变为可持续模式，促使物质和能量在整个系统中的循环利用，以此避免有限资源带来的各种问题，促进产业内部与外部之间的协调统一发展。

12.1.2 循环经济产业集成的目的

产业集成的核心目的是要建立园区内结构合理、功能健全并高效循环可持续的产业体系。具体来说，循环经济园区内产业集成的目的包括：调整园区内产业布局、促进物质能力交换和形成完善的产业链。

首先，调整园区内产业布局。将产业集成的思想运用于规划园区的产业布局，结合园区产业发展特点、现有基础设施、资源等方面，加强园区内外的联系，尽最大努力拓展原有产业链，实现园区内外物质、资源、能源以及信息的利用，共享园区内基础设施建设，实现废弃物和水资源的再利用。通过信息、物质等的流动，推广园区内的核心资源和关键技术，提高产业加工增值，提高产品附加值。

其次，促进物质能量交换。物质和能量在各个企业间的流动是整个价值链的主要构成，促使园区内各产业间联系更加紧密，一个企业的副产品或是废弃物经过处理，就可能变成另一个企业的原材料或是所需产品，从而实现产品、副产品、废弃物等在企业间更加便利地综合循环利用。

最后，完善产业链结构。循环经济发展模式的本质就是实现物质、能量和信息的循环利用，其主要形式也是形成链条式的运行模式。循环经济园区内产业集中就是要将不同级别、不同层次的产业联系起来，形成逐层推进、互促互利的链条，在自身发展条件下提高已有产业链的同时，加强与自身其他部分或是周边的联系，拓展和延伸产业链，实现物质、能量、信息等的高效流通。

12.1.3　循环经济产业集成的内容

循环经济园区内产业集成包括物质、能量和信息等的集中循环，其核心是产业相关主体的协调发展和有机统一。一般来说，产业集成的主体包括：企业、政府和公众等，即"四主一体"，指循环经济园区的四个行为主体，四者相互作用（见图 12 - 2），下面分别介绍各主体在产业集成中扮演的角色和主要工作。

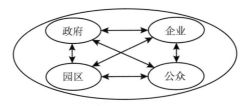

图 12 - 2　循环经济园区内产业集成主体及关系

第一，产业集成的各企业及产业组织。园区内各个企业的内外部集成是产业集成的主体部分，这其中内部集成作为基本、不可或缺的层面主要是以产品采购、设计、制造、销售等为主要对象，而外部集成作为产业集成的扩展层面主要是围绕产业链，以合作商、服务商、客户等为主要对象。产业集成是将企业有目的、有价值的在组织、功能和流程上进行融合和重组，从而企业内的信息、物质、业务等部分也将进行整合，以更好地适应产业集成，促使一个整体系统的形成与完善。

第二，政府在产业集成中的作用。市场机制能够引导产业集成自组织性的形成和保持，有效地配置各类资源，但是产业集成过程中不能仅有市场发挥作用，当出现市场失灵的状况时，会难以弥补。因此，需要政府的宏观调控和适度参与，在产业集成过程中，当系统出现市场无法解决的问题时，政府需要进行弥补，以从外部辅助产业集成发展，监控企业出现过于重视自身利益而忽略集成效益的现象。

12.1.4 循环经济产业集成的方法

根据产业结构特点、园区产业间的相互联系等可将循环经济园区内产业集成的方式分为纵向、横向以及网状结构[82]。首先来看园区内环节的产业集成，以此为基础进而了解各个产业集成方式，具体如图 12 - 3 所示。

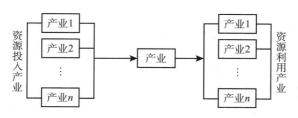

图 12 - 3　循环经济园区内环节产业集成

图中左半部分的产业为资源投入产业，通过对该产业的集成发展，能够得到需要流入的资源的种类和数量，从而避免出现资源冗余的现象，同时可以更加有效地对资源进行配置，以使达到最优状态；资源通过投入产业流向中间产业，中间产业起到投入产业与利用产业间的纽带作用，构建联系的同时促进产业间的协调发展；经过中间产业后流向图中有半部分的利用产业，对利用产业的集成能够提高资源的利用效率，进而经济效益得到提升。

1. 纵向产业集成

纵向产业集成设计范围为包含上下有产业的纵向产业链，以环节集成为基础，根据实际情况而存在某个产业为核心，根据梯级利用、代谢、循环利用的思想进行纵向产业链上的上下游产业的集成，这种集成形式中各个部分联系紧密，环环相扣。通过产业集成能够分析各个环节中的资源动态，包括资源的流动、流动的种类、数量等，从而帮助系统达到最优的状态。具体如图 12 - 4 所示。

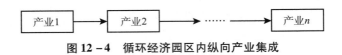

图 12 - 4　循环经济园区内纵向产业集成

2. 横向产业集成

横向产业集成过程中可以是不相关的独立群体，也可以是相关产业，它们通过共同的目标联系起来，与纵向各产业集成相同的以某个产业为核心，明确个人分工以及承担的相应责任，进行集成。具体如图 12 - 5 所示，由于横向集成中是可能存在没有关联的独立产业集群，因此在此的产业均通过替代、共享或是互补等方式进行相互影响、相互作用。图中左半部分为资源投

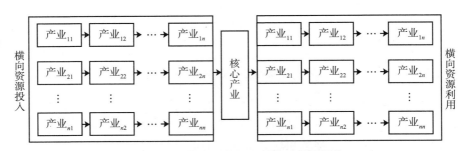

图 12 - 5　循环经济园区内横向产业集成

入产业，右半部分为利用产业，中间产业作为纽带作用将资源投入产业与资源利用产业协调起来。通过横向产业集成能够分析各个环节中的资源动态，包括资源的流动、流动的种类、数量等，从而帮助系统达到最优的状态。

3. 网状产业集成

网络理论对产业集成至关重要，网络理论是产业集成的理论基础。借鉴网络理论的思想，将纵向产业集成与横向集成进行混合后的形式即网状产业集成方式。

网状产业集成包括了涵盖产业链的纵向产业集成以及横向产业集成，即同样是以某产业网络为核心，延伸至外围横向、纵向相互交错的支持网络。不仅如此，由于相关主体会将产业集成当做物质、信息等交流的同平台和纽带，产业集成网络中还涉及复杂的经济上、社会上的相互关系。具体如图12-6所示，端指产业集成网络中的相关主体；元指集成网络中的区域性部分，即局域性网络；线即端、元以及端自身、元自身之间的联系。根据网络的复杂性，产业集成网络根据不同类别可分为不同形式，如按生产是否有效以及有效性的高低可分为有效网络和无效网络，有效网络中又可再分为低效网络和高效网络。

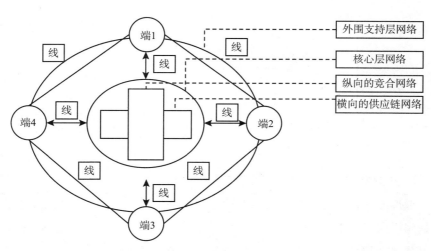

图12-6 循环经济园区内网状产业集成

12.1.5 循环经济产业集成的形式

根据园区内产业间的共生寄生关系的不同，循环经济产业集成的形式也不同，在两种情况都包括在内时，即构成产业网络。产业集成的实现在促使园区内产业获利共生的同时为园区带来了生态和经济效益。下面首先介绍产业集成的机理，然后介绍三种主要的产业集成形式。

1. 产业集成机理

产业集成的核心在于充分利用各类资源，提高资源利用效率，降低生产成本，进而提升经济效益。影响产业集成的因素包括内在强大的推动力和外在的环境推进在内有很多，产业集成的主要推动力有知识的创新、人才的集聚等，通过循环经济园区内企业之间的联系构成的表现形式是产业集聚，因此产业集聚和相应的组织的特性会在循环经济园区的发展过程中逐渐得以体现。产业集成机理如图 12-7 所示。

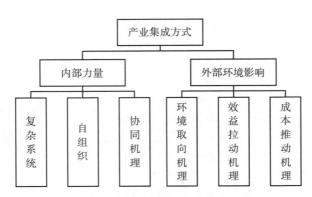

图 12-7 循环经济园区内产业集成机理

2. 产业集成的形式一：寄生方式

根据园区企业间的寄生关系，产业集成的形式之一即为寄生方式，同时也是园区间产业集成的基本和应用最普遍的方式。以园区内大企业为核心，吸引并带动相关中小型企业进行协调发展。寄生企业与核心企业相互作用，但作用力度存在差异，寄生产业会因核心产业的变化而受到相应影响。进行寄生的产业存在如下特点：（1）寄生产业地位明显与核心产业不对等，二者之间的相互影响力度不同；（2）寄生产业的价值和物资在产生新的价值增值活动上存在阻碍，无法实现价值和物资的双向传递，即只能针对当前拥有的价值进行改造或重组；（3）寄生产业几首来自核心产业提供的原材料以及核心产业创造的市场机会，同时寄生产业为核心产业提供产生的副产品和可回收处理再利用的废弃资源，互利共生的关系促进核心产业与寄生产业间的协调稳定发展。

核心产业在网络的运行中占据不可替代的主导地位，寄生产业会直接因核心企业的变化而发生变化，进而影响扩及到整个网络，影响网络的稳定和安全。核心产业与寄生产业之间是互利共生、相互影响的，仅单独发展任意一方都不会促进产业集群的持续快速发展。仅发展寄生产业，网络中没有可以支撑的核心产业，网络体系整体无法得到发展，最终走向衰竭。但是如果仅发展核心产业，没有寄生产业的辅助，则产业集群只能再小范围内发展，不能发展壮大。

依据核心产业数目的不同可分为单中心寄生和多中心寄生方式，分别如图 12 - 8、图 12 - 9 所示。当园区内只存在一个核心产业时，称之为单中心寄生方式，即图 12 - 8 所示。同理当园区中存在多家核心企业，则为多中心寄生方式，如图 12 - 9 所示。多中心寄生方式相比单中心寄生方式更加安全和稳固，降低了园区内系统瘫痪的风险，由于有多个核心企业，核心企业之间也会存在共生和寄生的关系，复杂的关系下各个企业之间既有合作也存在相对的独立性，即既保证了园区效益的提升也给各自的企业带来了经济效益。

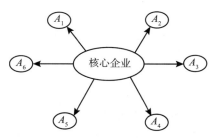

图 12 - 8　单中心寄生方式

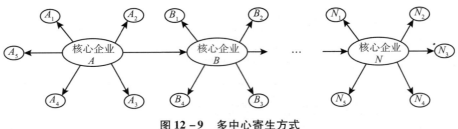

图 12 - 9　多中心寄生方式

3. 产业集成的形式二：平等共生方式

平等共生方式顾名思义即园区间存在的各个企业之间的关系是平等的，没有高低之分，或是一方依附于一方的情形，因此这些企业通过物质、资源、信息等作为中介进行交换和自我调节，以维持自身稳定发展的同时保证并维持系统网络整体的正常运行。具体内容如图 12 - 10 所示。企业间合作能否顺利进行取决于合作双方是否能从对方以及合作过程中取得同等的经济利益，因为平等共生方式结构中的各个企业地位相等，其实现价值链的增值，获得更多的经济效益是要依赖于市场的调节机制。

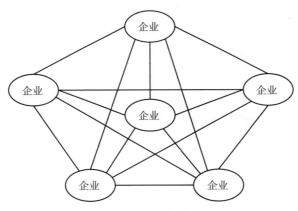

图 12 - 10　平等共生方式

企业间在谈判、合作等过程中的地位平等是平等共生方式的核心特点。企业间平等共处，通过信息、物质等的交流，在市场调节作用的辅助下，以利润最大化为目的进行灵活的合作互赢，从而构建出完善复杂的网络结构。因为没有其他因素的干扰，这种方式下网络结构能够得到迅速发展，但各个企业均是以利益最大化为目标，不注重其他内容，仅通过市场调节无法完全做到对网络结构的有效控制，网络的稳定和安全有待进一步考虑，这就需要政府或是园区的管理者在市场调节的基础上加以重视，以进一步对网络结构进行巩固。

4. 产业集成的形式三：嵌套共生方式

寄生方式是以核心产业为重，对核心产业有过度依赖作用，而网络结构中由于各个企业地位平等，是无法形成核心产业链，产业结构相对松散。这二者是网络结构的两个极端，而在此进行介绍的嵌套共生方式则是介于二者之间的结构，组织涵盖了两种极端网络机构的特点，包括核心企业和寄生企业同时存在的形式。

具体如图 12-11 所示，园区中各个核心企业通过资源、信息、物质等的流动相互联系，构成主体网络，主体网络中的各个核心企业的地位是平等共生的；同时有大量的中小型企业寄生于每个核心企业，这些中小型企业之间通过各种物质的流动加强之间的关系，每个核心产业与其寄生的产业共同构成子网络；每个形成的子网络之间也是相互联系的，这样在综合作用下共

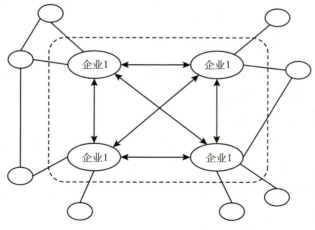

图 12-11　嵌套共生方式结构

同构成了复杂的网络结构。嵌套共生方式的特点决定了该系统的稳定性、复杂性和安全性均比上述两类网络结构要有所增强，保证了各个企业的自由发展的同时，增强了企业间的相互联系与合作。

12.2 循环经济园区间集成

12.2.1 循环经济虚拟园区集成

1. 虚拟园区集成的含义

循环经济虚拟园区集成是相对于我们常见的生态工业园区集成而言的，实质上就是对虚拟园区中物质、能量与信息的有效整合和有机统一。虚拟园区顾名思义是不需要将所有企业封闭在一个实体园区中，只要各个企业间的生态工业链得以延续和发展则就可以称这些企业的集合为虚拟生态工业园区，并在此基础上实现集成[83]，由于这个特点，虚拟工业园区在发展过程中可以减少因购地而带来的费用成本，且园区的发展没有实地的舒服更加具有灵活性。

2. 虚拟园区集成的目的

随着循环经济理论的逐渐普及，生态工业园区的建设改造也相继兴起，虚拟性工业园区以期自身的本质特点逐渐在生态工业园区的建设过程中崭露头角。在我国，发展虚拟园区的主要是为了解决单一生态园区的问题，具体来说包括以下三个方面[81]：

首先，生态工业园区的建设是需要实际土地资源的支撑，我国土地资源稀缺，加上人口密度过大，综合来看就导致了人均土地资源较低，土地开发的利用问题也需要慎重考虑；同时，生态园区的构建还需要完善的配套基础设施包括道路交通等，这在占用土地的同时还会耗费大量的财力，包括政府财政上的耗费以及园区企业的搬迁费、停工费等费用。虚拟园区则可以解决上述建设实地生态园区带来的问题。

其次，在生态环境问题上，构建生态工业园的过程中会破坏园区所在位置及周边区域的生态环境，也违背了我国建立生态工业园区的初衷以及相关的政策制度。

最后，对于我国很多老工业城市，是可以在原有基础上充分进行虚拟园区的构建的。老工业城市在原有工业园区的基础上，进行生产流程再造，根据实际情况引入其他相关产业链以及产业链上的相关企业，进行虚拟园区的构建。在此过程中，产生的废弃物、副产品等可被循环再利用与其他生产环节，从而可以实现资源的充分利用以及降低生产成本，提高经济效益的同时缓解了环境压力。

3. 虚拟园区集成的内容和形式

循环经济虚拟园区集成是一项系统工程，需要在多个方面的条件共同努力下才能实现稳定的与运行和保持长期发展的动力。具体来说，循环经济虚拟园区集成的主要内容和条件包括以下几个方面[82]：

第一，虚拟循环经济园区内的各个企业均需符合清洁生产的标准，进行清洁生产，以减少污染物和废弃物的产生，从而缓解由于高污染、高能耗的发展方式带来的环境压力。

第二，虚拟园区内要存在一个或几个具有发展前景和发展稳定性的核心企业，从而形成以核心企业为中心的系统结构，进而组成生态工业网络系统。

第三，虚拟工业园区间的企业要以生态系统的运作模式为基础，将关联企业进行整合集聚，进而构成完善的生态工业链。即实现一家企业的副产品、废弃物能够回收利用与其他产业的生产再利用。积极发展动脉产业的同时发展相关静脉产业，引入补链企业，提高园区的生态循环效应，完善产业链。

第四，虚拟园区的建设同样需要考虑企业之间的物质传递成本，这会直接影响企业间的收益和构建虚拟园区的积极性。因此要求虚拟园区中的各个企业能够相对集中以及由足够的相关性，以保证企业间物质、信息等的有效传递，降低该部分的成本。

第五，虚拟经济园区的管理和调节同样需要专门的管理机构。因此地方政府在虚拟园区的构建中担任多种责任角色，需要十分注意。

第六，循环经济虚拟园区需要完善的配套基础设施，其中对于虚拟园区来说，最重要的良好的物流基础，这是虚拟园区正常运行的基础和关键。这当然也与各个企业的地理位置相关。

4. 虚拟园区集成的方法

循环经济虚拟园区集成主要采取虚拟共生的方式[80]。随着计算机、通信以及网络技术的发展，虚拟网络的需求逐渐在经济系统的发展中得到发展。虚拟共生的方式使借助信息网络技术，以信息的传递为核心进行的。能够满足市场需求的同时充分发挥企业间的联系作用，实现互补共生，协调发展。

虚拟园区中各个企业出现分散的远距离分布时，虚拟共生的方式作用得以凸显。虚拟共生方式借助先进的网络信息技术，借助发达的物流基础，以信息流的传递开始到实际的物质流传递为止，实现园区内的协调发展。

12. 2. 2　循环经济实体集成

循环经济实体集成指的是将生态工业园看成为一个复杂适应性系统，将其中每一个实体当成一个主体，进而将园区和企业实体整合起来，充分利用各实体的物质、信息和能量资源等。循环经济实体集成的主要方式是基于多主体（agent）的生态工业园区的建模仿真。该方法借助计算机仿真的方法来进行复杂系统的研究，来研究如何从小规模性质突现出大规模系统行为的一种方法[85]。该方法在信息不完全的情况下，园区中每个个体可以被看做出一个活体，能够对外界环境做出反应，通过构建复杂系统为基础的模型，然后利用计算机相关软件进行仿真研究。

12. 3　循环经济区域集成

12. 3. 1　循环经济区域集成的含义

循环经济区域集成顾名思义即在区域运行的基础上进行循环化、生态化、环保化的集成发展。循环经济区域集成的基础就是区域循环经济，区域循环经济是以某一区域范围为基础，实现园区内资源、能源等的循环利用，统筹区域规划的总体发展和资源循环利用个，构成区域内的循环产业链条，从而实现整个区域内经济、社会以及生态环境的协调可持续发展。区域循环经济的发展要以区域本身的发展特点和经济规律保持一致的同时符合自然规律，将循环、生态、绿色等理念贯彻区域内产业链发展的所有环节。

在上述区域循环经济概念的基础上，循环经济区域集成指的是通过从源头的预防以及从过程中的循环流动来协调经济和生态间的和谐发展。从源头预防即从源头控制废弃物的产生；从过程中的循环流动是指对生产过程中产生的副产品和废弃物进行回收处理以及再利用，从而实现从生产到消费的整个过程的低消耗、低污染、循环化的发展[86]。

12.3.2　循环经济区域集成的目的

通过循环经济区域集成改变传统产业发展的高污染、高消耗、低资源利用率以及关系疏散的发展模式，提升区域经济效益，减少污染、提高环境质量，促进经济、社会、生态环境间的协调发展、可持续发展，为更高层面的循环经济发展奠定基础。在确立目标的基础上，因地制宜，根据各地区发展的实际情况以及发展各阶段的实际面临的问题来制订相应的计划措施。循环经济区域集成评价的指标体系可以分为四类：一是经济发展指标；二是循环经济特征指标；三是生态环境保护指标；四是绿色管理指标。其中，应重点关注循环经特征指标所表现的问题。因此，循环经济区域集成的建设是十分必要，其具体目的有如下四点：

1. 循环经济区域集成是区域可持续发展的需要

循环经济区域集成实质上是解决人与自然和谐相处的问题，通过将自然生态系统的运行机制和发展规律应用到区域范围内的经济、社会和环境的协调发展之中，以此实现区域范围内资源利用效率的提高、废弃物排放的减少以及经济活动、经济模式的生态化方向转变，进而环节区域发展中经济与资源、生态环境之间的矛盾，实现区域的可持续发展[87]。

2. 循环经济区域集成是提升循环经济规模效益的需要

集约型增长方式能够促进经济高效率的提升，因此循环经济区域集成对于区域内的废弃物、副产品等的资源化再利用效率存在同样的作用，在降低了成本的同时提高了资源的利用率。区域层面的集成能够更全面地解决循环发展中遇到的问题，如生活垃圾的回收处理，在大规模的区域范围内才能够形成较大规模，从而在投资后获得相应的经济效益。

3. 循环经济区域集成是全面提升区域综合竞争力的需要

循环经济区域集成能够促进区域内产业结构的调整优化，从而促进经济增长方式向更加有利的方向转变，提高了园区的经济效益的同时推动了技术水平的提高，自然声誉得到提升，会有更多更优秀的企业进入园区或进行投资[88]。

4. 循环经济区域集成是区域平衡发展的需要

我国长期存在发展不平衡的问题，各地的发展水平在一定程度上决定了循环经济的发展能力。对于发展较为落后的地区，可能存在更为严重的环境污染、过度开采的问题，加上受经济、就业等因素的影响，循环经济推进十分困难。这就通过区域集成来实现，通过发达地区在培训人才、加强生态保护等方面对发展较为落后的地区给予支持，从而为实现区域平衡发展奠定基础。

12.3.3 循环经济区域集成的内容

区域层面循环经济集成由企业、居民户、生态环境、政府四部分有机组合而成，通过资源消耗与产出环节的优化，通过对资源流动路径的优化组合，贯彻循环经济发展模式原则，实现和谐发展的目的。区域层面循环经济主要通过资源优化配置、消耗环节优化配置、资源层级利用、循环利用等来实现，属于高层次的循环经济层面。

从资源产出与消耗角度分析，这是资源耗费和产出数量最大的单位，但他们对资源的产出与耗费只是中间过程，而不是终点；从居民群体分析，居民群体是资源终极耗费群体，一些产业活动的最终目标都是围绕居民群体而展开，有的直接供给居民群体，有的是间接供给。传统经济学将居民群体仅看成是资源的耗费者，而循环经济学从大资源的观念看，居民群体既是资源的消耗者，也是资源的产生者；从生态环境分析，过去只是把生态环境看作资源供给者，而循环经济学把生态资源看成是具有资源供给与消耗两方面作用的群体，生态环境生产本身也需要资源；从政府角度分析，政府是资源生产者，也是资源的消费者，但是其生产与消费活动都是围绕为公众服务而展开的。

12.3.4　循环经济区域集成的方法

循环经济区域集成是以先进的信息化技术作为战略支撑的，其中的技术和管理集成通过信息平台进行区域内的信息、物质等的交流与公开而进行融合统一，以促进生态工业的发展[89]。

1. 管理集成

生态工业园区内部是非常复杂的系统，生态工业园区的建设和发展同样具有复杂性，这就需要相应的管理人员进行政府、园区以及企业之间的协调管理工作。同时政府要从宏观角度进行管理，以营造园区发展的优越的外部环境，包括建立健全法规制度、建立完善的激励制度等，以为区域内企业间的物质、信息等的传递提供保障，对区域内的生态循环发展、清洁生产进行监督，保证循环经济区域集成的稳定、高校发展。

2. 技术集成

技术集成主要体现在区域和企业层面上，包括物质、能量和信息的集成三个方面。

（1）物质集成

物质集成包括两个部分，即既要做到企业内部生产全过程的物质集成，又要做到区域内多个企业间的物质集成，从而促进综合经济的发展，构建一体完善的资源再利用系统，提高资源以及产生的副产品、废弃物等的利用率，减少排放量，最终促使零排放的实现。

（2）能量集成

能量集成是在整合优化能量的基础上对整体区域进行优化配置，以实现能量的有效利用，缓解环境污染带来的矛盾。

（3）信息集成

信息集成是利用先进的信息技术对生态工业园区内的信息进行整合集成，依靠大数据的特点，构建信息平台和信息数据库等系统，以促使信息的作用发挥到最大，为企业间的合作提供保障。通过信息平台的建设，可以使信息集成与技术集成和管理集成紧密结合，管理决策人能够更为清晰和具体地掌握相应的信息，从而能够有力推进生态工业园区的建设和发展。

12.3.5 循环经济区域集成的形式

循环经济区域集成的形式的构建要充分考虑系统集成的方法，其形式主要从物质、能量、技术以及信息四个方面进行显现。

1. 循环经济区域物质集成

物质使区域发展的基础条件和基本必须要素，对于循环经济区域发展来说，物质集成则是建设的核心，应重点关注。通过适当的方法构建生产全过程的工业生态链，包括从原料到废弃物，为区域物质循环提供载体，奠定了基础。物质集成是再把握区域总体产业规划的基础上，根据供需关系确定产业链中成员的上下游关系，同时通过过程集成技术来规划物质在区域内的流动过程。在物质集成的过程中，充分考虑资源的回收再利用或是梯级利用，以最大限度提高资源利用率，转变为低消耗的发展模式，从而减少对资源的过度开采和利用，提高综合效益。

物质集成从内容视角入手，包括废水的集成、废水的集成和固体废物的集成三部分。其中，废气的集成主要靠末端治理，当前还没有较为优越的技术进行有效的集成，因此本节在此仅对废水的集成和固体废物的集成的技术进行阐述。废水集成的思想是减少水资源的利用，提高水资源的回收利用率，开发新的可利用资源，在此基础上进行的技术工艺主要包括节水工艺、中水回用、水资源一体化利用等。具体内容包括：提升改造传统高耗水的生产工艺，减少工业用水量；实现水资源的梯级利用，提高水资源的利用率；中水回用等。固体废物的集成主要是在源头减少固体废物的产生，在过程中提高废弃物的资源化利用以及优化配置和综合处理等，促使大部分的固体废弃物能够实现回收再利用，提高资源的利用率，无法进行回收资利用的小部分固体废弃物也要最终实现安全合理的处理。

物质集成从企业内、区域内各企业之间以及区域之外来体现循环经济思想：（1）企业内部要通过绿色生产设计和绿色技术来鼓励推进绿色产品的制造生产。纵观产品的生命周期，以可回收、可重复利用等循环化属性为设计目标，贯彻到产品生命周期的整个过程，在实现生态环保化的同时，提高自身发展的经济效益。同时，能够提高资源的利用，减少对资源、物质的需求，从源头减少甚至是遏制废弃物的产生。（2）在区域内各企业之间，实现废弃物在企业间的回收再利用，构成循环产业链，通过物质、信息等的交换循环利用，提高资源能源的利用效率，优化区域内物质的配置和使用。（3）区域之外，通过物质、信息、能量的传递，实现区域内外互相的辐射带动，拓展循环空间。

2. 循环经济区域能量集成

能量集成要兼顾企业个体和区域总体的能源优化，已达到最大的可再生能源的利用效率。要求从宏观上对能量进行"调控"，以节能、降耗、提高工艺技术为目的进行能量的优化配置。循环经济区域能量集成包括企业间各个生产过程的能量有效利用以及各个过程之间的能量交换。其中，由蒸汽动力系统、热交换网络等基础设施实现每个生产过程能量的利用；而各个过程的能量交换是指某生产环节与另一生产环节在冗余能量上的分配利用。以实际情况为基础，通过合理规划，促进能源的梯级利用，提高能源在区域中的利用效率。

能量的集成需要企业从根本做起，推广节能用能技术的应用以及实现按质用能和能量的梯级利用。同时，在区域内构建热电联产系统，通过热电联产的形式，网络宏观控制，在区域内向各个部分进行集中控热，以促进系统的稳定性和安全性。此外，鼓励区域内各个企业多使用天然气、太阳能等清洁能源或其他优质能源，提高这些能源的占比，以代替高污染、不可再生的煤炭能源，改变现有能源结构。

3. 循环经济区域技术集成

先进的技术是区域发展循环经济和实现可持续发展的重要战略支撑。区域发展循环经济要求内部企业普遍推行清洁生产、实现绿色管理，这就需要在建设和发展过程中，将生态、绿色等观念贯彻在产品的生命周期理论的全过程，引进或开发先进的技术、生产工艺，应用高新技术或先进的使用技术对传统的方式进行改造升级，以此建立低污染、低消耗、高资源利用效率、再利用效率、高产品输出的新技术系统。

4. 循环经济区域信息集成

一方面，区域内各企业之间的供求信息的明确公开是企业之间进行物质、资源等集成和循环利用的基础。另一方面，在生态工业园区的建设和发展的过程中，有效的信息传递能够为园区内各个企业提供关于产生的废弃物的相关信息、产业链上产业生产的相关信息、技术信息、市场信息等各方面的信息，使企业及时有效的对全局进行把握。这就需要构建完善的信息数据库以及信息平台等基础设施。通过对信息的集成整合，充分发挥信息的作用，构建企业间以及企业与外界进行沟通的桥梁，加强合作。信息集成的过程中要充分考虑信息的特点，包括多样性、及时性、复杂性等。

12.4 本章小结

本章主要对循环经济园区、区域层面集成的相关内容进行介绍，包括循环经济园区内集成、循环经济园区间集成和不同区域循环经济集成。从产业集成介绍循环经济园区内集成，从虚拟园区集成、实体集成、同区域和非同区域园区集成介绍循环经济园区间集成。同时介绍区域循环经济集成的定义、集成目的、集成内容、集成方法、集成形式等，最后介绍循环经济区域集成的典型案例——金鸡滩矿区产业集成案例。循环经济园区、区域层面的集成在整个循环经济集成体系中属于中间位置，在中观层面连接了循环经济企业和社会的集成。本书的下一章节，将在此基础上继续介绍循环经济社会层面的集成。

第 13 章
循环经济社会层面集成

社会层面主要是通过教有、法律，经济、行政等手段为循环经济实践创造良好的环境，社会层面循环经济包括法律、文化伦理、行政、经济调节、宣传系统等。它是以循环经济理论作为指导，将物质生产、人类生产和环境生产有机结合在一起，构成完善和谐的循环经济体系。社会层面循环经济通过资源回收，行政、法律、教育、经济等手段来实现。

循环经济社会层面集成的作用是管理、监督、协调和控制。首先用法律手段为循环经济参与主体制定规则，然后通过教育、法律、经济和行政等无形的制度来管理和监督各个主体的行为和发展状况。同时在发展社会层面的循环经济时，构建资源产出与回收系统，创建有利于循环经济发展的社会伦理道德氛围，为循环经济的发展创造良好的条件。社会层面的循环经济要发挥作用需要将社会中各物质、信息和能力资源集中利用起来，因此，本章将对社会层面的循环经济集成进行研究，13.1 节介绍了社会层面循环经济主要包含的内容，13.2 节从直接、间接角度分析其主要的影响因素。13.3 节介绍了循环经济集成。(见图 13 – 1)

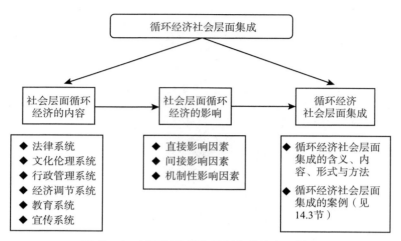

图 13 – 1　循环经济社会层面集成的介绍框架

13.1　社会层面循环经济的内容

13.1.1　循环经济法律系统

我们将所有用于规范循环经济发展活动约束的法律法规以及强度较弱的主要用于规范作用的相关文件构成的系统称为循环经济法律体系。其中包括法律等级从上到下的层级关系，也包括以循环经济发展为核心的水平领域的延伸。

循环经济法律体系即具有必要的原则性，也存在内在的规律性。在环境资源法律系统内部构建循环经济法律体系这一子系统，针对循环经济的发展起到约束与规范作用，主要强调协调经济发展中的环境和资源问题，并提出解决办法；基于循环经济发展的原则，构建的循环经济法律体系主要针对的活动有：资源、废物的减量化、再利用、资源化以及持续利用和综合利用。循环经济法律体系虽与其他子系统有共同特点，但其在环境资源法律体系中的划分是具有相对性的。

13.1.2　循环经济文化伦理系统

循环经济的发展是兼顾人类和生态共同利益的存在，因此它仅因此为基础，而不能简单地归于以生态中心主义为核心的生态伦理。循环经济的发展是需要将生态伦理与人、自然间和谐发展为核心的道德伦理相结合，具有开放性和统一性。同时还包括"人类中心主义""生命中心主义"，结合上述的"生态中心主义"进行整合，展现的基础就是人类道德的界定范围需要拓展，要将范围界定为人、自然环境、生态环境，即整个自然界，以此对人类道德的范围进行完善，重新界定。这种文化伦理的整合过程中，人与人、人与社会、人与自然界的关系均会得到关注，从而通过生态伦理观的进一步的提升，构成循环经济文化伦理系统的思想基础。系统强调的是人类要顺应自然，在发展经济的同时关注整个生态系统的平衡。

13.1.3　循环经济行政管理系统

我国政府近年来就循环经济行政管理提出"绿色行政"概念。"绿色行政"是对人与自然界和谐相处活动的管理行为，对整个生态系统保持友好、绿色的态度。绿色行政管理是帮助人们对资源、环境、经济等的可持续发展重新审视与对待。以往粗放的经济发展模式是以牺牲环境、肆意掠夺有限的资源等为代价的，严重破坏了生态环境、生态协调、环境承载力等。粗放经济导致的结果就是环境的破坏、资源的浪费，此时的经济虽然能够得到暂时的发展，但从长远来看，不仅会组在经济的持续发展还会破坏整个自然界的生态平衡。

"绿色行政"就是要建立一套绿色（或生态）制度，树立绿色 GDP 观念，强化环境管理、削减环境负荷、整合自然资源、整合社会资源、倡导节约资源、构建节约型社会，推行"绿色招商""链式发展"，在生产、技术、消费等方面构建并推行绿色制度。

13.1.4　循环经济调节系统

循环经济作为一种新型经济形态，其核心在于对传统经济运行机制方面的改变。循环经济强调在考虑资源、环境承载力的前提下，有节制地发展经济，实现经济系统中物质、信息等资源的再利用，最大化的提高资源利用效

第13章 ○ 循环经济社会层面集成

231

率，集约化生产、循环化生产与综合利用运用而生，进而在经济系统中需要对具体的组织管理、流程设计等方面进行改变，从而实现经济的可持续、循环化发展，实现调节作用。循环经济调节系统的运行是在原有传统经济运行机制的基础上针对存在的问题和不足之处进行的补充和完善，且生态化观念始终贯穿整个系统的调节和运行过程。传统经济运行机制中，物质循环与价值补偿以及信息传递都呈脱节的状态，无法实现补偿和协调发展，促使资源难以得到循环利用，导致经济增长的可持续性收到阻碍。

13.1.5 循环经济教育系统

通过借鉴以往教育发展的经验和我国现存教育发展的实际状况，要利用环境教育的方法和原则来构建具有中国本土特点的循环化教育系统以促使全民循环经济教育的实施。在此从纵向和横向两个角度出发以使建立的循环经济教育系统更加全面具体。

纵向角度。环境问题的出现对人类的生产和生活活动都产生了巨大的影响，环境问题的出现不是一蹴而就的，而是一个长远的发展过程，因此仅针对某部分人进行的环境教育较为单薄，要针对所有年龄层次的人进行全面的纵向环境教育，从幼儿时期开始到高校循环经济教育，乃至终身循环经济教育，使环境教育贯穿始终，强化所有人的循环化和可持续化发展的意识。

横向角度。横向教育是以每一层次为对象，探讨针对不同层次的人如何进行全面的循环经济教育。在横向角度上，要从家庭教育开始，到学校教育→家庭教育→社区教育→企业文化，形成一条教育链，从而实现全民循环经济教育。

13.1.6 循环经济宣传系统

我国借鉴循环经济理论与实践发展的较为成功的国家的经验，通过环境保护宣传和教育来提高我国公众相应的资源、环境和发展观，将循环经济发展的观念深入公众之间，提到公众转换绿色生活方式，积极参加绿色消费行为。同时，政府部门要加强宣传、领导和监控，推进循环经济的实施和经验的总结。

13.2 社会层面循环经济影响因素

影响社会层面循环经济发展的因素可分为三类，分别是直接因素，包括资源、环境等五个因素；间接因素，包括人口、经济发展水平等六个因素；最后是机制因素，包括政府干预和市场机制。

13.2.1 影响循环经济的直接因素

影响社会层面的循环经济发展的直接因素包括资源、环境、产业结构、技术以及资金 5 个因素。

（1）资源。资源的稀缺性是经济发展的条件之一，循环经济实践和理论的发展也以此为基础，资源对循环经济的直接作用不仅通过资源自身，如资源的存量、可利用量等方面还受到人口、经济发展水平等因素的影响而产生作用，例如了解某区域可利用资源的承载量可以通过人均可利用资源数量进行分析。

（2）环境。环境承载力与人类的生产和生活活动息息相关，不同地区都面临着或多或少的环境问题，环境承载力收到不同程度的威胁。因此针对不同的问题要采取不同的循环经济模式，发展因地制宜的循环经济。同时，人口数量和经济规模也可以对环境造成反向作用，如人口数量能够用来估计人类生活活动给环境带来的压力，因此环境对循环经济的影响要从双方面综合考虑。

（3）产业结构。循环经济成功实施并发展的基础在于将产业结构和布局与环境承载力水平、资源的供给水平以及经济的绿色发展相结合，兼顾经济与生态环境的共同发展，因此产业结构是需要重视的关键因素之一。产业结构是形成是一个区域各方面综合不断发展演化的结果，我国在不断发展的过程中形成的产业结构中，第二产业比重最大，而第三产业比重虽然在逐渐上涨，在相较之下，比重较低，而第二产业与第三产相比又是高能耗和高资源需求的，是循环经济发展进行的重要阻碍之一。因此，产业结构对循环经济发展的顺利进行有重要的影响。因此，产业结构要协调经济效益和生态环境共同发展。在循环化发展的指导下，对产业结构进行优化要从如下三个方面进行。其一，产业结构高度化，即提高低能耗、低资源需求、高资源利用率的产业比重，降低高能耗、高资源需求、低资源利用率的产业所占比重；其二，产业结构合理化，即遵循再生产过程对比例性的要求，追求关联产业规模适度、三次产业比例协调和增长速度稳定的均衡；其三，产业结构生态化。即在产业结构中突出生态化特征，形成产业间相互依存的产业生态体系，促使资源的循环利用，提高资源利用率，减少废弃物和污染物的产生，降低对环境的破坏程度。

（4）技术。循环经济发展的减量化、再利用以及再循环的观念对经济发展的影响和改变，要通过技术的进步来实现。高耗能、高资源需求、低资源利用率的产业的改造和升级需要通过科技的进步和技术的支撑才能够实现。技术在资源的利用与再开发的循环过程中起到的作用日益凸显。技术的进步是一个过程，在针对不同地区的发展状况进行循环经济模式的构建和选择时，要考虑当地的技术发展水平和进步空间。

（5）资金。循环经济在发展初期必然是高投入，低回报的，回报期相对较长，是属于不经济的一段时间，因此资金的有效运转在这段时间十分重要。循环经济发展和改造的过程中，技术的升级改造、企业设备的更新与升级等都需要大量的资金支持，同时，要将创造的科研成果转化为生产力，进而带动形成循环经济体系，这一列过程都需要大量的资金支持，综合来看，投资甚至会远远超过传统产业的发展。因此在选择循环经济模式时还需要考虑当地的经济能力和资金吸引能力。地区经济的发展水平、金融体系的构建程度以及财政税收政策取向都会对该地的资金水平产生影响。

13.2.2 影响循环经济的间接因素

对社会层面循环经济的影响因素还包括间接因素，间接因素包括如下六个。

（1）自然禀赋。自然禀赋是所有影响因素的基础，它同时影响着所有的直接因素与间接因素。自然禀赋是生产和生活活动的基础，它包括矿产、土地、水、气候资源，其在不同的地区是存在差异的，因此会在不同程度上对经济发展、产业结构、技术等方面产生影响。

（2）人口。我国人口数量大、资源少，人均资源数量更能真实体现我国当前面临的资源环境现状，因此人口因素可以算作是自然禀赋的一个变量。此外，人口作为人力资源，对经济的发展和技术的进步方面影响巨大，形成重要的推动作用。

（3）经济发展水平。区域的经济发展水平会受到当地的自然禀赋、人口、技术等因素的影响，同时经济发展水平对该区域的资源、环境、产业结构、资金等方面也会产生重要的反向作用。

（4）科学技术。科学技术的发展会受到区域经济发展水平的影响。在经济发展能够支撑科学技术发展的基础上，该区域对科学技术越重视，科学技术水平越高，科研力量越雄厚，该区域的技术能力也就越强，技术能够被广泛地运用到循环经济的改造和发展过程中，为发展提供有力的技术支撑。

（5）社会文化。社会文化一般被当做是循环经济发展的软环境，其与其他因素之间也是互相作用的。不同区域的社会文化是存在差异的，对循环经济理念的认识和理解也因地而异，这种文化软环境会营造或好或坏的氛围，从而对其他因素产生影响，对循环经济的发展带来间接的作用。

（6）法制。循环经济的发展除需要人们的自我约束外，还需要法律制度的保障和监控。循环经济的发展会破坏人们原有的生产生活活动，人们接受较慢，这就需要法律的推动，可以较快推进循环经济的发展；同时循环经济的发展可能会使部分企业等不愿意接受，从而做出抵抗，法律的强制性和权威性将会影响循环经济模式的选择和推进策略的选择。

13.2.3 影响循环经济的机制性因素

循环经济的发展是一场外力和内力共同作用下的变革，从而促使社会构建出一种新型的制度框架，这里的内力和外力分别就是市场自身机制以及政府的干预。

（1）政府干预。政府的推动在循环经济发展的初始阶段是十分重要的，政府在宏观调控的基础上，帮助市场最大地发挥作用，为市场提供一定的公共产品和服务，通过外力降低市场的交易成本。同时需要注意，政府部门的作用不能越界，作用范围不能超过市场自身作用的范围，这会直接影响区域的循环经济的发展。

（2）市场机制。循环经济关注的是在既定的资源下，提高资源的利用效率以及经济的可持续发展，市场机制的实施能够在满足循环经济发展特点的基础上更有效地达到目标。

综上，循环经济的发展会受到直接、间接以及机制因素的共同作用，不同的影响因素对循环经济的发展会产生不同程度、不同方向的作用，因此对影响因素的正确认识和了解能够有效、深入地认识循环经济的整体运作和发展，对区域循环经济的发展带来十分重要的作用。

13.3　循环经济社会层面集成

13.3.1　循环经济社会层面集成的含义

社会层面循环经济集成是在社会范围下，构建从生产到回收再利用的循环化体系，使产品的生产从原材料开始到在消费者中废弃，又再重新回到生产领域所形成的循环层面。通过中介组织对废弃物的回收和分类处理，可再生资源被再次送至企业内进行循环利用。至此，生产和消费一体化的循环社会系统在全社会范围内建立起来。

社会层面循环经济集成需要考虑两个方面，首先，从源头上减少物质消耗和能源使用；其次，通过积极吸引从事回收废弃资源的专业企业加盟区域经济系统，使废弃物经过回收利用重新资源化，重返生产过程或生活过程。在全社会范围形成废弃物再制造、再利用的闭环循环体系，使废弃物经过循环处理后重新进入制造系统，形成物质的逆向供应回路，从而把对资源的消耗和对废弃物的排放降到最低。建设社会层面的循环集成要加大对废弃物处理和产品再制造的重视程度。通过废弃物集中、废弃物预处理、可重用物质和再生材料的回收以及废弃物资源化等活动实现废弃物的集中回收再处理，在社会层面改善环境影响、提高资源效率和优化经济效益。通过原材料、零部件重返生产流程实现产品再制造；通过废弃物回收处理、产品降级利用、简单维修再使用、局部翻新实现产品再利用；通过材料再生、焚烧获能和废弃处置（安全填埋）把有害环境的废弃物排放减少到最低限度。

13.3.2 循环经济社会层面集成的目的

1. 社会经济领域的循环利用

循环经济社会层面的集成从另一角度来看就是要促成整个社会的循环化，建立循环经济社会，促使整个社会整体提高资源的利用效率，减少资源的耗费，实现废弃物的回收再利用和环保化处理。如构建并完善生活垃圾、工业垃圾的回收再利用体系，中水的回收利用体系，构建相关信息平台，实现信息流与物质流的结合等，从而最终实现在整个社会中形成工、农、服、生态环境间的大循环，包括农村与城市间[90,91]。

2. 构建社会主义和谐社会

循环经济的发展基础上，没有废弃的资源，废弃的资源被人们称为放错地方的资源，可以通过回收再利用，提升物质的特定使用价值。因此，物质的内在属性十分重要，通过对不同物质的不用本质进行了解，可以通过一定方法进行优化配置，合理开发与利用，从而使资源能够更新和再生，实现多次利用，提高资源的利用效率。通过绿色消费过程，在全社会范围内形成资源节约、环境友好的局面，可以有效促进人与自然、人与人、人与社会的和谐发展，这正是我们构建社会主义和谐社会的基本目标[92]。

13.3.3 循环经济社会层面集成的内容与形式

循环经济社会层面的集成最终形成是整个社会范围内的资源的循环再利用，循环型社会是在整个社会范围内把生产、消费、废物处理等环节进行生态化统一管理的网络体系。遵循循环化理念，从预防污染开始，最大化地实现资源和能源的高效利用，减少污染物排放，保护环境，从而实现社会、经济、环境的可持续发展。从总体上看，社会层面的循环经济集成主要涉及生产、消费和循环三大领域[93~95]。

1. 循环经济在生产和消费领域集成

生产领域的循环经济集成要做好生态工业和生态农业两部分：生态农业内部实现经济增长和环境保护的协调发展，提高现代农业技术，加大产业调整力度，因地制宜，在遵循生态规律的基础上最大限度的发挥地方已有资源优势，从原有产品像生产绿色食品、有机食品等方向转化；生态工业内部以及各产业间建立完善的循环化产业链条，提高资源能源的利用效率，实现废物的合理处理和资源再利用。对于消费领域，主要体现在生态服务业，实施并推广绿色消费，因地制宜发展特色生态旅游业、绿色饭店等生态服务业。

2. 循环经济的循环领域集成

循环领域是社会层面的循环经济集成领域的核心，要在整个社会范围内形成闭环的循环经济回路，促进企业实施清洁生产，建立内部和外部的资源回收利用体系，发展绿色消费，从而促进循环经济的全面发展。以资源化、减量化为中心，依托循环经济发展原则和特点发展起来的资源回收产业的发展是循环回路形成的关键，是解决废弃物产生的根本所在。要加强对回收产业相关的基础设施的建设和完善，推进技术的应用和普及，加快垃圾盒再生资源的回收利用，推进产业的规模化和市场化进程[96]。

3. 循环经济集成的支撑体系

目前，我国的循环经济发展处于初级阶段，与发展较好的国家相比，涉及范围小，层次较浅，人们对循环经济的认识以及相关体质仍不完善。这就要求国家和政府采取更加有效的措施和方法来支持和保证循环经济的顺利发展。国家和政府应从组织、政策等方面，构建并完善社会保障体系，以保障循环经济的发展。同时建立健全相关基础设施，构建完善的设施体系，以支持循环经济的发展。社会层面循环经济集成支撑模式见图 13 - 2。

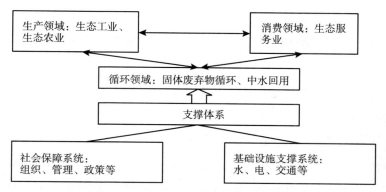

图 13 - 2　社会层面循环经济集成支撑模式框架图

13.3.4　循环经济社会层面集成的方法

本书从三个方面入手实现循环经济社会层面的集成[97]。

1. 实现政府主导的宏观调控机制集成

第一，制定科学完善的区域发展规划。生态环境保护必须做到全国共同努力，不能仅实现局部发展，而我国当前的国情特点是人口、资源分布不均衡，各地区经济社会发展水平存在差异，因此要针对不同地区的发展特点，在全国范围内进行功能的重新定位，针对不同地区实施不同的循环经济发展规划，如限制生态极度脆弱地区的发展等，从而构建科学完善的区域发展规划。

第二，完善政策支撑体系，健全循环经济发展制度。在各类经济计划、国土计划、城乡规划等层面中灌输循环经济的发展理念，促进各部门的循环化发展，从而形成整个社会层面的循环经济发展体系；健全循环经济发展制度，如排污权交易制度、环境标志制度等，在产品从生产到销售、回收再利用的各个环节实施并推广新的规范和主责制度。

第三，建立健全支撑循环经济发展的法律法规。在实践的基础上建立健全相关法律法规体系，以为循环经济的发展提供法律的保障和支持。

第四，调整工、农业内部结构。在工业经济结构优化过程中，主要在于提高资源利用效率，对浪费资源、高污染的工业设备以及相关企业实行淘汰和关停整顿的措施，鼓励企业引进提升科学技术，实现高能耗、高污染的发

第13章 ○ 循环经济社会层面集成

展方式或生产技术向清洁、绿色生产以及环保绿色的高新技术产业发展；在农业结构优化中，要大力发展污染小、资源利用率高的生态农业和有机农业，降低农业、化肥的使用量。

2. 实现循环经济社会激励机制集成

要利用机制在循环经济发展中起到的作用来促进模式中各个分散的主体通过经济利益的纽带结合起来，形成互利共生的协调发展关系，从而实现循环经济社会机理机制的集成。一方面，通过调整政策让各个利益主体意识到发展循环经济是有利可图的，能够在保护生态环境的同时使自身可以获得效益；另一方面，要明确惩奖制度，对污染者实施惩罚，对受益者进行补贴。同时为促进污水、垃圾处理单位的效益平衡，实现可持续发展，要逐步提高排污费用，进一步促进了清洁生产在全社会范围内的推广，减少了环境污染，提高了资源的循环利用率。对节能、低能耗的高新技术企业、生态工业园区、实行清洁生产的企业等地在生产建设等方面给予政策优惠，如给予税收的减免、政策补贴等，提高产品市场竞争力，通过对领头企业的激励，逐步扩大范围，实现以点带面。

3. 促进三级社会参与机制集成

循环经济社会的发展是通过政府、企业以及公众三级社会参与，共同努力的结果。

首先，规范政府参与职责。政府主要从宏观进行调控，制定相关政策，调整产业结构、加大监督力度、明确激励制度、惩罚制度等；建立必要的管理体制和制度来规范和引导企业、公众加深循环化发展的观念；通过投资、贷款、税收优惠等手段，促进企业发展清洁生产。

其次，明确企业参与职责。企业是循环经济发展的主体，必须明确自身责任，投身发展。通过宣传和教育引导企业将循环化发展贯彻到自身的结构调整、经营战略的制定、技术的创新研发等各个环节；借鉴发达国家的经验，用行政和法律逐渐加大力度来规范企业的生产与发展，明确企业责任。

最后，增强公众参与责任意识。对于公众在循环经济的社会集成的发展中，要加强相关教育，促进公众对观念的认识和理解，树立新的价值观，引导公众由原有粗放的消费观念和方式转向绿色的、生态的消费观念和消费方式，从而增强公众的参与与责任意识，为社会整体的循环发展、营造和谐文明的循环社会奠定了基础。

13.4　本章小结

本章主要对循环经济社会层面集成的理论与运行机制进行了总体分析。首先介绍循环经济社会层面的主要内容，包括循环经济法律系统、循环经济文化伦理系统、循环经济行政管理系统、循环经济经济调节系统、循环经济教育系统、循环经济宣传系统等。在此基础上介绍社会层面循环经济的直接、间接和机制性影响因素。其次，介绍了社会层面循环经济集成的主要内容，核心是要在全社会范围形成废弃物再制造、再处理的闭环结构系统，使废弃物经过资源化、减量化和无害化后重新进入制造系统，形成物质的逆向供应回路，从而把对资源的消耗和对废弃物的排放降到最低。最后，在14.3 节将详细介绍循环经济社会层面集成的案例——北京市大兴区安定镇生态农业循环经济集成。下一章主要是循环经济集成的应用案例，包括企业、园区和社会层面的循环经济集成。

第 14 章
循环经济集成应用案例

14.1 循环经济企业层面集成案例

14.1.1 滨湖煤矿企业能源集成案例介绍

1. 滨湖煤矿基本情况

滨湖煤矿坐落于山东枣庄滕州市，是山东能源枣庄矿业集团公司下属的煤矿，总面积有 340 亩。煤矿衣服京沪铁路、滕州港及矿区专用公路贯穿煤矿涉及范围的运输条件，具有优越的运输优势。滨湖煤矿是枣矿集团自主设计、自主施工、自主安装的一座现代化矿井。井田面积 44 平方公里，地质储量 7574 万吨，可采储量 3899 万吨，主采煤层为 12、16 层煤，为高发热量的气肥煤，矿井核定生产能力 110 万吨。矿井于 2003 年 11 月 26 日动工，2005 年 5 月 26 日建成，施工期 18 个月。

2. 滨湖煤矿用能系统概况

（1）供电系统

35kV 变电为矿井供电，地面变电所位于矿井工业广场中间北侧，为两个电源点供电的终端 35kV 矿井变电所。两路 35 千伏高压供电采用 GLG-120 型架空线线路，分别来自留庄变电所和大坞变电所，室外布置，全桥接法，开关设有定时限、过流、过负荷、速切等保护装置。共有 2 台主变，两台 SZ11-8000/35 运行；6kV 配电点 5 个，即 6kV 高压室、400V 所变、地面变电所、动筛车间配电点和井下中央变电所。6kV 高压室负责井下 −465 变电所、主通风机机、主井、副井提升等供电；井下中央变电所负责井下泵房、各生产头面、压风机房、井下运输及井下照明等供电；动筛车间主要负责动筛车间各类设备高电压供电；400V 所变和地面变电所主要负责主井、副井绞车低压制动、辅助生产等供电。

（2）生产系统

回采系统：全矿共有 2 个采煤工作面，主要用电设备为采煤机、运输机及辅助用电设备，装机容量960kW。掘进系统：全矿共有 6 个掘进工作面，主要用电设备为掘进机、耙装机及局部通风机等，装机容量 670kW。主提系统：全矿共有 2 段提升系统，主要用电设备为单绳缠绕式提升机、带式输送机，共 2 台，装机容量为1500kW。副提系统：全矿共 1 个立井提升系统，装机容量为710kW。排水系统：全矿有 1 个主泵房，共有水泵 5 台。装机容量为4000kW。通风系统：全矿有 1 个通风机房，共有通风机 2 台，装机容量为 500 × 2kW。压风系统：全矿有 1 个压风机房，有压风机 2 台，装机容量为 320kW，排风风量 60m³/min。其他主要消耗的能源原煤主要用于副立井锅炉冬季对井口取暖、澡堂洗浴、冬季工厂区和职工公寓取暖；柴油主要用于煤场铲车煤炭装载；深井水主供矿区生产、生活、绿化卫生、职工澡堂、来宾澡堂、餐厅等各用水点。

14.1.2　滨湖煤矿能源集成利用系统设计

1. 热能集成子系统

滨湖煤矿区的地理位置、生态环境为矿区节能规划提供了现实支持，同时在新旧动能转化的大背景下，滨湖矿区以自身能源供给发展趋势以及矿区自身特点为基础，进行节能减排工作，开发清洁能源，如生物质能等，并提高原有资源的再开发和回收利用，如矿井水热能、电厂余热等。

运用能源集成的方法开发出新的能源提供点，可以避免滨湖煤矿因发展而不断增加的生产、生活等场所所需要的能源需求不断加大的问题，因此能源集成方法的运用十分有必要。此外，针对滨湖煤矿当前存在的煤泥、煤矸石利用率低、外销收益低、附加值低等问题，借鉴能源集成的方法的思想，可以建议建设相关电厂，以促进煤泥、煤矸石等低值煤利用率和附加值的提高。同时，对该电厂在利用电能的核心基础上，向多向能源发展，丰富能源结构，如将通过该电厂，实行热电联产，将收集的余热利用相关及其实现冬天供暖、夏天制冷的功能。对滨湖煤矿热能子系统集成思路具体阐述如下：

（1）由于能源在特性上存在差异，因此，在此基础上规划经济输送半径，对半径内的能源进行界定，而后将界定清晰的能源进行集成，在明确区域的基础上，形成完善的热能利用系统，向规模经济方向发展。

（2）有能力的煤矿是石厂可将余热回收循环利用，用于自身工厂的发电、冬天供暖、夏天制冷，没有能力的工厂可以利用通过电厂来工作；电厂的余热，包括自身产生的以及收集的，用于供暖和制冷。

（3）电厂、水泥厂、矸石砖厂均会有余热产生，建立企业或组织将从各个工厂产生的余热进行统一处理，通过调查当地企业的具体发展和能源利用情况来形成余热利用产业链，形成规模。利用的标准为：当一种闲置产量正好符合产业规模效益时可将能源直接投入使用；当收集的能源供不应求时，就会寻求外部支持，如使用其他能源或外部购买，数量以能够满足规模经济的需求为标准；当供过于求时，将余下的能源输入到其他领域或是以公司的形式对外销售，构建余热产业链，将原有产业链进行拓展和延伸，开拓新的利用领域。

2. 新能源集成子系统

（1）生物质能

当前较为有效的利用生物质能的方法之一是制取沼气，滨湖煤矿将收集的秸秆、粪便等废气资源进行回收再利用，来制取沼气，将年产沼气提高到524286立方米。制取的沼气除可以提供给区内食堂使用外，也可以进行外销，向外输出给会利用到的蔬菜大棚、温室花房等的能源供应或晚间照明。同时沼气的利用过程中还存在着小循环，沼气池中剩下的沼液、沼渣等废弃物可以制成有机肥料，提供给花房、蔬菜基地或是煤矿区域内部存在的农田等，以充分利用各类资源。

（2）风光能集成利用

在新能源行业中，太阳能和风能的开发与利用最为普遍，相较于其他新能源，太阳能和风能的发展已初具规模，利用技术与范围在逐渐扩大。通过太阳能和风能的相互补给，可到优势如下：首先，风能和太阳能之间存在着互补性，即在白天时，太阳能的强度要优于风能，晚上风能优于太阳能。同时夏天，太阳能强度优于风能，而冬天时，风能优于太阳能。因此，不论是何时，太阳能和风能的相互交替都可以系统有效地为电厂提供持续不断的能源；其次，风电和光电系统在蓄电池组合逆变环节具有通用性，因此储能装置在部分方面的通用性就减少了储能装置建立的成本，有利于资金的流通与运转；最后，滨湖煤矿所在地拥有充足的日照时间和强度，热能储量充足，太阳辐射总量年均 120 千卡/平方厘米，光照时间年均 2400 小时，日照百分率为 54%；年平均气温在 13.9℃左右，1 月平均气温在 -1℃以下，其他各月平均气温都在 0℃以上，其中 7 月气温高达 27℃；滕州市西南风较多，频率为 11%。静风频率为 15% ~23%，日平均最大风速为 7.3 ~10.3 米/秒。

下图为滨湖煤矿太阳能、风能联合喷灌与照明系统即为一套光电、风电联合驱动系统。太阳能光电系统框如图 14 - 1 所示。

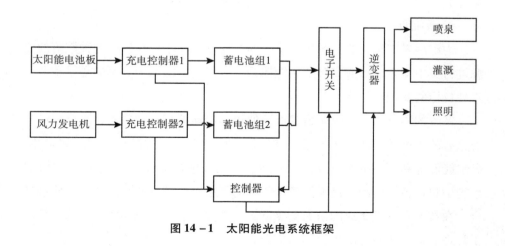

图 14 - 1 太阳能光电系统框架

（3）可再生能源与建筑集成利用

"可再生能源与建筑集成技术研究与示范"研究了可再生能源在建筑领域的利用技术开发和发展的问题，实现可再生能源，如太阳能、风能等为建筑冬天供热、夏天制冷等，以促进节能减排的顺利开展，该项目已于2011年由科技部进行了验收。该项目的成功开发为滨湖煤矿在可再生能源与建筑集成利用方面的研究奠定了技术基础。滨湖煤矿在此基础上可以结合太阳能、风能等可再生能源来进行煤矿内相关建筑领域的集成应用，营造绿色可持续的氛围，主要打造和推广太阳能浴室、被动式太阳能暖房、阳光学校和阳光医院等工程。

3. 集成配置研究

提出滨湖煤矿能源集成配置如下：持续将电、油以及煤供应给井下基本、辅助生产领域等；电是三废处理所必须提供的资源，不能替换为其他能源或是直接删去；电厂应多用可再生能源，如太阳能、风能来进行发电，并充分利用煤矸石和煤泥以代替高耗能、高污染的煤炭；形成非煤产业与主煤产业用能时间的相互交错，当生产上属用能高峰期时，应避免非煤产业等相关产业的过渡用能；滨湖煤矿中除主要生产领域外，其他辅助和生活上的用能种类尽量归为太阳能、风能等可再生能源和清洁能源为主。

4. 系统集成设计

为滨湖煤矿构建的能源集成系统的主要作用在于将煤矿中各种散落的能源进行集中整合，形成完善的用能体系，以促进能源利用效率的题号和节能降耗目标的实现。

系统的构建以滨湖煤矿自身能源使用和消耗的特点为基础，结合煤矿自身原有的各产业发展与运行的忒点，将从矿区中挖掘的潜在资源，如余热、矿水能源等和可再生能源，如太阳能、风能等进行整合，统一管理与使用。系统中包括各个能源、能耗等各个领域的子系统，将这些子系统进行协调耦合，在技术和管理集成的研究支撑下，完善整个能源集成系统，以为系统的正常发展提供保障与防护措施。因此，综上所述，给出具体的集成系统图，如14-2所示。

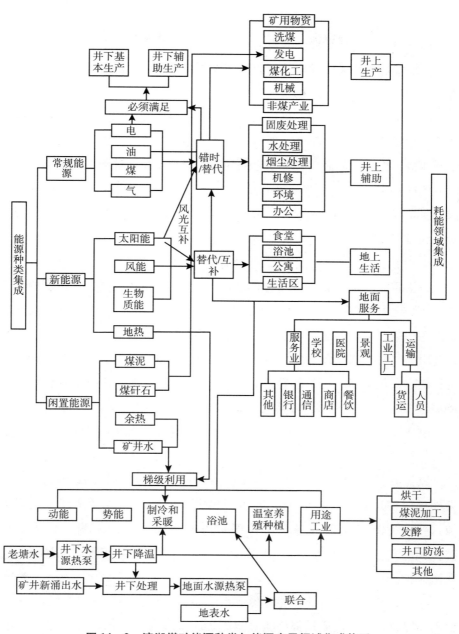

图 14 - 2　滨湖煤矿能源种类与能源应用领域集成体系

14.1.3 滨湖煤矿能源集成利用系统的效益分析

能源集成利用系统的实施可以给滨湖煤矿带来巨大的经济、社会以及生态三方面的效益，现对各个领域的集成利用产生的效益进行具体分析：

矿井水能源集成利用。借鉴水源热泵技术对矿井水中的余热进行回收再利用，来供给矿区职工供暖、制冷或是种养殖工作等方面，形成余热循环利用产业链，提高了能源综合利用率的同时，减少了煤炭等能源的使用，每年可节约标煤 3120.4 吨标煤，节省费用 468.5 万元，最大程度上降低了环境污染，年减少 CO_2 的排放量 8113 吨，年减少 SO_2 的排放量 57.4 吨，年减少粉尘的排放量 231 吨，年减少灰渣的排放 1635.9 吨，年减少排污费用 126.78 万元，每年可节约运行成本 189.8 万元。

生物质能利用方面。沼气池的建立至关重要，滨湖煤矿 3000m^2 的人工湖年产淤泥 1000 吨，沼气池年产沼渣和沼液约 500 吨，利用这些不仅解决了粪污污染严重的问题，还提供了能源、饲料甚至是废料，减少了化学肥料的使用的同时实现了蔬菜瓜果的增产，提升了企业的经济效益；用沼渣拌和精料制成膨化饲料，可节约精料 40%，降低养鱼成本；一吨秸秆可产沼气 1500 立方米，这合标准煤 750 公斤，相当于汽油 1970 公斤，可发电 1875 度，电费按 0.5 元/千瓦时计，一吨秸秆就可节省发电费用 937.5 元，养殖及沼气开发利用年获得收益 127 万元。

风光互补综合利用系统。系统利用可再生能源代替了高耗能、高污染能源的使用，为工厂照明、供热等提供了便捷的同时又实现节能降耗的目标，为滨湖煤矿自身发展及煤矿周围居民的生活带来了巨大的效益，预计年节约标准煤 40t，年减少排放 CO_2 17t、SO_2 0.8t、烟尘 0.6t、灰渣排放 10t。

除生态和经济效益外，能源集成系统还会为社会效益的提升做出贡献。生态环境质量和生活质量都会随着能源集成系统的构建和普及而逐渐提升，不仅为矿区带来更多的发展机会，还会带动当地的经济和就业发展。

综上所述，能源集成系统的构建与应用不仅可以实现经济、社会以及生态环境效益三者的共同的提升，还能够解决滨湖煤矿当前面临的环境问题以及由环境问题造成的经济、社会上的问题，对该系统的重点研究十分重要。

14.2 循环经济园区、区域层面集成案例

14.2.1 金鸡滩矿区产业集成案例介绍

本节针对上述研究得到的结论，利用金鸡滩矿区的具体情况，以矿区中的产业集中为主进行案例介绍。

1. 矿区基本情况

金鸡滩隶属陕西省榆林市榆阳区，金鸡滩矿区所处地理位置优越，东西部结合，拥有发达的路网系统。矿区生态环境中，地势平坦，周围滩地、沙丘、丘陵环绕，有三条常年性河流流经此地。榆林市能源矿产、煤炭、天然气资源较为丰富且分部较为合理，由于资源仍有的开发潜力，成为了西气东输、西电东送的重要经过之地。金鸡滩矿区的主要供水源来自李家梁水库，矿区与多个工业园区相距较近，共同发展，因此周围的基础设施较为完善，为矿区的发展提供了社会服务功能，奠定了基础。

2. 矿区资源分析

金鸡滩矿区矿井绝对瓦斯涌出量最大为 $1.71m^3/min$，共 7 层可采煤层，为侏罗系中统延安组，共获得地质储量 1873.67Mt，工业储量 1769.98Mt，设计储量 1303.7Mt，减去各种煤柱和开采损失后，可采储量为 970.7Mt，可采煤层总厚度为 10.11～10.00m，大多数都在 15m 以上，主要集中在 2－2 和 2－2 上煤层，各见煤点均为特厚煤层。

各煤层颜色呈黑色，伴有黑褐色条痕、弱沥青—沥青光泽、部分暗淡光泽、贝壳状、棱角状、参差状断口。其中丝碳形态良好，结构呈纤维状。2－2（2－2上）、3－1、4－2、4－3 煤层主要呈现的是中条带—细条带状结构，下部煤主要呈现的是线理—细条带状结构，暗淡煤则多呈现为均一状，在不同结构的协调下各煤层的发育成水平层理。金鸡滩矿区存在如下结构的煤炭，如高水分煤、低灰分煤、中高—高挥发分煤、低固定碳煤、特

低—低中硫煤和高热值煤。矿区是以气化、出口和动力领域应用较多的不沾洁煤为主，余下煤结构为弱黏结。因此，在对金鸡滩矿区煤资源进行分析基础上得出该矿井资源储量较为丰厚，主采 2 - 2 及主采 2 - 2 上号煤层厚度大、结构简单且产质相对较好等。

金鸡滩矿区煤层结构呈单斜状，倾斜角度小于 1°，且煤层整体结构不会受到煤层赋存状态的太多影响。根据煤层整体结构，矿区主要采取单—长壁后退式采煤法，伴随着常用的普通分层综采、放顶煤综采一次采全高和大采高分层综采共同使用以进行煤炭的顺利开采，再提高了资源回收率和回采率的同时，由于采煤方法的运用得当还是的煤矸石产生量减少，进而少量煤矸石就带了占地面积的减小。在能源的利用上，煤地下气化中清洁能源的使用，使得遗留煤和边角煤的利用率得到显著提升。

金鸡滩矿区以产业共生理论为理论基础，不断进行着循环化的改造，包括延长内外部产业链实现物资、能量等的循环化发展，同时针对煤矸石和煤泥来构建低热值电厂或是利用其配置水泥，对废物进行回收利用，实现了废气资源的再利用，减少了污染的同时节约了处理成本。研究发现金鸡滩矿区废弃物中矿井水产量较大且不好处理，可以建立废水处理系统对产生的大量矿井水进行分级处理和水质分工，利用途径有用于城市地面和绿化带的灌溉；根据金鸡滩矿区所属地区产业的发展情况，回收的矿井水可用于发电厂、造纸业、煤炭洗选等；对矿井水进行彻底处理，以供居民生活使用；在矿区内形成循环链条，为矿区冬天供暖、夏天降温提供帮助。以此形成多环节、深层次的水资源循环利用产业链，规模扩大后可构建完善的水资源循环体系，以降低污染和避免浪费。实现能源的提及利用，拓宽产业链影响范围，提高利用率，将电厂余热、地热以及炉窑余热进行回收利用，以及水煤浆的深层次加工。

14.2.2 矿区循环经济发展状况

由于循环经济观念的逐渐普及，金鸡滩矿区在最初发展时就考虑在循环发展的基础上进行矿区的开发，金鸡滩矿区自身针对矿区实际状况和发展状况为循环化发展做出的贡献、提出的思想如下：（1）煤炭的开采是矿区发展的主要支撑，因此，借鉴循环经济的思想，实行煤电、煤化工的清洁、健康、共同发展，形成多条产业链共同发展的局面，以实现矿区的多元化经营，提高效益的同时降低了环境污染，在生态效益和经济效益的双重支撑下，推动了矿区竞争力的不断提升；（2）以兖矿集团节能减排思想为核心，将节能降耗、保护环境的工作定为矿区发展的核心之一。在国家方针政策的引导下，致力于把矿区建设为资源节约型、环境友好型的生态矿区；（3）构建完善的体制机制以及相应的考核管理办法，对节能减排工作以无形的约束与管理，强化组织领导的地位与作用，责任到人。

14.2.3　金鸡滩矿区共生方式

如图 14-3 所示，金鸡滩矿区内各个企业相互交错，通过产品、副产品等资源的交换，互辅互助，相互影响，关系复杂，有煤炭开采、洗选、炼钢等核心产业，形成了复杂的网络框架。并且，在核心产业周围存在着能够与核心企业进行物质和能量交换的其他中小型企业，这样，在整体结构的基础上，矿区内各个企业间就形成了共生方式结构。

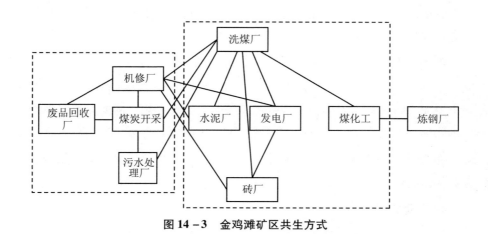

图 14-3　金鸡滩矿区共生方式

14.2.4 金鸡滩矿区循环经济产业集成体系设计

1. 产业链集成

矿区自身的特点决定了它跟其他循环园区之间是存在差异的，矿业是矿区产业中的核心，矿的主要目的在于把矿业发展为主导产业。在生产过程中，矿区不仅要重视煤炭资源开发和利用，还要注重其生产过程中产生的副产品以及废弃物等资源的开发和利用，以充分贯彻循环经济的发展思想。因此，研究在此从纵向、横向和混合三个方面对产业链集成进行发展。

2. 纵向集成

金鸡滩矿区的发展核心是煤炭资源的开采和深加工利用，因此纵向集成围绕规模经济的发展思路，以煤炭的开采利用为核心，构建清洁能源、二次能源和煤系化工转化于一体的产业链。选择路径如下：煤炭—电力—市场、煤炭—气化—化工—市场、煤炭—洗选—焦化—焦炭、煤炭—液化—化工—市场等。

3. 横向集成

矿区产业链的发展和演化是复杂多变的，因此在纵向产业链的发展过程中必然通过各个产业、产业链的相互作用，进而产生了横向耦合，即横向产业链随即产生，与纵向产业链一起构成了复杂的网状结构。

借鉴实物链加环、解链和加工环的设计原理实现矿区产业链的横向集成[81]。对生产过程中产生的副产品、废弃物等进行回收再利用，处理后向多个方向进行供给与发展，实现资源、能源的综合利用，同时减少了环境的污染和处理成本。选择的横向产业链如下：煤矸石和煤泥—电力—市场；煤矸石和粉煤灰—建材—市场；矿井水—净化处理—生活用水、绿化用水、市场；瓦斯—电力—市场等。

4. 混合集成

煤炭产业在发展过程中，由于自身的特点和变化会对其他相关非煤产业产生影响，如物流、机械等，将这个称为煤炭产业的产业辐射作用。矿区的产业混合集成式以成长经济为指导，以矿矿自身形成的产业共生结构来进行非煤产业和塌陷区的发展改造，以推进产业向各个方向不断延伸。针对非煤产业，紧紧围绕循环化发展的思想，抛弃原有的粗放式的开发利用，通过产业链集成向循环化迈进。针对塌陷区，不能仅仅照搬其他矿区已有的治理方案，要因地制宜，针对不同的气候、不同的地质等提出针对性的不同的解决措施。因此，提出的混合集成思路如下：机械、火攻—煤炭；煤炭—铁路—港口—市场；设计—勘探—矿建—煤炭；采煤塌陷区—养殖、旅游—市场等。

矿区的产业链集成结构随着矿区的不断发展和演化，在纵向、横向以及混合的三种集成方式下构成多个形式，构成链状和网状的复杂结构。

14.3 循环经济社会层面集成案例

14.3.1 循环经济在社会层面的应用——北京市大兴区安定镇生态农业建设[98]

北京大兴区安定镇同多数的乡镇一样是以农业作为自身发展的主导产业，因此对该地的循环化改造要以农业为核心，发展生态农业园区。在政府、企业等单位的支持下，利用各种资源构建工、农、服三位一体的产业联合体系，多产业共同发展，拓展和延伸已有农业产业链，进行循环化发展，进而形成经济、环境协调发展的循环化农业社会。据调查，安定镇在2005年被政府划归为循环经济试点，再加之相关资料，安定镇发展循环经济的基础条件已经具备。

14.3.2 大兴区安定镇农业循环经济社会集成的规划

由安定镇的发展特点来看，农业是对安定镇进行循环化改造的重点所在，通过对安定镇发展现状的分析，认为农业的发展潜力要从内部产业技术的中循环层面上向外延伸，进行深层次的发展。不仅要对农业进行循环化改造，还要将农业循环体系与服务业、工业以及政府、科研等单位相互结合，协调发展，构成以农业循环经济体系为核心的复杂的网络结构，促进农业生产的快速增长，使城镇中各个行为体之间能够形成循环体系，通过物质、能源以及信息等循环流动，提升城镇整体生态经济的发展水平，实现城镇中各个行为个体在生态和经济协调发展下达到最优的配置状态。

考虑从产业链的输入端和输出端进行农业中循环到大循环到拓展。

从输入端方面看，除上文提到的生活废水和粪污的引入外，还有如下几点：信息流在循环流动的过程中也十分重要，信息流包括的部分可以有政府出台的相关政策、科研单位的生产技术、教育机构的相关知识、市场的消费方式、消费者的消费倾向等。将这些信息引入农业的循环经济发展过程之中，以丰富循环流动体系，促进循环经济的发展。目前该镇主要的农业科技研究机构有：北京圣树科技发展有限公司、北京圣籽公司和桑树研究所等。

从输出端方面看，农产品的最终流向除了直接到市场和经过深层次加工过程外，还可以利用其与服务业进行结合，发展观光农业。观光农业是农业和社会服务业的有机结合，它的发展要求高水平农业的支撑。硬件上需要发展观光农业的园区有优越的风景和休闲娱乐的场所，对于安定镇来说，镇上有榆林桑园、欧式风情梨园、绿色田野种养观光农场等兼具风景与休闲所需的生态场所；软件上，农业产量要在满足原有输出路径的基础上有所剩余，以供观光农业的发展使用，对于安定镇，独特的桑文化为观光农业的进一步发展提供了软件上的基础。因此，安定镇具备发展观光农业的基本基础，但仍存在许多不足，如设施不完善、景色单一等，安定镇如果要继续发展观光农业，这些问题会逐渐显现出来，以促使安定镇不断采取措施去弥补和改善。综上，观光农业的发展对安定镇来发展农业循环经济体系来说是十分有必要的。

14.3.3 大兴区安定镇农业循环经济社会集成的评估

将安定镇以农业生产为核心，结合工业、服务业以及社会、政府、科研教育机构等形成耦合度高的复杂网状的循环系统，具体如图 14-4 所示。

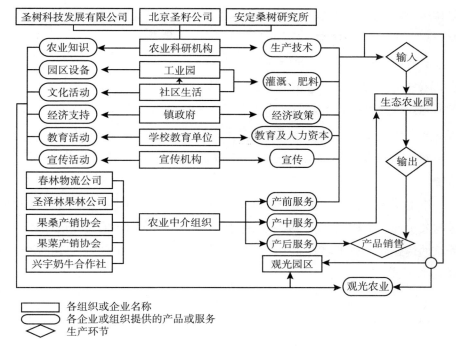

图 14-4　安定镇农业循环经济社会层面的网络框架

农业生态园区与工业园区的结合。工业园区处理的废水的灌溉、生产的设备设施、提供的电力等输入农业生产过程以及农业观光园区，在其中进行转化后，农业生态园区产生的产品除运送到市场外，作为原料从工业园区的输入端运送到工业园区，形成工农业之间的循环链条。

工业园区与居民社区的结合。居民社区接受来自工业园区生产的家具、提供的电力、生活用燃气等，然后输出劳动力提供给工业园区，同时产生的生活垃圾可以用于发电，污水返回园区的污水处理厂进行处理，这样构成工业园区与居民社区之间的循环链条。

农业生态园区和生活社区的结合。农业生态园区向生活社区输入的资源有由于农产品的销售、深加工以及农业观光园区的运营而带来的收入，农作物生产过程中的废料以及粪污（运送至沼气池以制造供居民生活所需的沼气）。而生活社区向农业生态园区的输入有生活垃圾、粪污等（转化为有机肥料用于农业园区的农产品的种植），以及多种民俗文化活动（提供给观光农业）。

政府、教育、宣传、科研等机关单位与工业园、农业生态园的结合。政府、教育、宣传、科研等机关单位为工业、农业生态园区提供劳动力、技术、知识以及经济政策，供工农业生态园区的顺利发展。而工农业园区发展过程和概况作为参考信息提供给各个部门机构，以使他们能够根据提供的信息实施作出调整，以信息为主要流通介质构建起整个社会层面的大循环系统。

综上所述，虽然农业是安定镇发展的核心产业，但是各个产业间以及园区与各个部门机构间是相互联系、相互影响的，因此对于安定正的循环经济体系的构建就形成了以农业生产链条为核心的社会层面的闭环流动的循环经济系统。

14.4 本章小结

本章是案例分析部分，也是全书的最后一部分，是对前面集成、循环经济和循环经济集成的相关理论的实践应用分析。本章列举三个实例对循环经济集成在企业层面、园区层面和社会层面作了具体介绍。首先，介绍了滨湖煤矿企业能源集成案例，包括滨湖煤矿基本情况、滨湖煤矿用能系统概况、能源集成利用系统设计和集成利用系统的效益分析。其次，分析金鸡滩矿区的基本状况、资源状况、构建产业间寄生和共生方式，设计矿区产业链的延长和拓展，构建产业集成体系，构建金鸡滩矿区产业集成网络。最后，介绍了北京市大兴区安定镇生态农业建设的情况，这是循环经济在社会层面的应用。大兴区安定镇构建社会层面的大循环，依附于政府、教育等机关单位在功能上具有的优势，充分运用社区的资源，促进农、工、服三产的联动机制的构建和推广，通过补链拓展农业产业链，以生态农业建设为核心，形成经济、环境以及资源的协调统一发展、各组织互惠共生发展的农循环化农业社会。

参考文献

［1］郭勇.建设工程项目集成管理及其绩效评价研究［D］.西安建筑科技大学，2006.

［2］唐晓城等.煤炭矿区能源集成利用体系研究［J］.矿冶工程，2014（01）：110－114.

［3］余吉安.企业资源集成及其能力研究［D］.北京交通大学，2009.

［4］刘晓强.集成论初探［J］.中国软科学，1997（10）：99－102.

［5］江小涓等.高新技术产业利用外资的意义、现状与政策建议［J］.中国工业经济，2001（02）：55－63.

［6］闫如玉.基于区域承载力的产业集成协调度评价研究［D］.大连理工大学，2009.

［7］王忠宾，陈禹六，李清.智能 CAPP 系统冲突消解机制研究［J］.计算机集成制造系统，2009（06）：1115－1121.

［8］Harrington Joseph. Computer Integrated Manufacturing［M］. New York：Krieger Publishing Company，1979.

［9］S. Kezsbom Deborah. Are You Really Ready to Build a Project Team?［J］. Industrial Engineering，1990，22（10）：50－53.

［10］Nihtila J. R&D-production integration in the early phases of new product development projects［J］. Journal of Engineering and Technology Management，1999，55（1）：55.

［11］Iansiti Marco，West Jonathan. From physics to function：an empirical study of research and development performance in the semiconductor industry［J］.

Journal of Product Innovation Management，1999，16（4）：385－399.

［12］ HAIF. The basic principle of the integrated theory ［J］. Systems Engineering Systems Science and Complexity Research，2000（11）.

［13］ Sandelowski Margarete，Barosso Julie. Reading Qualitative Studies ［J］. International Journal of Qualitative Methods，2002，1（1）：45－56.

［14］ Barut Mehmet，Kanet Wolfgang Faisst And John. Measuring supply chain coupling：an information system perspective ［J］. European Journal of Purchasing and Supply Management，2002，8（3）：161－171.

［15］ Subramanian Kaushik，Rawlings James B.，Maravelias Christos T.，Flores-Cerrillo Jesus，Megan Lawrence. Integration of control theory and scheduling methods for supply chain management ［J］. Computers and Chemical Engineering，2013，51：4－20.

［16］ Venkatachalama A. R. Venky. A Holistic Perspective on Enterprise Integration ［J］. Journal of Information Technology Case and Application Research，2006，8（1）：1－6.

［17］ Urquhart C. Systematic reviewing，meta-analysis and meta-synthesis for evidence-based library and information science ［J］. Information Research，2010，15（3）：708－712.

［18］ 戴汝为等. 智能系统的综合集成 ［M］. 杭州：浙江科学技术出版社，1995.

［19］ 李宝山，刘志伟. 集成管理　高科技时代的管理创新 ［M］. 北京：中国人民大学出版社，1995.

［20］ 海峰，张丽立，李必强. 集成的研究领域与分类 ［J］. 自然杂志，2003（03）：176－180.

［21］ 海峰，李必强，冯艳飞. 集成论的基本问题 ［J］. 自然杂志，2000（04）：219－224.

［22］ 吴秋明. 集成管理理论研究 ［D］. 武汉理工大学，2004.

［23］ 海峰，李必强，向佐春. 管理集成论 ［J］. 中国软科学，1999

（03）：87－88＋95.

[24] 华宏鸣."现代化集成"管理 [J].中国软科学,1997（09）：110－114.

[25] 孙淑生.企业集成系统和企业管理集成研究 [D].武汉理工大学,2003.

[26] 潘慧明,黄杰.集成的基本原理与模式研究 [J].湖北工业大学学报,2006（02）：83－86.

[27] 刘斌.集成管理模式的探讨 [J].中国石化,2006（12）：26－27.

[28] 钱学森,于景元,戴汝为.一个科学新领域——开放的复杂巨系统及其方法论 [J].自然杂志,1990（01）：3－10＋64.

[29] 成思危.论软科学研究中的综合集成方法 [J].中国软科学,1997（03）：68－71.

[30] 唐锡晋,顾基发,王浣尘.综合集成方法体系与系统学研究 [M].北京：科学出版社,2007.

[31] 顾基发,唐锡晋,朱正祥.物理－事理－人理系统方法论综述 [J].交通运输系统工程与信息,2007（06）：51－60.

[32] 戴彬,屈锡华,李宏伟.基于综合集成方法的产业技术创新战略联盟风险识别研究 [J].科技进步与对策,2011（22）：54－57.

[33] 徐武明,徐玖平.大型工程建设项目组织综合集成模式 [J].管理学报,2012（01）：132－138.

[34] 朱珠.多事件耦合情景下应急决策流程集成方法研究 [D].大连理工大学,2013.

[35] 董千里.物流集成的形成机制探讨 [J].物流技术,2009（03）：1－2＋5.

[36] 赵辰等.现代农业信息服务模式与工程技术集成理论方法研究 [J].广东农业科学,2013（22）：183－187.

[37] 任一鑫,曾宪迪,张士强.煤炭矿区能源集成利用方式研究 [J].矿冶工程,2013（04）：123－126.

［38］徐国祯. 从综合集成角度谈森林经理学科建设与发展：社会经济发展转型与系统工程——中国系统工程学会第 17 届学术年会，2002，江苏镇江．

［39］夏德，Huang Jimmy. 面向过程的创新资源集成模式研究 ［J］. 科技管理研究，2011（23）：1－3＋8.

［40］邓贵仕，邢志华. 敏捷制造环境下的系统集成方法 ［J］. 控制工程，2003（01）：23－28.

［41］左晋佺. 系统集成概念范畴研究 ［J］. 现代情报，2012（03）：130－133.

［42］陈学海等. 基于语义网关的离散制造执行系统集成可重构研究 ［J］. 计算机集成制造系统，2013（04）：745－754.

［43］潘涛. 煤矿生产系统集成的层次结构及其标准化问题研究 ［J］. 工矿自动化，2014（09）：19－23.

［44］赵志，孙林岩，汪应洛. 面向产品创新的过程再造与集成管理研究 ［J］. 管理科学学报，2001（06）：24－30.

［45］吴涛，李必强，海峰. 供应链集成的新思路：管理界面集成 ［J］. 中国管理科学，2003（03）：37－42.

［46］刘振华，盛小平. 竞争情报与知识管理的集成系统研究 ［J］. 情报科学，2014（03）：18－22.

［47］李丽. 综合集成：发展循环农业的一种新模式 ［J］. 福建论坛（人文社会科学版），2014（03）：33－39.

［48］徐璨，苏厚勤. 一种信息资源集成平台的研究与实践 ［J］. 计算机应用与软件，2012（04）：195－196＋215.

［49］刘树安. 影响企业信息资源集成的因素分析 ［J］. 中国管理信息化，2013（03）：46－48.

［50］曾宪迪，任一鑫，何瑞卿. 循环经济集成方法的初探 ［J］. 荆楚学刊，2013（03）：79－83＋87.

［51］唐晓城等. 煤炭矿区能源集成利用体系研究 ［J］. 矿冶工程，

2014（01）：110 - 114.

　　［52］赵友宝等. 煤炭矿区能源时空配置研究［J］. 山东工商学院学报，
2014（04）：63 - 67 + 90.

　　［53］张立，王学人. 推进我国产业集成的问题、成因及对策探讨［J］.
当代财经，2002（07）：56 - 58.

　　［54］张贵，周立群. 产业集成化：产业组织结构演进新趋势［J］. 中
国工业经济，2005（07）：36 - 42.

　　［55］李丽，杜兴端. 基于产业模块化的产业集成实现路径［J］. 经济
体制改革，2012（01）：122 - 126.

　　［56］武春友，张秋艳，邢蕊. 面向产业集成创新的区域知识承载力影
响因素分析［J］. 现代管理科学，2013（01）：29 - 31.

　　［57］武光等. 区域旅游集成开发研究——以重庆市长寿区为例［J］.
重庆师范大学学报（自然科学版），2014（05）：150 - 154.

　　［58］Khakhina Liya Nikolaevna. Concepts of symbiogenesis a historical and
critical study of the research of Russian botanists［M］. Connecticut：Yale Univer-
sity Press，1992.

　　［59］焦习燕，张士强，任一鑫. 产业蜕变［M］. 北京：经济科学出版
社，2018.

　　［60］冯绍军，陈禹六. 过程集成的设计和实施框架［J］. 计算机集成
制造系统 - CIMS，2001（05）：1 - 5.

　　［61］潘铁军. 虚拟企业过程集成中几个关键问题的研究［D］. 浙江大
学，2001.

　　［62］杨先娣，彭智勇，刘君强，李旭辉. 信息集成研究综述［J］. 计
算机科学，2006（07）：55 - 59 + 80.

　　［63］王卓昊，王希诚. 面向托管的数据库即服务系统及资源优化技术
［J］. 计算机工程与应用，2011，47（27）：19 - 23.

　　［64］高仁福. 基于工艺集成的开放式运动控制器设计［D］. 山东大
学，2013.

［65］李贵春，刘冬梅．供应链的整体集成与优化研究［J］．现代财经（天津财经大学学报），2006（06）：35－39．

［66］瞿国华．我国炼油、石化产业资源的整体集成和优化［J］．石油化工技术经济，2005（02）：1－8．

［67］余吉安，李学伟，申向阳．企业物流能力与物流资源集成［J］．物流技术，2009，28（06）：46－49．

［68］Morishima M. A few suggestions on the theory of elasticity［J］. Economic Review，1967，16：144－150．

［69］鲁成军，周端明．中国工业部门的能源替代研究——基于对AL-LEN替代弹性模型的修正［J］．数量经济技术经济研究．2008（5）：30－42．

［70］Graham R. L.，lawer E. L.，Leastra J. K. and Kan A. H. G Optimization and Approximation in Deterministic Sequencing and Scheduling：A Survey［J］. Annals of Discrete Mathematics，1979（5）：287－326．

［71］任一鑫等．静脉产业［M］．北京：经济科学出版社，2016．

［72］Hakanson L，Snegota. No Business is an Island：the Network Concept of Business Strategy. Scandinavian Journal of Management［J］. 1995，5（3）：187－189，206－210．

［73］王兆华，武春友．基于交易费用理论的生态工业园中企业共生激励研究［J］．科学与科学技术管理，2002（1）：12－15．

［74］赵友宝，袁芳芳，李学武，任一鑫．煤炭矿区能源时空配置研究［J］．山东工商学院学报，2014，28（04）：63－67＋90．

［75］范玉顺．企业集成系统技术［J］．新技术新工艺，2005（07）：4－7．

［76］邓贵仕，邢志华．敏捷制造环境下的系统集成研究［J］．机械设计与制造，2003（03）：50－52．

［77］余明晖，费奇．企业集成的评价准则［J］．系统工程与电子技术，2004（02）：191－193＋260．

[78] 李群明，张士廉，王成恩，宋国宁．面向供应链管理的企业集成 [J]．制造业自动化，2000（10）：31－34.

[79] 程涛，吴波，杨叔子，黄心汉．一种支持企业集成的基于 Agent 的企业信息模型 [J]．组合机床与自动化加工技术 [J].2004（11）：93－96.

[80] 曾宪迪，任一鑫，何瑞卿．循环经济集成方法的初探 [J]．荆楚学刊，2013（03）：79－83.

[81] 兰友根．虚拟生态工业园区构建与生态工业链稳定性研究．天津理工大学，2006.

[82] 韩天锡，兰友根．虚拟生态工业园建设的环境及运行条件研究 [J]．兰州学刊，2004（6）：134－136.

[83] 董天胜．建立静脉物流系统推进循环经济发展 [J]．中国资源综合利用，2005（5）：36－38.

[84] 秦荪涛．基于多主体的生态工业园系统演化建模研究．2005：6.

[85] 王鲁明．区域循环经济发展模式研究．中国海洋大学，2005.

[86] 冯之浚．循环经济导论 [M]．人民出版社，2004.

[87] 冯之浚．"循环经济"是个大战略 [J]．科学学与科学技术管理，2003（5）：1－1.

[88] 张燕．区域循环经济发展理论与实证研究．兰州大学，2006.

[89] 陆钟武．关于循环经济几个问题的分析研究 [J]．环境科学研究，2003，16（5）：1－5.

[90] 初丽霞．循环经济的理论与实践研究 [J]．山东经济战略研究，2004（9）：34－38.

[91] 王朝全．论生态文明、循环经济与和谐社会的内在逻辑 [J]．软科学，2009（08）：69－73.

[92] 尹继佐．建设循环经济型的国际大都市 [M]．上海社会科学院出版社，上海：2004.

[93] 张坤．循环经济理论与实践 [M]．中国环境科学出版社，2003.

［94］冯之浚. 循环经济导论［M］. 人民出版社，2004.

［95］赵亚凡，宋明大. 循环经济——我国实现可持续发展的途径［J］. 城市规划学刊，2002（2）：59－61.

［96］王晓林. 中国发展循环经济的社会机制建构探略［J］. 江西行政学院学报. 2004（04）：49－51.

［97］王继达，陈运辉. 北京市大兴区安定镇生态农业建设规划——循环经济在农业及社会层面的应用设计. 农业环境与发展［J］. 2006（01）：27－31.

后　记

　　随着人类社会的不断发展，获得了巨大经济效益的同时，无限制的发展也破坏了生活的环境，环境、资源问题频频出现，为避免问题的继续恶化，生态经济、绿色经济、可持续发展思想等逐渐出现。党的十九大报告中，习近平总书记强调，要加快建立绿色生产和消费的法律制度和政策导向，建立健全绿色低碳循环体系。发展循环经济是实现人类可持续发展的必经之路，能够解决我国人多、资源少的不平衡问题，同时也可以缓解环境脆弱和前期粗放型资源消耗方式带来的种种问题。循环经济的发展是以"3R"为原则，实现资源闭环流动发展，实现资源的合理配置和有效利用，是人类发展的必经之路。

　　近年来，我国始终将可持续发展贯穿与循环经济发展之中，为社会、经济和环境的可持续发展做出了巨大的贡献。由于循环经济发展仍处于探索中前进的状态，仍有许多问题出现，如建立的循环经济园区中产业系统缺乏稳定性、产业间联系松散、协同性差等，进而导致了生产能力失去平衡，出现供过于求或供不应求的现象，最终产生循环不经济的问题。究其原因，是园区中的多数企业以自身利益为主，企业之间没有通过媒介联系在一起，孤立发展，根本原因是在循环经济发展体系中，没有完善的控制、约束以及优化理论，最终造成循环化发展实施受到阻碍。

　　当前，在知识共享等理论的奠基下，伴随着共享经济时代的发展，集成从人们认识到普遍受到重视。本书正是在集成理论和实践发展迅猛的背景下，结合循环经济的特点，全面系统研究了循环经济集成的理论与方法。本书总体上按照"理论分析、原理研究、方法研究、实践应用与典型案例"

的框架编排，以理论分析、原理研究为主体，典型案例分析为补充的思路展开。首先，本书剖析了集成的分类、形式、产生条件和形成机制、集成的原理、方法以及各种集成之间的关系；从理论层面上看，循环经济本身即为一个集成体，在循环经济这个集成体中，各要素有机结合，凸显出整体功能倍增的效果；从实践层面看，循环经济则为集成的一个利用领域，而集成作为应用的方法，对循环经济中资源、产业、技术、系统等方面进行集成。因此，循环经济若要有突破发展，集成是必由之路。

本书认为，把集成应用于循环经济的目的就是用系统整体研究思想解决循环经济发展过程中一系列孤立复杂的问题，用整体和联系的观念为解决循环经济研究与实践中遇到的问题提供一个新的思路和解决办法。循环经济研究中存在旧的问题解决了、新的问题又出现，实践中存在原有资源得到利用、新的资源没有利用，这样，探讨新的方法，创新理论体系，发展循环经济集成研究就显得尤为必要。实现循环经济集成，内在地包含了对循环经济中资源的集成与利用，同时要对循环经济中各技术的研发与推进进行集成。

本书将循环经济集成由内而外分为三个层面，这三个层面相互连结，使循环经济成为一个真正意义上的整体。第一个层面为企业层面，企业层面的集成涉及较为具体的领域环节，如资源集成、产业集成、生产过程集成、技术集成等；第二个层面为园区（区域）层面，主要涉及与循环经济体核心产业相关的政府、客户、合作者、供应商等角色的集成，从而在区域上形成一定规模优势；第三个层面为社会层面，主要包括对社会文化环境、自然环境、经济环境、政策环境的集成，能够为循环经济的发展创造一个良好的生态圈。本书最后一部分是对前面集成、循环经济和循环经济集成相关理论的实践应用分析，通过滨湖煤矿企业能源集成案例、金鸡滩矿区产业集成网络和北京市大兴区安定镇生态农业建设三个实例对循环经济集成的企业层面、园区层面和社会层面作了具体介绍。

当然，循环经济集成在学术和政策实践中将变得愈发重要，值得研究的问题还有很多，本书在质性层面研究循环经济集成理论与方法，未来可以利用计算机和大数据做进一步的量化分析。本书得以完成,首先要感谢本团队的研究生,他们在整理纷繁复杂资料的过程中做出了很大贡献;其次,感谢出版社编辑的建议和耐心修正。由于时间和作者研究能力所限,书中疏漏与不足之处,敬请读者批评指正。